방법으로서의 중국

방법으로서의 중국

초판 1쇄 발행 2016년 1월 29일
개정판 1쇄 발행 2020년 9월 1일

지은이 미조구치 유조(溝口雄三)
옮긴이 서광덕, 최정섭
펴낸이 강수걸
편집장 권경옥
편집 박정은 윤은미 강나래 김해림
디자인 권문경 조은비
펴낸곳 산지니
등록 2005년 2월 7일 제333-3370000251002005000001호
주소 부산시 해운대구 수영강변대로 140 BCC 613호
전화 051-504-7070 | 팩스 051-507-7543
홈페이지 www.sanzinibook.com
전자우편 sanzini@sanzinibook.com
블로그 http://sanzinibook.tistory.com

ISBN 978-89-6545-670-4 94910
        978-89-92235-87-7(세트)

*책값은 뒤표지에 있습니다.
*이 도서의 국립중앙도서관 출판예정도서목록(CIP)은 서지정보유통지원시스템
홈페이지(http://seoji.nl.go.kr)와 국가자료공동목록시스템(http://www.nl.go.
kr/kolisnet)에서 이용하실 수 있습니다.(CIP 제어번호: CIP2020034823)

개정판

방법으로서의 중국

미조구치 유조溝口雄三 지음

서광덕 · 최정섭 옮김

산지니

1부

방법
으로서의
중국

> ## 제1장

'중국의 근대'를 보는 시각

아시아는 커다란 지각변동을 느긋하게, 그렇지만 지속적으로 일으키고 있다. NIES(신흥공업지역)에 둘러싸여 자신의 경제적인 '후발'을 무조건 자각할 수밖에 없는 중국이 우리 중국 연구자들 앞에 있다.

문화대혁명은 소위 '10년의 동란'이나 '10년의 재해'로 불리고, 근래 중일전쟁에 버금가는 대타격[1]을 경제에 가하고서 종식되었으며, 이후 무대가 바뀌는 것처럼 중국은 정치주의·원리주의에서 경제주의·현실주의의 시대로 돌입했다.

1950년대부터 70년대에 걸쳐, 특히 60년대 안보(투쟁)에 있어 은연중에 또는 공공연한(公然) 주인공이었던 중국이 지금은 NIES의 활약 뒤에서 따분하게도 그것을 돋보이게 하는 역할을 하고 있다.

---

1) 1987년 1월 5일자, 홍콩문회보에 의하면, '대약진'과 '문혁'에 의한 피해는 6,200억 위안(元), 일본 엔으로는 약 25조 엔에 달한다고 한다. 이를테면 문혁을 전후한 해 및 최근의 통계를 본다면 아래와 같다.

	1960	1965	1970	1975	1980	1985
사회총생산	2,679	2,695	3,800	5,379	8,531	16,588
국가재정총수입	572.3	473.3	662.9	815.6	1,085.2	1,866.4
국민세입	1,220	1,387	1,926	2,503	3,688	7,031

단위: 億元. 『중국통계연감』 1988년판(중국통계출판사)에 의함.

문혁을 기준으로 그 전과 후에 일어난 중국의 이 격심한 변화는 그 전후에 걸쳐서 연구를 계속해온 중국 연구자들의 시각에 상당한 당혹감을 던져주었다.

애초에 당혹스러움은 문혁 그 자체에 대해서였다.

개인적으로 나는 문혁에 대해서 50%의 비판(그 무원칙한 탈권항쟁奪權抗爭, 잘못된 정치노선에 대해서)과 30%의 당혹(내 안의 중국 혁명 이미지를 무너뜨리고 나가는 현실의 사태의 심각성에 대해서) 그리고 20%의 공감(그럼에도 불구하고 혁명의 원점原點을 옌안延安에서 다시 구하고자 하는 그 주관주의적 의도[낭만주의]에 대해서)을 갖고 지켜보았다. 나는 결코 무언가를 내세울 만한 존재는 아니다. 적어도 나는 반(反)문혁의 의지를 공표하지 않았으며, 또 바다의 이쪽에서 문혁의 깃발을 들고 마오쩌둥(毛澤東)·린뱌오(林彪) 등의 대변인이 되고 있는 이른바 문혁추수파에 대해서도 그것을 비판할 기분은 들지 않았다. 왜냐하면 나 자신이 중국 혁명에 촉발되어 중국 연구의 길에 들어선 사람이며, 그 과정에서 내 안에 자라난 중국 혁명에 대한 동경이라는 것은 본질적으로 문혁추수자와 같은 것이기 때문에, 자기 자신의 내부의 그것을 뽑아내어 문제로 삼는 일 없이 그들을 단지 정치적으로 비판하는 것은 원리적으로 가능하지 않다고 생각했기 때문이다.

요약하자면 내가 같은 세대의 많은 사람들과 공유해왔던 전후(戰後) 우리의 중국 인식이나 중국관이라는 것에 대한 되물음이 이루어지지 않으면 안 되고, 그것이 없다면 친(親)문혁도 반(反)문혁도 결국에는 현상의 추인으로 끝날 수밖에 없다—다시 말해, 태평천국 이후의 소위 혁명 코스에 열중해온 전후의 근현대 중국 연구의 시야를 전근대기로까지 한층 확대한 종합적인 혹은 장기적인 것으로 설정하여, 거기서 이 중국 혁명 자체를 부감하고 음미하는 시각을 확립하지 않는다면, 문혁 비판조차도 역사적·구조적인 것으로 할 수 없는 것이 아닐까—라는 것이 문혁 소동 가운데서든 생각이며, 그것을 지금 이 시점에서 재차 문제로 삼고 싶은 것이다.

1

전중(戰中)·전후(戰後)에 성장한 우리 중국 연구자 대부분의 연구 기점에 중국에 대한 비판적 시각이라는 것은 없었다. 오히려 중국에 비판적인 동시에 멸시적이며 그 때문에 저절로 중국 침략에 가담하기도 했던 전전·전중의, 예를 들어 쓰다 소키치(津田左右吉)의 근대주의적 중국관을 부정적으로 비판 또는 배제하는 것이 바로 기점이었다.

이 경우 그 유력한 기반의 하나가 예를 들어, 다케우치 요시미(竹內好)의 『루쉰(魯迅)』과 「중국의 근대와 일본의 근대」[2]에 보이는 중국관일 것이다. 그것은 일본의 소위 탈아(脫亞)적인 근대주의를 자기비판하고, 반면에 그것의 대극에 밀쳐져 있던 중국에 오히려 있어야 할 아시아의 미래를 동경한 것인데, 단적으로 말해 우리 중국 연구의 기점에 기본적으로 이 동경이 먼저 있었다. 이 동경은 다양한 일본 내적인 자기의식, 즉 일본의 근대 100년에 걸친 다양한 반(反) 혹은 비(非)일본의식의 대극에 소위 반(反)자기의식의 투영상으로서 자기 안에 형태를 이룬 그것을 향한 것으로, 그래서 그것은 사전에 주관적인 것이었다. 동경은 객관적인 중국에 대해서가 아니라 주관적으로 자기 안에 결상(結像)된 '우리 안의 중국'으로 향했던 것이다. 따라서 그 '중국'은 철두철미 일본 근대의 반(反)정립이며 그래서 동경해야만 하고 동경의 대상이 될 수 있었다.

더욱이 탈아(脫亞)-흥아(興亞)가 아시아, 특히 중국에 대한 침략에 지나지 않고, 그럼에도 불구하고 중국에 저항의 소위 아시아적인 주체가 확립되고 그것이 계속해서 사회주의 중국을 탄생시켰다는 역사적 사실이 분명

---

2) 竹內好, 『魯迅』, 未來社, 1961(번역본 『루쉰』, 서광덕 역, 문학과지성사, 2003) 및 「중국의 근대와 일본의 근대-루쉰을 단서로」, 東京大學東洋文化硏究所 편, 『東洋文化講座』 제3권 「동양적 사회논리의 성격」, 1948. 뒤에 『竹內好評論集』 제3권 「일본과 아시아」, 筑摩書房에 수록(번역본 『일본과 아시아』, 서광덕·백지운 역, 소명출판, 2004).

해지면서 일본 내의 의식에는 전쟁 책임, 속죄, 전후 일본의 새로운 반(反)중국정책에 대한 비판 등이 포함되었고, 그만큼 '우리 안의 중국'도 내면화되고, 동경에서 자기부정적 구조가 심화되었다. 그리고 그 자기부정적 구조는 적어도 전후 20년간 역사적으로 보아 오히려 적극적인 의의를 가진 것이었다. 그것이 내면화되고 심화됨에 따라, 우리들의 반(反)파시즘, 반(反)침략 또는 아시아 인민의 연대를 향한 제반 활동은 있는 한에서 주체화되었다고 스스로는 생각하며, 조건부지만 그 주체화에서 우리는 자신의 중국 연구 과제를 '우리 안의 일본'의 변혁이란 과제와 연결시킬 수 있다고 간주했고, 그것이 전전·전중의 체제 내의 중국 연구를 뛰어넘는 길이라고도 여기게 된 것이다. 지금 되돌아보니 그 범위 내에서의 긍정적인 측면까지 부정할 수는 없겠다.

하지만 동시에 '중국의 근대'와의 관계에서 그러한 자기부정적인 동경 구조가 우리들의 반(反)탈아적·반(反)근대주의적인 또는 아시아주의적인 주체를 주관적인, 그래서 위약한 것으로 만들고 있는 것 또한 부정할 수 없다. 우리들은 중국의 근대를 역사적으로 객관화하지 못했고, 그래서 그것은 일본의 근대를 역사적으로 객관화하지 못한 것과 정반대다. 이런 경향에 근거를 제공한 것이 앞서 말한 다케우치 요시미의 「중국의 근대와 일본의 근대」였던 것이다.

주지하는 바와 같이 다케우치는 일본문화를 전향형(轉向型)이라고 간주하고, 그 반대극으로서 중국문화를 회심형(回心型)이라고 파악했다. "회심은 자신을 보존하는 것에 의해 드러나고, 전향은 자신을 방기하는 데서 생긴다. 회심은 저항에 매개되고 전향은 무매개이다"라고 다케우치는 말했다. 자기보존과 자기방기는 유럽의 아시아 침입에 대한 대응의 형식으로서 일컬어지는 것으로, 다케우치의 인식에 따른다면 일본은 '구조'의 변혁을 제쳐놓은 채 점차 새로운 것을 그 위에 얹어놓고, 유럽이 온다면 저항이란 매개 없이 그것을 받아들이고 단지 유럽이 되기 위해 노력한다. 이에 반해서 중국은 그 '구조'에서 저항하고 패배를 지속하면서 그 패배감의 지속 때문에 저항을 계속했고 결국 자신을 고집하고 고집하면서 끊임없이 자신을 변혁했다고 한다. "저항을 지속하는 것으로 유럽적인 것에 매개되면서 그것을 뛰어넘은 비유럽적인 것을 계속 탄생시키는 것처럼 보인다"라고 일컬어지는 동양은 그래서 다케우치에게 중국밖에 없고, 이에 비해 일본은 저항이 없는 점에서 동양적이지도 않고, 자기보존의 욕구가 없는 점에서 유럽적이지도 않으며, "결국 일본은 아무것도 아니다"라고까지 얘기했던 것이다.

탈아적인 근대주의에 대한 이 기학(嗜虐)적 혹은 피학(被虐)적이라고 할 수 있는 비판의 시각은 다케우치 자신이 기술한 대로 루쉰 (1881~1936)과의 만남을 통해서 획득한 것이다. 이 비판은 당시의 일본 지식인이 심층심리적으로 갖고 있던 유럽에 대한 열등감, 그 반대로서 일본 낭만파식의 심정적 국수주의, 이것과 인과를 이루는 대(對)아시아 우월감 등을 일본인의 근대의식 일반에 잠복된 치부로서 '루쉰=동양'의 편에서 백일하에 드러내고자 했던 것이다. 다른 식으로 말하면, 이것은 일본의 아시아, 특히 중국에 대한 침략의 역사를 그것을 지탱한 의식구조의 심층에서 자기비판한 것이다. 자기비판은 '동양'의 눈을 통합으로써 전체적인 자기부정이 되었다. 즉 아시아에서 일본 근대의 선진성·우월성은 발끝까지 부정되었다. 그 때문에 이것은 전후 아시아의 새로운 동향에 의식적으로 눈을 돌리기 시작한 우리들에게 충격적인 공명을 초래했으며, 또 전후 일본의 아시아정책에 대한 우리들의 비판이 사상적으로 깊이를 갖도록 기능했다.

특히 '동양'의 눈으로 보는 한 '아무것도 아닌' 일본에 대해 '유럽을 넘어서 비유럽적인 것을 계속 탄생시킨다'고 간주된 새로운 중국상은 현실에서 신중국이 성립하고 사회주의를 향해 혁명을 진행시키는 가운데, 그것이 그대로 현실 신중국의 실상으로서 선험적으로 우리들 사이에 받아들

여겼다. 결국 우리의 전후 중국관·중국인식에는 많든 적든 이 선험적인 중국상이 관념적으로 선행하며, 이 선험적인 관념의 선행이 일부에서는 더욱 사회주의 중국, AA(아시아·아프리카)연대의 중국에 대한 새로운 자기부정적(자본주의 일본, 대미종속의 일본을 부정한다는 형태로) 동경구조를 재생산했다.

그런데 일반적으로 자기의 역사를 전면 부정 또는 전면 긍정하는 이, 즉 자신을 상대적으로 볼 수 없는 사람의 눈에 의해 타자가 객관적·상대적으로 파악될 수는 없다는 것은 말할 필요가 없다.

물론 근대 일본의 AA제국(諸國)에 대한 선진·우월의식은 각 민족의 문화를 각각의 고유하거나 내재된 가치기준에서 파악하지 않는다는 점에서, 또 그것이 유럽 근대를 보편적인 가치기준으로 삼고 그것에 일원적으로 귀속시키는 데서 반(反)역사적이면서 부당한 것이다. 그렇지만 일본의 근대를 '아무것도 아니다'라고 전면 부정해버리는 것 또한 아주 반(反)역사적이며, 이러한 반 혹은 몰(沒)역사적인 관점으로는 일본이든 중국이든 각각의 근대가 각각의 전근대를 어떻게 기체(基體)로 삼고, 그것을 기체로 삼은 것에 의해 어떻게—유럽과의 대비에서도—상대적으로 독자적인지, 다시 말해 각각이 어떻게 고유의 과거를 짊어졌고, 부정적인 계승이든 아니든, 그 계승에 의해 현재가 어떻게 그것에 제약받고 있는지를 객관적·역사적으로 파악하는 것은 불가능하다.

2

"중국은 구지배계층이 새로운 국면에 적응하는 능력을 갖지 못했기 때문에 열강 제국주의의 침략을 받았지만, 그것이 오히려 제국주의 지배에 반대하는 내셔널리즘 운동에 구사회=정치체제를 근본적으로 변혁하는 임무를 자동적으로 부여했다. (…) 반제(反帝)운동과 사회혁명의 결합은 (…) 중국 내셔널리즘의 일관된 전통이 되었다. 그런데 일본에서는 도쿠가와(德川) 정권을 타도하고 통일국가의 권력을 장악한 이들 자체가 역시 봉건적 세력이었다. 다만 그들은 서구제국의 압력에 대항할 필요에서 신속하게 국내의 다원적인 봉건적 분권제를 해소하고 이것을 천황의 권위 하에 통합하여 (…) 위로부터의 근대화를 수행했다. (…) 민간에서 내셔널리즘 운동은 두세 가지의 예외를 제외하고 (…) 사회혁명과 결합하기는커녕 역으로 반혁명 및 반민주주의와 결합한 것이었다."(마루야마 마사오丸山眞男)[3]

"분명히 중국에는 일본과 달리 서구형을 추수하는 조건이 없었다. 하지만 그 조건의 결여를 보완하는 것이 아니라, 반대로 결여 그 자체를 적극적으로 이상(理想)=힘으로 전화시켰다. (…) 쑨원(孫文)이 말한 '왕도(王道)'가 그것이다."(다케우치 요시미)[4]

"근대적 일본은 중국을 침략했고, (…) 피침략의 중국은 바로 근대적으로는 허무공백의, 하지만 살았던 인민은 '사람은 살아가지 않으면 안 된다'라며 저항하여, (…) 근대적 일본을 패퇴시킬 정도로 강대한 힘이 되었다. (…) 이때 중국 인민은 기존의 전통적 무기에 의해서도, 전래된 흑선(黑船) 근대문화에 의해서도 자신을 지킬 수 없는 알몸뚱이의 인민대중이었다."(니시 준조西順藏)[5]

---

3) 1950년 태평양회의에서 마루야마 마사오(丸山眞男)의 집필에 의해 제출된 보고 「일본의 내셔널리즘」(일본태평양문제조사회 역편, 『아시아의 민족주의-라쿠노와회의의 성과와 과제』, 岩波書店, 1951)의 한 구절. 인용은 다케우치 요시미의 「중국의 민족주의」(뒤에 게재)에 의함. 뒤에 「일본에서 내셔널리즘」으로 고쳐 『현대정치의 사상과 행동』(未來社, 1957)에 수록되었지만, 여기서는 1950년대의 문제의식을 아는 선에서 일부러 처음 쓰여진 형태로 인용했다.

4) 竹內好, 「중국의 민족주의」(岩波講座 『현대사상』 제3권 '민족의 사상', 1957. 뒤에 『竹內好評論集』 제1권 '新編現代中國論', 筑摩書房에 수록).

5) 西順藏, 「무(無)로부터의 형성-'우리 중국 인민'의 성립에 관해서」(『展望』 復刊 제1호,

일본의 근대가 구지배계층에 의한 위로부터의, 그래서 사회혁명이 없는 서구추수=제국주의적인 길을 걸었던 것에 반해서, 중국의 근대는 아래로부터의 반제·반봉건 사회혁명에 의한 인민적 공화주의의 길을 걸었다는 이러한 시각은 적어도 1950~60년대에는 거의 공통된 것이었다.

"일본이 현대화한 데 반해 현대문화의 세계에서 뒤떨어진 것이 중국이다"(쓰다 소키치, 「동양문화란 무엇인가」, 『지나사상과 일본』, 이와나미쇼텐)—이를테면 쓰다는 이 현대문화를 "세계문화, 곧 이른바 서양문화"라고도 바꿔 불렀다—류의 전전(戰前)적인 중국 인식은 이 시점에서 선진-후진의 도식과 함께 근본에서 일소되고, 선진 근대의 일본은 그 반민주주의적·제국주의적 본질로 인해 부정되어야 할 대상으로 바뀐다.

근대 결여의 낙오자일 터인 중국이 오히려 그 결여를 용수철로 삼아 세계사에 유례를 찾아보기 어려운 완전히 새로운 제3의 '왕도'적 근대를 자기회생적으로 실현해 보였다는 신선한 놀라움이 전후 중국 인식의 저류를 이루었다.

중국의 근대를 자기회생적인 것으로 보는 시각에는 선진-후진이라는 유럽 일원적인 시각을, 소위 후진에서 태도를 바꾸는, 결국 선진의 기반을 뒤집는 형태로 부정한 것이라는 점에서 일견 전체적인 부정으로 보이지만, 뒤에 다시 서술하는 것처럼 이것은 선진-후진이라는 도식 속에 일단 들어가서 태도를 바꾸는 부정이기 때문에, 그 도식을 밖에서 완전히 다른 시각에서 부정한다는 방법론상의 철저함이 결여되고 있다는 아쉬움이 여전히 남는다.

다시 말해, 서구추수형이 아닌 그 부재를 **부재**의 면에서 '결여' 내지 '허무공백'이라고 보고 동시에 그 **부재**가 오히려 '전화'의 용수철이 되었다고 보지 못함으로써, 거기 원래 있었던 것, 실은 유럽 일원적인 선진-후진의

1964년 10월. 뒤에 『中國思想論集』, 筑摩書房에 수록).

도식으로는 아무래도 파악할 수 없는 유럽과는 완전히 다른 중국의 역사적 전통, 곧 중국 근대에 깊이 침투하고 있는 중국 고래(古來)의, 예를 들어 '왕도'적 전통을 원래 있는 것의 계승발전으로서 파악하는 시각을 사전에 희박하게 만들었던 것이다. 우리들 대다수는 그것보다 오히려 후진에서 자기회생을, 즉 중국이 어떻게 2천 년 이래의 유교적·봉건적 중압을 그 안에서 부정했던 것인가를, 예를 들어 (자기부정을 통해서 자신을 부정하는 주체를 확정하고자 했다고 간주된) 장빙린(章炳麟, 1868~1936)과 루쉰을 통해서 보고자 했다. 거기에는 중국의 근대를 전통에 대한 전면 부정적인 계승이라고 보는 역설적인 시각이 있었다. 사실대로 말해 우리들은 계승보다도 단절 쪽에 방점을 두었고, 게다가 그것이 서구 추수형이 아니라는 점도 있어서, 그만큼 전혀 새로운 소위 '유럽을 뛰어넘는' 근대라는 이미지가 증폭되었던 것으로, 내친 김에 이 이미지의 극한적인 자기 내 증폭이 문혁을 예찬한 사람들의 자기도취를 한층 크게 북돋우는 악순환을 초래했다고 말할 수 있겠다.

3

원래 중국의 근대는 사실 유럽을 뛰어넘고 있지 않다면 뒤처진 것도 뒤떨어진 것도 아니다. 그것은 유럽과도 일본과도 다른, 역사적으로 독자적인 길을 처음부터 추구한 것이며 지금도 그러하다.

어떤 독자적인 길인지를 한정된 지면 속에서 총괄해 쓰는 것은 곤란한 일이지만, 감히 해본다면, 예를 들어 쑨원(1866~1925)의 소위 '왕도'는 전통적인 대동사상에 연원을 두었으며, 사실 이 대동사상이 쑨원을 막론하고 중국의 공화사상의 근간을 이룬다.

그가 삼민주의(三民主義)를 종종 대동주의(大同主義)라는 말로 바꾸어놓은 일은 잘 알려져 있지만, 대동사상의 기본적인 내용은 동맹회 선언에서도 "사해(四海) 내 적당한 자리를 얻지 못하는 이가 한 명도 없게 하고"라고 말한 것처럼, 요컨대 만인이 각각 합당한 지위를 획득한다는 것이다.

이 대동의 말은 일찍이 『예기(禮記)』에 있을 정도로 오래되고 전통적인 것이지만, 물론 쑨원적인 즉 민권의 평등을 전제로 해서 4억 인 모두의 생존을 충족시키려고 하는 근대적인 내용을 예부터 포함하고 있었던 것은 아니다. 군신(君臣)적 신분질서 속에서 서로 안분(安分)하는 것도 그 나름대로 합당한 지위를 얻는 하나의 형태이고, 무엇으로 그것을 얻는가는 당연히 그 시대의 (봉건시대라면 봉건시대의) 제약을 받는다. 그렇지만 그 봉건시대가 장장 2천 년간 이어지고, 근대 공화적인 대동은 그때까지의 2천년 봉건(안분)적인 대동의 중압을 청말의 시점에서 자기회생적으로 단숨에 무너뜨린 것은 아니다.

외견적으로는 장장 2천 년간 지속된 전제체제도 각 왕조마다 그 내실을 역사발전적인 측면에서 달리하고 있으며, 청말에 직접적으로 연결된 변화의 태동은 명조의 이갑제(里甲制, 3장 3절 참조)적·일군만민(一君萬民)적인 전제체제가 무너지고, 청조의 지주제적 구조를 토대로 한, 내 표현으로는 '부민(富民)' 분치(分治)적인 전제체제로 이행한, 그 과도기인 명말청초(明末淸初)기에 이미 드러나고 있었다.

예를 들어, 황종희(黃宗羲, 1610~1695)의 "후(세)의 인군(人君)이 될 자는 (…) 천하의 사람들을 결코 자사(自私)로 대하지 않고, (…) 나(자기)의 대사(大私)로서 천하의 대공(大公)을 이룬다. 만약 군(주)가 없다면 사람들은 각각 자사를 얻고 사람들은 각자 자리(自利)를 얻는다"(『명이대방록明夷待訪錄』), 또 왕선산(王船山, 1619~1692)의 "인욕(人欲)을 각각 얻는 것이 곧 천리(天理)의 대동이다"(『설사서대전설說四書大全說』), 혹은 좀 더 이르게 여곤(呂坤, 1536~1618)의 "세상만물에는 모두 욕(欲)하는 바가 있고, 그 욕은 또한 천리인정(天理人情)으로, (…) 하지만 그 욕을 얻지 못하는 것은 바로 불균

(不均)이 그 원인이다"(『신음어呻吟語』) 등, 이러한 명말청초기 사상가들의 발언에서 볼 수 있는 것처럼, 이미 17세기 초에 일군만민적인 전제지배에 대한 지주·부민층의 반항은 멈추기 어려운 시대적 추세였다. 여기서 자사자리(自私自利)라든지 욕(欲)은 내용적으로 농토와 가산의 소유욕을 가리키지만, 그들은 그들 나름대로 황제의 부(富)의 대사(大私)적 전유에 대해서 자신들의 토지소유·향촌지배에 입각해서 대항하거나 혹은 자신들 서로 간에도 각자가 합당한 지위를 얻어야 한다고 주장하기 시작했다. 게다가 그 주장에는 사대부적인 경세(經世)의식에 따른 소유의 균분에 대한 지향이 이미 초기적으로 포함되어 있었던 것이다.

향촌에서 지주제적 구조가 더욱 발전하고, 그것에 따라 지주·농민간의 모순이 주요 모순으로 전환한 18, 19세기에는 문제가 황제와 지주·부민 사이에서 그치지 않고, 농민의 생존권도 정당한 지위를 획득해야 할 것으로 포함시킨 대진(戴震, 1723~1777)의 상호연결적인 생존조화의 '인(仁)' 사상과, 보다 직접적으로 빈부의 불평등의 시정을 추구한 공자진(龔自珍, 1792~1841)의 '평균' 사상을 낳는 등 만인이 정당한 지위를 획득하는 사상적 내실은 착실히 생생하게 전개되었다. 이어서 태평천국(太平天國)의 "밭이 있다면 함께 경작하고, 밥이 있다면 같이 먹는다, (…) 거함에 균균(均勻, 즉 均平)하지 않으면 안 되고, 인간으로서 포난(飽暖)하지 않으면 안 된다."라는 식의 유토피아적 환상을 내세운 대동란(大動亂)을 거쳐 이윽고 청말의 공화적 대동사상에 이른 것으로 이 전개의 도정은 길고 중층적이다.[6]

물론 그것이 근대적인 공화사상에서 더욱이 인민민주주의적인 것으로 발전해나간 과정에는 유럽의 민권·평등사상과 마르크시즘의 수용 등이 있었지만, 그것도 수용을 가능케 할 만큼의 대동사상의 성숙이 있었기 때

---

6) 졸저, 『중국 전근대 사상의 굴절과 전개』(東京大學出版會, 1981, 번역본, 『중국 전근대 사상의 굴절과 전개』, 김용천 옮김, 동과서, 1999) 참조.

문으로, 외래의 사상들은 요컨대 외부로부터의 자극에 지나지 않는다.

이러한 대동적인 사회혁명이 제국주의의 침략을 계기로 심화의 정도가 한층 깊어지거나 빨라졌던 것은 분명하지만, 사회혁명 자체가 그것에 촉발을 받아서 일어난 것은 아니며, 또 서구 추수 조건의 결여를 오히려 대동의 계기로 삼았던 것도 아니다. 그 사회혁명은 중국의 독자적인 역사에서 자연스럽게 탄생된 것이다.

그리고 이것이 대동공화적인 사회혁명을 또 자연스럽게 중국적으로 독자적이게끔 만들었다. 쑨원이 그 혁명의 중요한 목표를 '4억 인이 모두 잘 먹고 잘사는 것'(『삼민주의』)이라고 정한 것처럼, 중국의 공화혁명은 천하 모든 사람의 생존조건의 충족을 주된 목표로 삼는다는 특징을 갖는다. 예를 들어 인권 하나를 보더라도 유럽의 공화사상이 사유권의 확립을 기초로 한 정치권리상의 자유·평등을 주된 내용으로 하는 것에 대해서, 중국의 그것은 4억 전부의 생존을 추구하는 대동적 조화를 기조로 한, 반(反)대사(大私)적인 경제상의 평등을 더 많이 지향하며, 따라서 민권도 다수 전체가 소수의 전제적 횡사(橫私)에 대항하기 위한 전체의 생존의 권리를 일컫는, 소위 국민권, 인민권이라고 말할 수 있으며, 유럽의 개인 경제활동의 무제한적 자유를 포함한, 결국 개인의 사유재산권을 바탕으로 한 시민적 권리와는 애초부터 크게 다른 것이라는 등이다.

이것을 요약하면, 중국의 근대는 다름 아니라 그 자신의 전근대를 먼저 모태로 삼고, 그래서 중국 전근대의 역사적 독자성을 자신 안에 계승한 것이다. 반(反)전제의 공화혁명이라는 일본에서는 볼 수 없었던 '구사회=정치체제의 근본적인 변혁'도, 거칠게 말한다면 대동에서 16, 17세기 이래의 역사적 과제의 국민적 또는 인민적 계승이고, 그래서 그 양상도 중국적으로 독자적일 수밖에 없다. 다시 말해, 원래 중국은 유럽적 근대로의 추구를 갖지 않았던 것이며, 그것은 처음부터 '결여'와 '허무공백'이라기보다는 중국적 근대의 끊임없는 충실이며, 그 충실의 계승 가운데서 그들은 또 그 전근대라는 모반의 제약을 받지 않을 수 없었다. 덧붙인다면, 그 제약과의 갈등의 한 현현(顯現)이 예를 들어 문화대혁명의 '10년의 동란'일 터이다.

<h1 style="text-align:center">4</h1>

중국의 이 대동적 근대의 특징은, 예를 들어 민권에 관해서 보더라도 그 것이 개인의 권리라기보다는 국민 내지 인민 전체의 권리로서 주장되고 있다는 점에서도 드러나고 있다.

청말의 민권공화주의자 천톈화(陳天華, 1875~1905)의 "우리는 총체의 자 유를 추구하는 이들이다. 개인의 자유를 추구하는 이는 배척한다. (…) 공 화라는 것은 또 다수를 위해 기획되고, 소수의 자유는 제한하지 않을 수 없다"(「論中國宜改創民主政體」)라는 발언이 그 좋은 예이다. 하지만 여기서 말한 개인의 자유는 "현정부가 하는 것은 어느 하나 개인의 전제, 강횡(强 橫)의 전제가 아닌 것이 없으며, 그 간섭은 총체의 자유를 위한 것이 아니 다. 하지만 그런 까닭에 사인(私人)의 자리(自利)를 위하게 된다."(위와 동 일)라는 그의 다른 발언에서 볼 수 있는 것처럼, '사인의 자리'는 '개인'과 '강횡'의 전제를 가리키지, 우리가 말하는 개인의 자유와는 내용이 다르 다. 그에게 개인의 자유는 소수 즉 황제와 대지주·부호(豪富)들의 전횡의 자유에 다름 아니며, 그래서 그것에 대항해서 국민·인민 총체의 자유가 주장되고, 이것이 그가 말한 민권공화이다.

그리고 이러한 민권은 결코 그만의 특별한 것이 아니다.

쑨원이 『삼민주의』의 「민권과 자유」에서 프랑스의 자유·평등·박애를 각각 민족주의·민권주의·민생주의로 바꿔놓고 설명하고 있는 단락을 상기해본다면 좋겠다. 여기서 그는 중국에서 자유는 열강의 전횡에 대한 민족적·국민적 자유, 평등은 군주의 전횡에 대한 인민 전체의 권리의 평등, 박애는 4억 인 전체의 생활을 동등하게 향상시키는 것이라고 말했다. 결국 이것은 총체의 자유를 민족·민권·민생의 세 방면에서 설명하는 것이며, 따라서 쑨원도 개인의 자유는 오히려 국민·인민의 총체를 흩어진 모래로 만드는 것으로서 배척한 것이다.

이에 앞서 쑨원은 "소수 만주인의 전제를 원하지 않기 때문에 민족혁명을 요청하고, 군주 일인의 전제를 바라지 않기 때문에 정치혁명을 요구하고, 소수 부자의 전제를 원하지 않기 때문에 사회혁명을 추구한다."(「삼민주의와 중국전도」)라고도 말했는데, 이것이 뒤의 삼민주의로 발전하는 것이지만 여기서 말한 소수 만주인·군주 일인·소수 부자의 전제=전횡자사(專橫自私)가 천톈화가 말한 개인의 자유임은 말할 것도 없다.

이렇게 중국의 대동적 근대는 개인보다도 총체의 자유를 지향한 것이며, 개인의 자유=사인(私人)의 자리(自利)를 배제하는 이 반(反)전제의 총체의 자유가, 개사(個私)의 배제라는 그 독특한 공화원리에 의해 오히려 그 민권주의를 단지 정치상에서뿐만 아니라 경제상의 총체의 자유 즉 4억 인 총체의 잘 먹고 잘 사는 민생주의와 연결시키고, 이것이 중국의 근대의 커다란 특성이 되었다.

"우리의 삼민주의는 (…) 국가가 인민에게 공유(共有)되고, 정치가 인민에게 공관(共管)되고, 이익이 인민에게 공향(共享)되는 것에 다름 아니다. (…) 인민이 국가에 대해서 무엇이든 공(共)으로 될 수 있는 것이야말로 진실로 민생주의의 목적이 달성되는 것이며, 이것이 바로 공자가 희망한 대동세계인 것이다."(『삼민주의』)라고 말한 것처럼, 이 대동적 근대의 특징은 개(個)가 아니라 공(共)에 의해 민생을 민권과 함께 동심원적으로 결절(結節)하는 것이며, 따라서 그것은 애초부터 독자 중국적으로 사회주의적이기도 하다.

'독자 중국적으로'라고 하는 것은 뒤의 마오쩌둥혁명을 염두에 둔 것이지만, 마르크시즘을 중국에 독자적으로 적용시켰다고 일컬어지는 그 내실은 결국 대동적 근대를 프롤레타리아 계급관의 경로 위에서 발전시키고, 이것을 인민=농민의 사상적 무기로 만들어낸 것에 지나지 않는다.

게다가 앞에서 서술한 것처럼, 이 대동적 근대는 19, 20세기에 갑자기 발생한 것이 아니다. 예를 들어 앞서 말한 대진(戴震)이 "한 사람이 그 생을 도모하려고 한다면, 이것을 밀어서 천하와 함께 그 생을 도모하는 것이 인(仁)이다", "사람이 살아가면서 그 생을 도모하지 않는 것보다 나쁜 것은 없다. 그 생을 도모하려고 한다면 또한 다른 사람의 생을 도모하는 것이 인이다. 그 생을 도모하려고 하면서 다른 사람의 생을 해치고 살피지 않는 것은 불인(不仁)이다(『맹자자의소증孟子字義疏證』)라고 한 것처럼, 개인의 생존의 충족을 천하적인 공(共)에 통달시키고자 하고 혹은 인민 상호 간의 공(共)과 연관시키고자 하는, 생존을 과제로 삼은 상호 연계적인 새로운 '인(仁)'관은 이미 18세기 중엽에 나타났으며, 근대적 대동사상은 대진 등―아니 더 앞으로 올라가서 16, 17세기의―중국 전근대 사상에 직접적인 연원이 있다.

이를테면 청말의 혁명적 사상가 탄쓰퉁(譚嗣同, 1865~1898)[7]이 "민권이 일어나고 그로 인해 (…) 각각 그 생을 도모하고, 각각 그 이(利)를 균등하게 얻게 한다."(『인학仁學』)라고 말한 것은 앞의 대진의 '인'관에 근대적 평등의 관점을 주입한 것으로, 결국 중국에서 민권·평등은 대동사상의 모태 속에 수용되어 소화되었다. 덧붙여 말한다면, 탄쓰퉁의 민권도 앞서 쑨원의 경우처럼 평등의 중국적 환언(換言)으로, 결국 이것도 반전제의 총체적 공(共)을 가리키는 것임은 다시 말할 필요도 없다. 아무튼 중국의 근대는 중국 고유의 것을 억제하기 어렵고 그 기체로 삼고 있는 것이다.

그러나 한편, 예를 들어 마오쩌둥혁명은 이 총체의 공(共)의 프롤레타리아적 발상이며, 이것이 전통적인 대동사상에서 나온 것이라는 그 중국적

---

7) 서태후(西太后, 1835~1908)의 무술정변에 의해 처형당했다.

독자성은, 그 독자성 때문에 그것을 예를 들어 개사배제(個私排除)의 인민공사로 경도되게 하고, 이 개사배제가 문화대혁명에 의해 과도하게 현실과 유리되어 순수하게 즉 극좌적으로 극한화되는 등 '개인'을 전사(專私)로서 일면적으로 배척해온 '총체'의 전통이 지닌 왜곡을 그들은 어쩔 수 없이 포함해서 계승하지 않을 수 없었다.

원래 이 대동사상은 한정된 생산량을 기초로 그것들을 어떻게 공(共)적으로 균분하느냐는 농촌사회 특유의 사상으로서, 농촌 프롤레타리아를 기반으로 농촌에 의한 도시의 포위라는 혁명전략을 수행하고, 또 그것에 의해 한층 대동적 근대의 정통적 계승을 이룩할 수 있었던 마오쩌둥혁명이 농민적 대동혁명이라는 그 중국적 독자의 혁명성의 순도를 향상시키고자 한다면, 상공업의 일정 정도의 자본주의적 발달 위에서 '개인의 자유'를 성장시켜왔던 도시의 원리와 알력이 생기는 것은 어쩔 수 없는 일이었다.

중국의 근대가 대동의 전통에 의해 반(反)전제의 공화에서 사회주의혁명으로라는, 어떤 의미에서는 순조롭게 '구사회=정치체제의 근본적 변혁'을 완수해왔을지라도, 오히려 그 때문에 그 내부에 피할 수 없는 내부모순을 갖게 되었다. 이 '총체'와 '개(個)'의 모순과 알력은 문화대혁명을 초래한 하나의 요인이며 그 속에서 주관주의적으로 첨예화되었다고 하지만, 문혁의 종언이 모순 자체의 소멸을 전적으로 의미하지는 않는다. 아니 이후 새롭게 증폭될 가능성도 없다고 할 수 없고, 이 모순은 그만큼 역사적·구조적으로 뿌리깊다고 할 것이다.

5

그런데 이야기가 잠시 옆으로 벗어나지만, 앞의 총체와 개(個)는 일본적인 전체와 개(個)의 문제와 간단히 같은 차원으로 볼 수 없다는 점을 밝혀 두어야겠다.

우리가 전체와 개(個)라고 할 때, 그 근저에는 많든 적든 일본의 **국가(お おやけ)와 나(わたくし)**가 있지만, 이 일본적 관념이 그대로 중국에 맞는 것은 아니라는 것이다.

주지하는 바와 같이, 일본의 전근대기의 국가라는 것은 주군과 그것에 의해 통괄되는 세상의 공공연한 여러 사건을 가리키고, 나라는 것은 이에 반해 가족 간의 비밀과 같은 것이다. 오규 소라이(荻生徂徠)가 "군자라고 할지라도 어찌 사(私)가 없을 것인가"(『변명弁名』 上)라고 주장한 그 나는 "천하국가를 다스리는" 공사(公事)에 상반되는 "아버지는 자식을 위해 숨기고 자식은 아버지를 위해 감춘다" 등의 가족 간의 사사(私事)에 지나지 않는다. 이러한 일본적인 국가·나는 근대의 공(公)·사(私)관에도 크게 계승되고 있는데, 예를 들어 후쿠자와 유키치(福澤諭吉)가 입법·행정·사법·외교 등을 "정부의 직분" 안의 공사(公事)로서 "정부의 정(政)에 관계없는" 인민은 "결코 그 일을 평의(評議)할 수 없다'라고 하는 한편, 인민의 사사(私事) 즉 "그 좋아하는 바에 나아가고, 그 바라는 바에 그치며, 혹은 움직이고 혹은 떠돌고 혹은 이 일을 행하고, 혹은 (⋯) 종일 잠잔다" 등 개인의 일상적인 일과 행위는 자유롭게 한다(『학문의 권장學問のすすめ』) 등에도 드러나고 있다.

곧 중국의 공(公)·사(私)에서는 **사(私)**가 공평·공정에 대한 편사(偏私)·간사(姦邪)로서 역사적으로 부정되어온 것에 반해, 일본의 **사(私)**는 정치·사회적인 공적 영역에 대한 가내(家內)적인 사적 영역으로 용인되었으며, 이 경우 공적 영역은 표면적으로는 항상 사적 영역에 우월적으로, 그 때문에 종종 사적 영역을 침해하는 특질을 갖지만, 중국과 달리 **사(私)**가 원리적으로 부정되는 것은 아니었다. 일본에서 **사(私)**의 부정은 그대로 가족·개인의 부정이 되어버리고, 따라서 일본의 **사(私)**는 원래 도덕악·

사회악으로서 부정되어온 중국의 사(私)와는 다른 것이다.

그렇다면 앞에서 언급한 황종희의 자사자리(自私自利)의 주장은 어떤 것인가라는 질문이 나올 법한데, 이것은 사(私) 일반의 주장이 아니라, 실은 황제의 일인 전유(專有)적인 대사(大私)에 대한 **만민의 사(私)**(이 사는 구체적으로 민, 단지 지주 등 부민층의 가산家産·전산田産 등의 소유욕을 내실로 한다), 다시 말해 황제의 '개인의 자유'에 대해서 **만민의 '총체의 자유'**를 명말(明末)적으로 주장한 것으로, 요약하면 만민의 자사자리(自私自利)의 공적 충족, 단적으로 말하면 총체의 공을 주장한 것이다. 즉 적어도 16, 17세기 이래 중국의 공(公)은 개욕총체(個欲總體)의 공—구체적으로는 공(公)·균(均)·평(平)의 조화를 목표로 한 것이며, 그래서 개욕(個欲)·개사(個私)의 무방종(無放縱)한 확충은 여기서도 역시 전제·전횡의 대사(大私)로서 원리적으로 동시에 사회적·도덕적으로 지탄받고 있는 것이다.

이렇게 중국이 총체(公)의 이름으로 개(私)를 부정하는 그 현실은 일본의 전체(국가)에 대한 개(わたくし)의 관계와는 아무래도 동일하게 논할 수 없다.[8]

약간 옆길로 샜지만, 나는 여기서 민권의 문제를 통해서 중국의 총체·개(個)와 일본의 전체·개의 차이를 서술하려고 한 것은 아니다.

이상의 서술을 통해 먼저 말하고 싶은 것은, 민권 하나만 보더라도 거기에는 전근대를 모태로 삼음에 따라 다양한 역사적 제약이 뒤따른다는 점, 예를 들어 그것이 총체적이기 때문에 공화적이며 사회주의적이기도 하고, 그래서 바로 그것이 근대적 개아(個我)의 정치적 보증이기도 한 **개인의 인권**의 성장을 저해한다는 점, 따라서 둘째 '중국의 근대'를 볼 때 그 공화혁명-사회주의 혁명을 가볍게 '유럽을 뛰어넘은' 것이라고 말할 수 없는

---

8) 졸고, 「중국에서 공(公)·사(私) 개념의 전개」(『思想』, 1980년 3월호). 「중국의 '公·私'」 上下(『文學』 1988년 9월호, 10월호) 및 田原嗣郎, 「일본의 '公·私'」 上下(상동) 참조.

것처럼, 한편으로는 예를 들어 인권·개사(個私)의 미성숙만을 들어서 '현대화에 뒤처졌다'고 일면적으로 평가할 수는 없다는 점이다.

그리고 이상의 두 가지를 근거로 더 말하고 싶은 것은, 중국의 근대가 이렇게 그 전근대를 무조건적으로 그 모태로 삼고 그래서 그 모반의 각인을 벗어나지 못한 것과 같이, 사실 일본의 근대도 나의 일본적 독자성에서 그 일단을 엿볼 수 있는 것처럼 역시 그 자체의 전근대를 모태로 삼음으로써 그 나름의 모반을 갖는다는 점, 결국 양자는 각각 역사적으로 독자적인 근대를 지닌 것이며, 따라서 전자의 근대만을 '동양'적이라고 하고, 후자의 그것을 '아무것도 아닌' 서구추수형으로 보는 것은 역사적으로 정확한 시각이라고 말할 수 없다는 점이다.

이것을 개(個)에 대해서 한 번 더 말해보자. 중국의 총체는 개사(個私)의 대립을 계기로 하지 않고, 소위 조화를 선험적으로 사회적·도덕적으로 우선시한 몰사(沒私)적인 것이기 때문에 사유재산권을 기초로 한 시민적 개인의 자유는 발달하지 못했다. 그 반면에 그들은 총체의 자유를 자신의 과제로 삼은 특이한 근대적 개아(個我), 정치성·사회성·도덕성이 풍부한 개아(個我, 루쉰이 말한 '개성의 존중'을 보라)를 낳았고, 이윽고 프롤레타리아적인 즉, 이타적인 개아(個我)에 대한 전망을 개척했다. 한편 일본의 전체는 개(個)에 영역적으로 우월적인 것으로 인해 개(個)를 용인하면서도 개(個)를 유기적으로 상관시키지 않고, 오히려 개(個)를 소외시킨 전체로서 불쑥 등장한 것이기 때문에, 여기서 개(個)의 자유는 전체로의 통로로서 정치·사회와의 연관이 희박하다. 하지만 그 반면에 정치·사회로부터 소외된 것만큼 개(個)의 생활영역은 **내밀하게** 고수되어서, 특히 파쇼적인 전체의 침해를 받은 이래 전후 개인의 사적 영역은 이기(利己)적일 정도로 강화되었다. 다만 나의 개(個)의 전통에서 그 개아(個我)는 전전(戰前)적인 내면 심정의 자유, 혹은 개체의 정욕의 발휘(문학에서 사소설, 자연주의적 소설의 전통을 보라)라는 일인 내적인 것이 계속 이어지고, 정치성·사회성·

도덕성이 의연히 결여되는(이것이 일본에서 인권의 정치성 등의 위약함과도 그대로 통한다) 등, 어떻게 보더라도 두 나라의 근대는 각각 역사적으로 독자적이며, 그리고 이것은 '중국의 근대'를 보는 시각과도 근원적으로 연결될 거라고 우선 말해두고 싶다.

6

앞에서도 언급한 것처럼, 전후(戰後) 적어도 문혁기까지 중국 근대에 대한 우리 시각의 대세는, 요약하면 중국은 유럽적 근대가 결여된 그 뒤처짐을 역으로 전제 내지 조건으로 삼고, 결과적으로 일본이 달성하지 못한 아래부터의 사회혁명을 철저히 완수했다, 즉 정치적으로 반제·반봉건의 공화주의적 체제를 수립하고, 사상적으로는 봉건적 체제교학으로서의 유교적 도통(道統)을 근본적으로 타도했다고 보는 것이었다.

하지만 그 실제를 예를 들어 사상사의 분야에서 보더라도, 당연히 루쉰이 말한 식인(食人, 사람을 잡아먹는)적 예교로서의 봉건체제교학적인 유교는 분명히―다만 어디까지나 제도적이라는 한에서, 다시 말해 일상 의식 면에서는 여전히 도처에 살아남아 있는―타도된 것이지만, 한편으로는 그것을 타도한 반(反)체제 측의 사상 역시 천리(天理)적 도통 속에서 발육되고 성숙된 것, 예를 들어 앞에서 본 근대적인 대동사상이었다. 비유적으로 말한다면 바야흐로 성장한 도통의 적자(嫡子)가 도통의 낡고 조악함을 안에서 껍데기를 부수듯이 타파하고 나온 것이다. 이것을 사상사적으로 말한다면, 고루한 체제와 함께 형해화된 현실에서 괴리되기 시작한 도통의 소위 목숨을 부지하고 있다고 해야 할 구주(舊柱)가, 사회·역사의 현실에 실제적으로 적응하면서 자신을 혁신해온 생기발랄한 도통 본체의 활력에 의해 타도된 것이다. 또 좀 더 부언하자면, 유럽 근대사상은 이 도통 본체에 솜씨 좋게 수용·흡수되고(예를 들어 유럽 사회사상의 선구적인 수용자·소개자로서 활약했던 옌푸[嚴復, 1853~1921]를 보라), 자기혁신을 향한 새로운 활력원의 하나가 된 것이다.

결국 일본이 그 전근대 이래의 사상구조 속에 교묘하게 유럽 근대사상을 집어넣고, 일본적으로 자기혁신을 이룬 것(예를 들어 후쿠자와 유키치[1835~1901]를 보라)과 마찬가지로, 중국 또한 그 전근대 이래의 사상구조 속에 유럽을 수용하면서 자신을 중국적으로 자기혁신한 것이라는 관점에서 본다면, 두 나라의 근대의 상이를 각각의 전근대에서 잘라내고 단지 근대에 국한하여 가부(可否)와 우열(優劣)을 매기는 것은 시각으로서 협소한 동시에 일면적이며 그래서 맞지 않다고 말하지 않을 수 없다.

도통을 갖지 못해 따라서 전환에도 민첩한 구조를 가진 그 이유로 소위 근대화의 속도가 빨랐던 일본 근대를 그 민첩함만으로 우위를 매길 수 없는 것과 마찬가지로, 도통에 근거한 공화혁명을 지향함으로써 전제체제를 무너뜨린 것만으로 중국 근대에 우위를 매기는 것 역시 안 되는 일이다.

전후 우리의 중국 근대관은 그 이전의 근거 없는 선진-후진의 서열을 타파하는 데서 출발했고, 또 그것은 전전(戰前)적인 중국관을 바로잡는 데서 일정한 성과를 올렸다. 하지만 그 안에 중국의 공화적―곧 사회주의적―인 근대를 처음에 서술한 자기부정적인 동경의 대상으로 파악하고, 선진-후진의 시축(視軸)을 한 바퀴 돌려서 차라리 후진이라고 얘기되는, 거기에 차원이 다른 새로운 소위 제3의 선진을 보고자 한, 바꿔 말하면 뒤집힌 선진-후진의 시각에서 중국 근대를 새롭게 선진이라고 보는 시각상의 역전현상이 없었다고 할 수 없다.

여기서 다케우치 요시미의 "유럽을 넘어서 비유럽적인 것을 계속 낳고 있는" 중국 근대에 대한 시각을 다시 제기한다. 이 발언을 지금 되돌려서 다시 읽어본다면, 결국 중국 근대는 소위 아시아적 후진성을 일본처럼 선진유럽에 대한 추수라는 형태로 처리하는 것이 아니라, 후진성 그것과의 자기대결과 그 대결의 내적 심화의 결과, 오히려 아시아적으로 인민적인 사회혁명·사상혁명을 철저히 확충시키고, 그 인민적 철저함에서 유럽의 부르주아적 근대의 불철저함을 넘어서고자 했다고 말할 수 있다.

원래 다케우치의 「중국의 근대와 일본의 근대」에서 보듯이, 유럽=선진이라는 전제가 여전히 전제로서 살아 있고, 그 위에 **그래서** 일본의 선진지향의 근대가 자신의 후진을 자각하지 못한 몰주체적인 그것으로서 부정되고, 또 반대로 중국 근대는 후진인 것의 '패배의 자각'에서 재생을 도모한 주체적인 것으로 간주되었다. 여기에서도 알 수 있듯이, 앞서의 주지(主旨)라는 것은 일견 중국의 소위 후진성을 부정하는 듯이 보이지만, 실은 그것을 전제로 해서 단지 그 후진을 후진이라고 일원적으로 보는 것을 부정하는 것뿐이며, 차라리 후진='비유럽'을 플러스축상에서 보고자 하는 것이다. 그런 한에서 시축(視軸)은 180도 회전을 이루고 있지만, 선진-후진의 구도 **그 자체**가 여기서 충분히 부정되는 것은 아니다.

그런데 원래 이 '비(非)유럽'이라는 말은, 말할 것도 없이 유럽적이 아니라는 것, 결국 유럽적인가 아닌가를 암묵적 전제로 삼고, 다시 말해 유럽을 하나의 기준으로 삼은 표현이다. 자구에 얽매인 듯 하지만, 생각해보면 유럽을 기준으로 해서 아시아가 유럽적인가 아닌가를 묻는 아시아 자신의 자문자답은 무언가 기묘하다.

필시 유럽 자신이 스스로를 칭하면서 비(非)아시아적이라고 표현하는 일은 없을 것이다. 그 이유는, 무엇보다도 그들이 **처음**부터 아시아와 다르다는 것을 지나치게 자명한 것으로 삼고 있는 데다, 더욱이 아시아를 하나의 기준으로 해서 자신을 살피는 데 그들은 자신들의 자각에서 너무나 자기충족적이기 때문일 것이다. 그럼에도 아시아 측에 한해서는 자신을 유럽 회로의 눈으로 다시 파악하고, 자신이 유럽적인지 아닌지를 혹은 비유럽적인지 아닌지를 **가치를 담아** 묻는 것은, 세계사를 유럽 중심에서 보아온 근대 이래 유럽 측의 일원적 시각이 얼마나 깊이 아시아 속에 내부 침식해왔던가를 드러내는 것이라고 말할 수 있다.

이 아시아의 자문(自問)은 그래서 기묘하다기보다는 무익할 뿐이다. 아시아가 역사적으로도, 풍토적·지리적으로도, 시간적·공간적으로도 본래 유럽과 다르고, 또 그 나름의 시간·공간에서 충족적인 자기를 갖고 있다는 입장에 서 있다면, 그리고 만약 그 입장에서 겸허하게 혹은 오만하게 자신을 유럽과 횡적으로 대비시키고자 한다면, 유럽 기준의 유럽적·비유럽적 자기분별은 말할 것도 없고, 선진-후진의 종적인 구도는 더욱이 문제가 되지 않는 것으로, 그 대비에서 나온 문답이란 것도 말하자면, 단지 어떻게 그것이 이(異)유럽적인가 아닌가라는 데 지나지 않을 것이다.

7

반복해서 본다면, 이제까지 중국에 국한하지 않고 아시아를 보는 데 있어 유럽 회로의 눈으로 보는, 특히 근대에 관해서 그러한 시각은 상당히 일반적이었다. 이로 인해 아시아에서 유럽적 혹은 의사(擬似)유럽적인 것의 발견이 아시아의 '근대'의 발견으로 간주되었고, 한편에서는 다케우치 요시미와 같이 그것을 '비(非)유럽'이란 주장으로 뒤집었다고 하더라도, 그 비유럽은 어디까지나 유럽을 기준으로 한, 소위 유럽의 반작용으로서의 '비'일 뿐이었다. 결국 유럽적인 것이 어떻게 아시아적인 형태로, 즉 비유럽적으로 있는 것인가가 결과로서 발견된 아시아의 '근대'였으며, 우리 아시아의 근대가 모두 편면적으로 '비'유럽의 근대로서 주장되었던 것에 지나지 않았다. 그리고 그 주지는 아시아의 소위 후진을 오히려 초(超)선진으로 보든가 아니면 후진 그 속에 다른 차원의 선진의 가능성이 있다고 하든가 또는 후진과 선진이 동시에 병존하고 있다고 하든가, 대응에 다양한 차이가 있었지만, 요약하면 선진-후진의 구도 속에서 선·후의 위치 부여와 위상의 여하(如何) 혹은 그 여하를 보는 시축(視軸)에 이(異)를 세우는 것에 불과했다. 이렇게 아시아의 '이(異)'의 주장은 유럽적인 것과 표리(表裏)를 이루는 비자립(非自立)적인 '비'의 주장에 불과했다는 역사 단계상의 끊임없는 제약 때문에 '이'의 주장으로서 불철저할 수밖에 없었고, 또 그 비(非)자립으로 인한 불철저함이 어느 정도의 변형을 초래했다.

예를 들어, 그것은 '동양' 주체적인 중국 근대에 대한 '아무것도 아닌' 몰주체적인 일본 근대로서 불쑥 나타났던 것이지만, 생각해보면 이 변형은 아시아를 '비'유럽으로서 높이 세우려고 한, 과장해서 말하면 우리의 백년 간의 주관적 바램에서 나온 것이며, 중국 근대에 대한 우리의 자기부정적 동경이라는 것도 곰곰이 생각해보면 '비'유럽에 대한 동경이었다고 극단적으로 말할 수 있다.

하지만 이 '비'에 대한 동경은 유럽적인 것과 표리를 이루는 비자립적인, 결국 주관적인 것이었기 때문에 '비'에 대한 동경이 강하면 강할수록 그것과 한 쌍으로서 유럽적이라고 관념된 것에 대한 부정을 동시에 낳았고, 그 결과 일본과 중국은 각각 자립의 객체로서 서로 상대화될 수 없었다. 결국 각각의 이(異)유럽적 독자성이 서로 상대화되는 일 없이, 한쪽이 '비'가 되었기 때문에 열위(劣位)에 놓인 반면, 다른 한쪽은 '비'가 아니기 때문에 우위(優位)에 놓이고, 혹은 한쪽이 '비'가 아니라고 간주되었기 때문에 열위에 놓인다면, 다른 한쪽은 '비'라고 간주되었기 때문에 우위에 놓이는 등, 어떤 것이든 일본과 중국의 근대는 유럽 회로의 눈에 의해 유럽적과 비유럽적, 일방적으로 말한다면 '비'를 둘러싸고 위상(位相)의 선후(先後)·우열(優劣)이 표리일체의 관계로 세상의 화제가 되어왔다. 그리고 그 결과 우리는 일본이든 중국이든 근대의 어쩔 수 없는, 혹은 어쩔 수 없다고 간주할 수 있는 '이(異)'유럽적 실체를, 예를 들어 유럽 근대가 유럽 전근대와 불가분한 것과 똑같이 일본도 중국도 각자의 전근대의 독자적 구조와 불가분하다는 역사적·풍토적인 상호적 독자성에 의거해 정확히 바라보는 것이 **뜻대로** 되지 않았다.

이와 같은 점에서 결론을 이끌어낸다면, 앞으로 우리들이 아시아의 근대를 생각할 때 일본에서든 중국에서든 그것 자체의 전근대에 근거한 각각의 '이(異)'유럽적 독자성에 의거해서 생각할 필요가 있다는 것이 되겠다.

아니, 여기까지 온 이상 이미 이(異)'유럽'이라는 표현 자체가 이미 췌언(贅言)이다. 일본과 중국 사이에 '유럽'을 개재시킬 것도 없이 원래 일본과 중국은 서로 독자적이었던 것이며, 결국 각자가 각자의 역사적 개성에서 이미 '이'이다. 전근대 사회라고 한다면, 일본의 막번제(幕藩制)와 중국의 황제제, 똑같이 세습신분제와 과거관료제, 장자상속제와 균분상속제, 본가제(本家制)와 종족제 등, 정치·사회 방면에서 커다란 구조상의 차이가 있고, 그 차이가 그대로 두 나라의 근대화 과정에 계승되고 있음도 쉽게 볼 수 있다.

그렇다면 '중국의 근대'를 보는 우리의 시각은 어쩔 수 없이 먼저 이 '이(異)' 인식에 입각한 것이 아니면 안된다.

세계사적인 보편 역시 이 '이(異)', 즉 개별적 독자성에 당연히 입각하게 될 것이다.

마지막으로 사족이지만 문화대혁명을 보는 시각에 대해서 언급한다.

예를 들어, '조반유리(造反有理)' 하나만 하더라도, 이것을 중국 내 시각에서 역사적으로 통찰해 본다면, 단지 마오쩌둥의 조직파괴라든가 법의 파괴라는 측면만으로 판단할 것이 아니라, 중국 전근대를 부정적으로 계승하면서 그 때문에 그것의 모반이 각인된 중국 혁명 그 자체의 역사적 특질의 일환으로서 보는 것이 요구될 터이다. 나는 마오쩌둥의 소위 탈권(奪權)이 옳았다든지 부득이했다고 말하는 것이 아니다. 마오쩌둥이 문혁을 발동시킨 동기에 노선문제와 권력문제가 있었던 것은 분명한 사실이지만, 그것은 문혁의 본질이 아니라 현상에 지나지 않고, 오히려 그것들을 그렇게 현상케 했던 것, 즉 중국 고유의 대동적 근대가 지닌 역사구조상의 제 모순을 투시할 필요가 있다고 생각한다. 그리고 상술한 여유는 없지만 거기에 문혁의 역사적 본질도 있을 것이고, 그래서 문혁의 본질을 투시함에 있어서는 과장해서 말한다면 중국 혁명의, 더 나아가서는 중국의 '이(異)'적인 전근대-근대의 총 프로세스를 역사적으로 통관할 필요가 있다고 할 것이다.

부기(附記)

위의 원고를 쓰고 나서 8년(다만 첫머리의 일부는 다시 썼다)이 지났지만, 근래 일본 근대화의 성공 비결을 배우자고 하면서 중국에서 연구자와 유학생들이 속속 도일(渡日)하고 있다. 게다가 그 근대화는 그들의 의식에서는 틀림없이 유럽화를 가리킨다. 그러한 그들의 다수는 **중국 자신**, 내가 말한 이른바 역사적 기체(基體)를 객관적으로 인식하지 않기 때문에 자신의 근대에 관해서는 전부 부정적이며, 반면에 일본의 근대를 동경하고 있다. 그들에게 대(對)유럽, 대(對)일본의 '이(異)'의식은 없다.

이 때문에 그들의 일본 근대 연구는 철두철미 주관적인 것이고, 자기중심적이라는 의미에서 주체적인 것이다. 예를 들어, 그들 중에는 일본이 일찍이 전통을 버리고 서구화로 달려갔던 메이지, 또 재빠르게 아메리카 문화를 받아들인 전후의 변신 속도야말로 배워야 할 '일본의 근대'라고 말하는 이까지 있으니, 정말 다케우치 요시미의 전복(顚覆)이다.

일반적으로 그들의 관심은 일본의 근대과정을 객관적으로 아는 것이 아니라, 자국 '현대화'의 미달성 및 장애요인으로 생각되는 것을 비판하는 데 있고, 결국 그들의 일본 근대 연구는 동기와 목적 모두가 자신의 '현대화' 속에 두어진 것이라는 점을 알 수 있다. 극단적으로 말하면, 일본 근대과정의 실태가 어떤 것이었는가는 그들의 관심대상이 아니며, 그들의 일본 근대화론이란 요컨대 중국 '현대화'론에 지나지 않는다.

하지만 반복해서 생각해보면, 지금 '전복'이라고 한 다케우치 요시미의 중국론도 동기와 목적을 일본의 '근대' 비판 속에 두었던 점에서, 또 중국 근대과정의 실태에 관심을 두지 않았던 점에서 요컨대 일본론이었던 것이며, 그것 역시 자기중심적이라는 의미에서 주체적인 것이었다.

결국 우리 일본과 중국의 주체는 서로를 하나의 객체로서 인식하지 않았고, 그래서 자신의 객체성을 객관화할 수 없는, 자기일원적인 것이었으며, 그것은 소위 국제적인 교류를 갖지 못한, 내부를 향한 독선적인 주체였다.

얄궂게도 일중(日中) 교류가 대중 차원으로까지 침투한 이 수년간, 양자 사이의 국제적인 교류주체 **부재** 문제가 부상하게 되었다.

그러나 다행히 우리 측에서 교류가 빈번하게 되면 되는 만큼, 상대방의 일원적인 '주체'가 내 일로 느껴져 잘 보인다는 역사적 자의식이라고도 할 수 있는 것을 이미 습득하고 있기 때문에, 그들의 '일본의 근대'에 현혹되는 일은 없다.

오히려 그들의 '주체'를 반면교사로 우리의 '주체'를 회의하고, 이 교류를 계기로 자타의 객체인식을 지닌 진정한 연구주체를 우리 측에서 확립할 수 있으며, 그런 의미에서 지금 비로소 우리는 멸시도 동경도 편견도 기대도 없는 사실적 세계로서 어떻게든 '이(異)'한 중국이라는 세계의 해명에 삼삼오오 착수하기 시작해 '근대'라는 굴절된 **가치**의 세계를 바야흐로 역사적 **사실**의 세계로 되돌렸다고 할 수 있다. 어쩌면 단지 역사적인 사실의 세계라는 그것이 사실 가장 헤치고 들어가기 어려운 다기(多岐), 다면(多面)인 동시에 다국(多局), 착종(錯綜)의 세계이지만.

제2장

근대 중국상(中國像)의 재검토

중국 연구는 1980년대 이후 급격하게 전환했다. 중국의 변화, 일중관계의 변화라는 요인도 물론 크지만, 냉전구조의 붕괴를 인과(因果)로 삼은 아시아의 정치·경제관계상의 틀의 변화, 그것에 따른 진보-보수, 사회주의-자본주의, 선진-후진이라는 단순이원론 구도의 붕괴라는 변화가 또 하나의 커다란 요인이다. 역사학이 현재 속에서 미래를 분석하고, 또 과거를 현재의 비판형으로서 재생시키는 것을 하나의 역할로 삼고 있다면, 1960, 70년대의 방법론은 이미 그 역할을 다하지 못하고 있다고 많은 사람들이 느끼고 있는 것이다. 전후(戰後) 이래의—역사관·세계관의 실천이기도 한—방법론을 재음미하고 현재를 위한 방법론을 모색, 확립하는 것이 필요하게 되었다.

이것은 문학·철학을 포함한 근대사 분야에서 특히 첨예한 과제가 되었다. 그것은 중국의 근대사 연구가 현대는 물론 메이지(明治) 이래 일본의 근대화 과정에 극히 직접적으로 영향을 받았던 것과 관계가 없지 않다.

그래서 다시 '근대 중국상'에 관해서 생각해본다. 다시라고 말한 것은 먼저 그것의 '왜곡'에 관해서 썼기[1] 때문이지만, 미리 말해둔다면 그 의도

---

1) 졸고, 「근대 중국상은 왜곡되지 않았는가」(『역사와 사회』 제2호, 1983년, 본서 9장에 수록). 이것에 관해서는 久保田文次 「근대중국상은 왜곡되고 있는가」(『史潮』 新16호,

는 앞에 쓴 글에서도 그러했던 것처럼, 양무'파'(파에 따옴표를 한 것은 변법파 · 혁명파는 말할 수 있어도 양무'파'라는 호칭은 양무운동의 실체와 맞지 않다는 것을 말하고 싶기 때문이다) 옹호에 있지 않다. 의도는 일찍이 근대 중국 인식상에서 많은 사람들이 근거로 삼은 저 유명한 '양무-변법-혁명'이라는 단계론적인 구도-양무를 서양의 공업(西用)만을 도입해서 그것에 의해 청조 전제체제(中體)의 온존을 도모하고자 했던 단계, 변법을 양무의 의도의 실패에 따라 왕조체제를 변혁해서 입헌군주제로 바꾸고자 했던 단계, 혁명을 청조 체제 자체를 부정해서 공화제로 향했던 단계로 보는 시각(9장 첫머리의 '해설' 참조)의 재검토를 **통해서** (구도의 재검토가 목적이 아니다) 근대 중국 연구의 현재까지의 방법론과 자세를 비판적으로—단지 주로 사상사 연구의 장에서—재검토하는 데 있다.

그러나 실제로 현실은 이미 이하의 검토를 지나쳐가고 있으며, 그런 의미에서 이 재검토는 검토라기보다는 이미 지나가버린 것에 대한 레퀴엠(진혼곡)이라고 할 것이다. 다만 지나가버린 것이라고 해도 그것을 과거의 장부에 정확히 기록해두는 것은 그것을 지나가버린 것으로 **간주해버리고 마는** 선에서 필요한 수속이며, 더 나아가서는 현재의 연구자가 과거를 정확히 비판적으로 계승해가기 위해서도 필요한 수속일 거라고 생각한다. 감히 검토를 행하는 까닭이다.

1

중국의 근대를 연구할 때의 입장이나 방법은 다양하지만, 전후의 그것

1985년), 鈴木智夫「중국에서 근대공업의 형성과 양무파」(『역사학연구』 540호, 1985년) 및 杉山文彦「근대중국상의 '왜곡'을 둘러싸고」(『문명연구』 6호, 東海大學文明學會, 1988년) 등 참조.

을 앞서 제시한 단계론과 관계 깊은 것만 정리해본다면, 먼저 1) 근대론적 2) 초(超)근대론적 3) 사적 유물론적 4) 인민(농민)론적 5) 정치적 6) 민족 감정론적 등으로 분류할 수 있다. 1)은 유럽 근대를 의식적·무의식적인 척도로 삼은 것, 2)는 그것을 싫어해서 중국에서 비(非)유럽을 보고자 한 것, 3)은 마르크스의 발전단계론을 기초로 한 것, 4)는 '프롤레타리아 인민'(사실은 농민)을 중국의 역사발전의 동력으로 삼은 것, 5)는 그 시시각각의 정치과제의 요청에 근거한 것이며, 6)은 설명이 필요 없을 듯하다. 5)와 6)은 약간 성격이 다른 것이니 잠시 놔두고, 1)~4)에 들어 있는 양무-변법-혁명의 단계론적 구도와 연관지어 검토해본다면 다음과 같다.

먼저 1)~4)인데, 그중에 1), 3), 4)가 특히 이 구도와 관련이 깊다고 할 수 있다. 아무튼 이 단계론적 구도의 특징은 기본적으로는 양무(洋務)와 변법(變法) 사이의 단계별 차이를 정치제도의 변혁—구체적으로는 입헌군주제의 도입—프로그램의 유무에, 또 변법과 혁명 사이의 단계별 차이를 청조옹호의 입헌군주냐 왕조체제 타도의 공화혁명이냐로 보는 데 있기 때문이다.

이를테면 이것을 1)에 대해 오노가와 히데미(小野川秀美)의 『청말 정치사상 연구』(동양사연구총간)를 보면 양무가 중체(中體=청조구체제)서용(西用), 변법은 서체(西體=의회제)도입에 의한 중체(中體)의 개혁, 혁명은 중체의 부정, 또 3)에 관해서 중국 샤둥위안(夏東元)의 『양무운동발전론』[2]을 보면, 예를 들어 중체서용론(9장 '해설' 참조)을 비판하면서 의회제의 도입을 견접(遣摺)[3]의 형태로 상신(上申)한 양무대관 장수성(張樹聲,

---

2) 이하 夏東元의 인용은 모두 「洋務運動發展論」(『社會科學戰線』 1980년 제3기).

3) 『張靖達公奏議』의 5권, 遵議球案摺. 遺摺은 같은 책의 가장 말미 곧 8권의 말미에 있고, 요점되는 부분을 소개한다면, "夫西人立國自有本末, 雖禮樂教化遠遜中華, 然馴致富强, 具有體用. 育才於學堂, 論政於議院, 君民一體, 上下一心, 務實而戒虛, 謀定而後動, 此其體也. 輪船大炮洋槍水雷鐵路電線, 此其用也. 中國遺其體而求其用, 無論竭蹶步趨常不相及, 就令鐵艦成行, 鐵路四達, 果足恃歟."

1824~1884)은 '중국 봉건 전제주의'의 '체(體)'에서 '서방 자산계급 민주제도'의 '체'로의 '개변'과정에서 분석된 '자산계급 개량주의자'가 된다. 4)에 관해서는 예를 들 것까지도 없이 태평천국 진압의 초기 양무에서 부르주아 개량주의를 거쳐 프롤레타리아 권력의 확립이라는 역사과정이 단계별 차이의 이른바 사실증명이 된다. 3)과 4)는 반드시 이 단계론에 입각해 있다고 할 수는 없으나, 결과적으로 그것을 보강하는 역할을 맡은 것이다. 이리하여 이 구도는 그 알기 쉬움과 결합하여 상당히 오랫동안 근대사 연구 속에서 응용되었으며, 아니 지금도 무의식적으로 응용되고 있다.

그런데 미리 말해둔다면, 나는 이 구도 자체를 부정하고자 하는 것이 아니다. 역사학이 어떤 의미에서 가설의 학이라고 한다면, 이 구도는 그에 맞게 가설로서의 기능을 갖추고 있다. 문제는 가설은 어디까지나 가설이지 사실이 아니라는 점에 있다. 결국 이 구도는 지금까지 무시된 적은 있어도 적극적으로 부정된 적은 없었고, 다시 말해 대립하는 다른 가설을 갖지 못했기 때문에 가설이 사실에 대해서 본래 가져야 할 겸허함을 거의 잃어버렸다는 것이다.

사실은 마치 침대에 맞추려고 발을 자르는 것처럼 종종 구도에 맞춰서 재단되어왔다. 게다가 그것은 종종 부자연스러움을 느끼는 일 없이 행해져왔다.

부분적으로 이해하기 어려운 바가 없었던 것은 아니다. 경제학의 분야에서 서로 반발하는 것이 많은 1)의 근대주의와 3)의 마르크스주의가, 이 가설에서는 오히려 서로 보완하는 관계에 있는 것은 생각해보면 기묘하다든지, 또 1)과 4)에 관해서도 이런 식으로 말할 수 있다. 다만 이 어긋남은 부분적으로 그치고 총체적인 것이 되지 않았기 때문에 가설의 안정성이 흔들리는 일은 없었다.

왜냐하면 이 가설은 총체로서 하나의 틀을 공유하고 있으며, 그 틀은 종종 우리의 일상감각 혹은 사회통념의 장(場)까지 기저(基底)에 미치는 것이었기 때문이다.

틀은 역사를 발전 또는 진보라는 기준으로 파악하고, 그 발전·진보의 추형(雛形)을 유럽에서 찾는다는 것이다. 예를 들어 봉건보다는 근대, 전제보다는 입헌, 나아가 공화, 황제보다는 인민. 밑바탕에 **뒤처진** 아시아—여기서는 청조 중국—는 그렇게 변혁되지 않으면 안 된다는 통념이 있다.

그런데 3)과 4)는 그것에 해당하지 않는다. 더구나 2)는 그 틀 자체를 거부하는 것이라고 이야기된다. 2)에 관해서는 이 다음에 기술하겠는데, 이유로서 3)이 틀에 맞지 않는다고 간주되는 세계사적 보편성, 4)가 그렇지 않다고 여겨지는 중국혁명의 특수성은 분명히 쉽게 유럽에 흡인되는 것이 아니다. 다만 이 보편성·특수성에 관한 이해가 또 이상하다. 3)의 생산력과 생산관계에서 역사발전의 동기를 보는 사적 유물론은 단지 원리로서라면 몰라도, 그것이 구체적으로 **어떠한** 생산관계로서 등장하고 어떠한 **상부구조**와 어떻게 연관되는가라고 하면, 아시아(여기서는 중국)의 개별 실지의 검증은 충분하지 않다. 충분하지 않은 채 앞의 장수성의 의회제 도입의 주언(奏言)에 관해서도, 양무운동하에서 우연히 탄생되었다고 간주된 자본주의적 생산관계를 반영한 '**자산계급** 개량주의'라는 한 유럽 제조의 의론이 찾아온다. 4)에 관해서는 2)와 함께 생각해보자.

먼저 2)인데, 다케우치 요시미로 대표되는 이것은 전후에, 특히 근대 사상사 연구 가운데 적잖이 영향을 미쳤고, 그 영향은 지금도 계속되고 있다. 다만 여기서는 다케우치가 아니라 니시 준조(西順藏)—근래『중국사상론집(中國思想論集)』(筑摩書房)도 재간되었고—의 논법에 주목해 본다.[4] 니시는 상술한 구도에 관한 전론(專論)이 있는 것은 아니지만, 그것을 언급

---

4) 아래의 인용부호는 모두 西順藏『中國思想論集』(筑摩書房, 1969년)에 수록된 논문 가운데「중국 근대사상 속의 인민 개념」,「無에서의 형성-'우리 중국인민'의 성립에 관해」,「이제부터의 유교 및 중국사상」,「철학의 운명에 관해-중국의 경우」,「문화대혁명은 계급투쟁이다」에서 인용한 것이다.

한 논문을 중심으로 그 초(超)근대―이 표현은 나의 것으로 그에게 책임은 없다―론을 보면 이러하다. 중국은 아편전쟁 이래 중체서용론에 의해 자기보존을 도모했으나, 서양의 침공과 중국의 패퇴가 진행됨에 따라 "중체(中體)는 그 가죽을 버리고 고기를 버리고 뼈까지도 버리고서 마침내 골수(骨髓)만" 남았다. 결국 군사기술, 식산(殖産), 통상 등의 서용(西用)을 수용하고(양무), 이윽고 정치제도, 도덕질서 등의 중체의 개혁에 이르렀으며(변법), 마지막에는 그 사회체제조차 방기하는 태도를 취한(예를 들어 장빙린) 끝에, 아직 '어떤 것'이 남아서 그것이 근대주의와 마찰을 일으키고 이것에 저항했다. 그 '어떤 것'은 '유럽적 원근법'으로 본다면 '고대적이거나 봉건적이거나 또는 초(超)고대적이거나' 한 정체적인 '구(舊)중국의 저층부' 즉―중국이 결국 서양 '자본주의의 산물인 제국주의'에 굴복하고, 동시에 이것과 결탁해서 지배하고자 했던 바의―'중국 농촌'이다. 이 중국 농촌이 마르크스주의를 매개로 서양 근대와 구중국을 함께 '지양'하며 서양의 '원근법'을 '뒤집고', 역으로 신생의 자신의 원근법에 의해 유럽을 비판하기에 이르렀다. 이것을 인민에 근거를 두고 말한다면, 천하왕조체제하에 단지 '자생적'이며 '수동적'인 정치체제로서의 '총체' 인민이, '총체'이기 때문에 '근대'국가의 '국민'이 되는 주체적 계기조차 결여되었던 그것에 의해 결과적으로 청조의 봉건지배, 제국주의의 식민지 지배, 자본제하의 계급적 지배를 거부하는 '부정적'인 '주체'로서 창출되었다(장빙린). 아직 이 단계에서 정태적인 인민에 대해 주도권은 '자각자' 편에 있지만, 머지않아 '거꾸로 주도권을 인민에 두고 자각자를 그것에 종속시키는 사고방식'이 개척되고(李大釗), 실제 중국공산당의 실천에 의해 '한 사람 한 사람이 주체적으로 사상을 가진 인민 총체'가 등장하기에 이른다.

이상이 좀 장황하게 정리한 준조의 요점이다.

니시의 이 문맥에서 먼저 깨닫는 것은 이 문맥의 기저에 프롤레타리아ㆍ

빈고농(貧雇農, 중국 농촌)이 제국주의(근대주의)와 매판화한 지주·자산계급 및 그 권력(구중국)이란 이중의 멍에를 물리치고 해방을 쟁취했다는 중국 혁명의 주지하는 특수성이 사실인식으로서 가로놓여 있다는 점(결국 니시의 초근대론은 4)의 인민=농민론과 표리를 이루고 있다), 그리고 그 특수성이 당연하게 유럽과의 대비에서 문제가 되고 있다는 점이다. 하지만 동시에 깨달은 것은 유럽과 중국의 대비가 유럽과 중국의 각각에 독자적인 두 개의 좌표축에 관한 대비가 아니라, 구중국을 정체로 본 유럽적 원근법, 즉 '시각'을 번전(飜轉)하는 형태로, 그 결과 의도치 않았지만 유럽의 발전·진보를 기준으로 한 형태로 이루어지고 있다는 점이다.

이러한 표현은 유럽적 진보사관 자체를 부정하는 니시에 대해서 부당하다는 비난을 받을지도 모르겠다. 지금 니시는 문화대혁명의 '문화가 없는 인민에서 문화를 창출한다'는 저 '농촌에서 도시를' 식의 '가장 뒤처진 데서의 혁명운동 방식'만을 '자본주의든 사회주의든, 그 〈선진국〉으로도 〈중진국〉으로도 되려고 하지 않고서 〈후진〉하는' 결국 '유럽에 의해 규정되지 않는' 중국의 '지금부터'로서 제시하고 있는 것이 아닌가라고.

그래서 특수성에 대한 이해가 문제가 된다. 니시는 중국 혁명의 특수성이, 혁명의 주력을 '구중국'의 '저변'인 '중국 농촌'에서 파악하는 데 있다고 했는데, 여기서 왜 그런지 그 특질에 대해서는 유럽적 원근법에 의한 '중국 농촌', 즉 '고대적, 봉건적, 초고대적, 정체적', '소위 뒤처진', 결국 '유럽체계에 종속되는 중국상'을 제기하고, 그 위에 '중국론의 원근법이 뒤집혔다'고 한다. 니시는 왜 처음부터 중국적 원근법으로, 즉 중국의 역사사실의 시간·공간의 거리(span) 속에서 그 시점에 실재의 중국 농촌을 추출하지 않고, 굳이 도수가 다른 유럽의 렌즈를 들여온 뒤에 그것을 뒤집어서 보여주고, 나아가 그 위에서 '중국은 유럽적 중국으로부터 자신을 돌려놓고서 자기 자신의 원근법을' 가졌다고 하지 않으면 안 되었던가. 대답은 간단하다. 중국이, 아니 누구보다도 니시가 '유럽적 중국'에서 자신을 돌려놓을 필요가 있었기 때문이다. 왜냐하면 일본에서 통용되고 있던 '중국 농촌'은 바로 괄호를 친 유럽적 원근법에 의한 '묘상(描像)'이며, 그것이 그렇게 보이지 않는다고 한다면 눈이 보이지 않는 것과 같을 만큼 유럽의 렌즈는 모든 사람들의 것이었기 때문이다.

따라서 완곡하지만 '**먼저** 유럽적인 중국론을 검토하고, **그 위에서** 그것을 뒤집는'(강조는 필자) 것, 구체적으로는 '유럽의 부정적 규정의 중국론을 이른바 뒤집어서 적극적으로 규정'해 보이는 것, 이것이 니시에게 '중국론'일 수밖에 없었다. 극히 단순화해서 말한다면, 니시는 유럽의 '인격자유의 원리'의 반대로서 '인민 총체', 결국 '총체 인민의 철학'(=마오쩌둥 철학)의 '활학(活學)'에 의해 '한 사람 한 사람이 주체'화된 '총체'인 '우리 중국인민'을 유럽의 '인격'적 개(個)에 대치해서 보여주었던 것이다.

개(個)와 총체는 원리적으로 반대의 관계에 있고, 그런 한에서 '유럽적 체계·세계 자체'가 '중국에 의해 거꾸로 비판당하고 규정된다'고 말한다면 그럴 수 있지만, 그 역비판·역규정은 유럽적 체계·세계 '자체'를 기준으로 해서 이루어진 것이며, 따라서 그 '역'은 애초부터 유럽적 체계·세계에 의해 규정되었던 것이다.

결국 니시의 초근대는 이미 유럽 근대의 척도에 의해 규정되고 있다.

니시는 진보사관을 거부하면서 '후진'에 가치를 인정하는 형태로 진보의 구도에 사로잡혔다. 인민, 마르크스주의에 의해 개(個), 근대주의를 뒤집는다는 형태로 개(個)와 근대에 사로잡혔다.

생각건대 이 초근대가 근대의 역규정으로서 그 규정에서 벗어나지 못했던 것은, 전후 일본이 역시 근대적 일본으로 지속되어왔기 때문이며 그래서 그것의 초극 혹은 비판이 목전의 초미의 정치과제와 직접 연결되고 있다고 간주했기 때문일 것이다.

이렇게 해서 중국의 특수성은 유럽적 원근법, 그리고 사실은 근대적 일본의 원근법의 문제가 되고, '뒤처짐'은 보이는 방식으로서 괄호를 붙인 것이 되고, 사실 존재로서의 뒤처진 중국은 1949년 이전 혹은 1911년 이전의 과거로 뒤집혀서 퇴적된 것이 되었다. 그것이 니시의 소위 '구중국', 여기서는 청조 중국이다.

원래 중국이 뒤처지고 있는지 어떤지라는 일반적인 명제는 성립할 수가 없다. 중국 안의 것으로 혹은 청말 중국이 현대 중국에 비해 무엇이 어떻게 뒤처지고 있는지는 말할 수 있지만, 일반적으로 중국이 유럽과 일본에 비해서 무엇이 어떠하다는 식으로 비교한다면, 구체적으로는 생산지수라든지 국민총소득이라는 것의 비교가 될 것이다. 하지만 이것은 어떤 사건에서 숫자의 대소의 문제이며, 뒤처진 일반 곧 문명과 역사의 질에 관련된 것은 아니다. 굳이 그것을 숫자로 말하고자 하더라도, 뒤처진 것은 본래 어디까지나 당사자의 의도 안의 것으로, 현재 자신들이 어떤 것에 대해서 달성하기를 바라는 목표치를 향한 부족분이 결국 당사자에게 뒤처진 인식이며, 그 목표 설정과 관련되지 않는 제3자에게는 만약 우연히 자신들이 그 목표치를 숫자상에서 초과하고 있다고 하더라도 그것에 관해서 가늠하고 평가할 권리는 없다.

그렇겠지만, 양무~혁명의 구도는 이 제3자의 칭량에 의한 '뒤처짐'을 후술할 '혁명'과 나란히 소위 틀의 한 기둥으로 삼음으로써 성립하고 있다고 나는 생각한다. 비유적으로 말한다면, '뒤처짐'을 밖에서 여럿이 합세하여 마치 폐기장에 내팽개치는 것처럼 청조 중국에 던져넣고, 그 '뒤처짐'의 퇴적을 전제로 해서 어떻게 그것을 처분하는가라는 참견에 가까운 문제 제기가 이루어지고, 그 해결의 방법론이 양무-변법-혁명의 3단계론, 보다 정확히 말한다면 그 앞 단계에 또 하나 수구가 덧붙여진 4단계론이었다고 생각할 수 있는 것이다. 내가 틀에 관해서 유럽의 조형(祖型)을 말하는 것은 이 '뒤처짐'에 다름 아니다.

2

'뒤처짐'이 근대론에서는 당연하다고 하더라도 상술한 것처럼 초근대론에서도 퇴적된 것은 생각해보면 의외의 일이지만, 어떤 의미에서 더 의외인 것은 과학을 표방하는 사적 유물론에서도 '뒤처짐'을 느낄 수 있다는 점이다. 예를 들어, 자산계급의 '자유, 평등, 천부인권'의 '선진'사상에 대한 '부패몰락의 봉건의식' 등으로 표현된 샤둥위안(夏東元)의 '봉건'에서 그것이 느껴지지 않는가.

원래 단지 시대구분상의 '봉건'이 '뒤처짐'의 어감을 갖고서 사용되기 시작했던 것은, 내가 아는 한에서는 옌푸(嚴復, 1853~1921)가 자신의 역서 『사회통전(社會通詮)』(E. Jenks, *A History of Politics*)에서 젠크스의 '종족사회-종법(宗法)사회-군국(軍國)사회'라는 진화사관을 소개한(1904년) 이후의 일이라고 생각한다. 옌푸 자신도 서문에서 종법과 봉건을 연결시키고 있는데, 그 이후 종법=봉건사회를 역사단계상 뒤처진 사회로 보는 시각이 상당히 급속하게 확산되었다. 바로 그 전후(前後)까지는

지방자치는 곧 낡은 봉건이다.(캉유웨이, 1902년)[5]
대의(代議)라는 것 봉건의 변형일 뿐(장빙린, 1908년)

이라고 그것을 긍정하든 부정하든 지방자치와 대의제를 끌고 와서 논해졌던 '봉건'이 갑자기 '뒤처짐'과 동의어(同義語)가 되고, 『신청년(新靑年)』에서 천두슈(陳獨秀) 등에 의해 종법=봉건의 유교 이데올로기가 '반(半)개화 동양민족의 일관된 정신' 등으로 부정되거나, 더욱이 마르크시즘의 발

---

5) 아래 明夷(康有爲)「公民自治論」(『辛亥革命前十年間時論選集』제1권 上冊 수록), 章炳麟「與馬良書」(『民報』제19호), 陳獨秀「東西民族根本思想之差異」(『新靑年』1권 4호), 毛澤東「중국혁명과 중국공산당」제2절.

전단계론이 수용되기에 이르자 이 '뒤처짐'은 적어도 1920, 30년대에는 결정적인 것이 되었다. '뒤처짐'을 거꾸로 중국 혁명의 조건으로 삼은 마오쩌둥(毛澤東)도 황제·귀족·지주가 농민을 착취해온 봉건적 중국을 수천년 이래의 '정체부전(停滯不前)'의 사회로 보았으며, 이 '뒤처짐' 인식은 자력갱생을 추구한 문화대혁명의 좌절도 있어서 현재의 중국에서는 오히려 대중적으로 일반화되었고, '선진'을 향해 **생떼를 쓰는** 욕구불만이 되었다.

'부패몰락', '종법사회', '반(半)개화', '정체부전' 등의 '뒤처짐' 인식은 모두 당시 중국의 역사적 현실에 대한 분석 속에서 나온 인식이 아니라, 외부의 눈에 연루된 소위 주체상실의 억지스러운 인식으로, 거기에는 그 시점까지의 도달 정도에 대한 정확한 역사분석과 거기에서 나온 도달 목표에 대한 소위 충실한 뒤처짐 감각이 없다. 결국 '과학적'인 사적 유물론이라고 하더라도 만약 중국의 역사적 현실에서 출발하지 않고 마르크스=유럽 척도의 '발전·진보' 단계론에서 중국을 볼 때에는, 옌푸와 같이 외부로부터의 '뒤처짐'에 휘둘리고 그래서 '선진'을 향해 생떼를 쓰는 욕구불만이 되며, '선진=자본주의', '후진=사회주의'라는 마르크스에게 있어서조차 마뜩치 않은 대중감각이 '중국 인민' 속에 들어차게 된다.

이렇게 근대론, 초근대론 그리고 이것과 표리를 이루는 인민(농민)론, 사적 유물론(황제·지주의 **봉건지배**에 대항하는 위로부터의 인민론도)의 그 어떤 것을 보더라도, 구중국에 대한 '뒤처짐' 인식을 의식·무의식하에 잔존시키고, 그것이 내가 말한 틀의 한 기둥이 되었다. 만약 그렇다고 한다면, 수구-양무-변법-혁명의 이 단계론적인 가설 구도는 기본적으로 유럽적 원근법에 근거한 것이 되는데 과연 그렇게 말할 수 있는가. 나는 말할 수 있다고 생각한다. 다만 이 가설 구도를 장기적으로 안정되게 한 요인이라면, 이 '뒤처짐' 인식 외에 다른 한 가지, 후술하는 것처럼 혁명구극인식(革命究極認識, 이하 '혁명'이라고 표기)을 같은 비중으로 고려할 필요가 있다고 생각하는데, 유럽적 원근법인가 아닌가에 한정한다면 그렇다고 말해도 무방할 것이다.

그 이유는 양무와 변법의 단계별 차이에서 잘 드러나는 것처럼, 또 양무의 전 단계가 종종 완고수구(頑固守舊) 등 부정적인 뉘앙스를 가진 말로 표현되는 데서 드러나는 것처럼, 먼저 이 단계론은 '중체(中體)'의 붕괴 과정을 드러내는 것 다시 말해 유럽 수용의 심화 정도를 드러내는 것이며, 반대로 말하면, 구중국에 대한 부정의 정도를 드러내는 것, 결국 구중국과의 단절의 정도를 드러내는 것이기 때문이다.

혁명이 기존 체제의 붕괴와 그것과의 단절로서 출현하는 것은 당연한 일이지만, 또 그 혁명이 기존 체제 속에서 배태되고 따라서 그 체제가 지닌 역사와 현상에 규정되며, 만약 부정·단절이라면 그것을 부정·단절이라는 형태로 **계승하는 것밖에 없다는** 것도 주지의 사실이다.

그렇다면 구중국, 즉 청조 중국에 '뒤처짐'을 뒤집어씌우고 혁명을 그것의 청산감정(淸算勘定)으로 보는 무(無)적 시각은, 혁명을 구중국의 땅에 뿌리내리고 그 규제를 받는 것에 다름 아닌 것으로 보는 시각과는 어떻게든 어긋날 것이다.

구체적인 예를 들어 생각해보자. 좋은 예는 구중국에서 외래의 것으로 간주되던 소위 변법파의 의회제 도입 문제다.

이것은 근대론은 물론이고 초근대론에서는 '(중체의) 가죽을 버리고 고기를 버리고 뼈조차 버리는' 것, 사적 유물론에서는 부르주아 개량주의라고 불리는 것처럼, 일반적으로 아니 그렇기는커녕 오히려 누구보다 이것을 주장한 당시의 인물 자신이 서양으로부터의 침입 혹은 이입이라고 간주해왔던 것이다.

거기서 먼저 이 소위 변법론인데, 오노가와(小野川)는 광서(光緒) 10년대(1884~1893)에 전반기의 양무 상승기를 거쳐 그것에 촉발되면서 후반기 이후 의회제도가 논의되기 시작하여, 광서 20, 21년(1894, 95)의 청일

전쟁을 계기로 이 변법론이 그 이전의 양무론에서 바뀐다는 시각을 갖게 되었다.[6)

　그러나 이 시각은 사실에 기초해 있지 않다.

　의회제에 관한 소개는 일찍이 도광(道光) 24년(1844) 양정남(梁廷枏)의 『합성국설(合省國說)』을 시작으로 그 뒤로는 동치(同治) 5년(1866) 장덕이(張德彝)의 『항해술기(航海述奇)』,[7) 빈춘(斌椿)의 『승사필기(乘槎筆記)』, 또 동치 7년에 똑같이 장덕이의 『구미환유기(歐美環遊記)』, 만주의후(滿洲宜垕)의 『초사태서기(初使泰西記)』에서 볼 수 있고, 게다가 그 기술은 '한 가지 공(公)의 민(民)이다'(『합성국설』), '논하는 바의 정사(政事), 한 번 편사(偏私)가 있다면 곧 군의(群議)해서 이것을 폐한다'(『구미환유기』), '민정(民情)을 이루고 공도(公道)가 존재한다'(『초사태서기』)와 같이 때로는 전통적인 공·사의 개념을 사용하고 있어서, 즉 구래의 가치관에 비추더라도 대체로 용인할 정도였다. 광서 원년에는 이미 알려진 『곽숭도일기(郭嵩燾日記)』와 장역신(張力臣)의 『여측치언(蠡測卮言)』 외에 광서 3년(1877) 유석홍(劉錫鴻)의 『영요일기(英軺日記)』, 동 4년에 전덕배(錢德培)의 『구유수필(歐遊隨筆)』, 또 그때 발간된 것으로 추정되는 이봉포(李鳳苞)의 「파리답우인서(巴黎答友人書)」, 또 광서 4년 증기택(曾紀澤)의 『사서일기(使西日記)』에 초록된 마건충(馬建忠)의 「상이백상언출양공과서(上李伯相言出洋工課書)」 등이 있다.

---

6) 小野川秀美 『淸末政治思想硏究』(東洋史硏究叢刊, 1960년. みすず書房, 1969년) 72, 75쪽.

7) 아래 『航海述奇』, 『乘槎筆記』, 『歐美環遊記』는 湖南人民出版社 '走向世界叢書'에 수록. 『初使泰西記』, 『英軺日記』, 『歐遊隨筆』, 『蠡測卮言』, 『使西日記』는 '小方壺齋輿地叢鈔'에 수록. 『郭嵩燾日記』는 湖南人民出版社 간행. 또 「巴黎答友人書」는 『皇朝經世文續篇』 권 103, 5, 文祥의 密奏는 『淸史稿』 386, 文祥傳에 각각 의한다. 이상에 관해 좀 더 상세한 것은 졸고 「光緖초기의 議會論」(『중국-사회와 문화』 제1호, 1986년, 東大中國學會) 참조. 또 서두의 梁廷枏의 『合省國說』에 관해서는 村尾進 「梁廷枏과 『海國四說』」(『中國-사회와 문화』 제2호, 1987년) 참조.

이 밖에 주목할 것은 광서 원년(1875)에 문상(文祥, 1818~1876)의 밀주 (密奏)로, 그는 여기서 서양 여러 나라의 상·하의원을 각각 『서경(書經)』 (홍범洪範)의 '모(謀), 향사(鄕士)에 이른다'와 '모(謀), 서인(庶人)에 이른다' 에 비추어서 소개한 뒤, 투르크와 그리스가 약소국임에도 대국들과 무리 를 이루고 있는 것은 '인심(人心)이 한결같기(固)' 때문이며, 한편 독일이 프랑스에 승리한 것은 프랑스의 민심이 왕으로부터 이반했기 때문이라고 하고, 만약 그 나라의 정치가 '민정(民情)과 서로 등진다면' 각국이 앞다투 어 침략하는 바가 있을 것이기 때문에, 중국도 '반드시 일을 행함에 민심 의 시비를 만족시키도록' 추구해야만 하는바, 그래서 '외국 상원, 하원의 설치는 세(勢)로서(현재의 국내 정세로 보아) 행하기 어려운 바가 있어도 의 (義)로서(원리적으로는) 채택해야만 한다'고 상주했다.

이 문상은 당시 공친왕(恭親王)과 나란히 군기대신(軍機大臣)으로서 총 리아문(總理衙門)의 설립에도 책임을 맡고 있었으며, 이후 공친왕의 오른 팔로서 양무를 이끌어온 만주 정홍기인(正紅旗人) 출신 이른바 만주귀족 의 중신(重臣)이다. '민심이 한결같이 결합한다(民心固結)'라는 말은 아편 전쟁 이후 지도층의 일종의 표어인데, 한결같이 결합한다(固結)의 요도(要 道, 중요한 가르침—역주)가 여기에 와서 단지 위로부터의 일방적인 충성 요 청이 아니라, 아래로부터의 '민심의 시비'의 수용을 반드시 필요로 한다는 것으로, 이전의 입장에서 180도 전환한 점, 그리고 그것이 권력 핵심부의 의향으로서 드러나고 있다는 것이 특히 주목할 만하다.

권력의 핵심부라고 한다면, 앞에서 거론한 유석홍(劉錫鴻)이 주영부대사 (駐英副大使)로서 런던에 체류할 때(광서 3년) 『영요일기(英軺日記)』를 열흘 마다 베이징의 심계분(沈桂芬), 모창희(毛昶熙)에게 보냈다고 전해지는데,[8] 당시 심계분은 병부상서(兵部尙書)를 겸하면서 군기대신 지위의 일각을 점

---

8) 『郭嵩燾日記』 光緒 3년 7월 6일경. 또 이것에 관해서는 10장 참조.

하고 있었으며, 모창희는 이부상서(吏部尚書)였다.

앞서 언급했던 광서 10년(1884) 9월 양무파 대관(大官) 장수성(張樹聲)의 의회제 도입 진언(進言)이라는 것은 사실 이러한 권력 내부에서 일찍부터 나타났던 의회제에 대한 관심을 배경으로 한 것이었으며, 이상에서 양무운동이 일찍부터 의회제에 대한 관심을 내포하고 있었고, 그래서 양무·변법 사이에 질적인 단계별 차이가 있을까라고 생각하는 것은 말할 것도 없고, 시간적인 단계가 있는가라고 생각하는 것조차 사실에 기초하지 않는 것임을 알 수 있다.

이보다 내가 더 말하고 싶은 것은, 이 의회제는 제도의 **형식**으로서는 당시 사람들이 그렇게 생각하고 있었던 것처럼 분명히 100% 서양으로부터의 도입이지만, **실질 내용**을 규정하는 수용의 기체(基體) 자체는 '구중국'이었다는 점이다. 그것은 앞에서도 언급한 '봉건'에 표현된 청초 이래의 지방자치·지방분권(地方分權)의 추세이다.[9]

청말에 의회제에 관한 의론은 종종 향사(鄕士), 향대부(鄕大夫), 이정(里正), 향관(鄕官), 삼로(三老), 이로(里老), 향약(鄕約) 등의 고대 이래 지방제도와 관련된 명사(名詞)에 의해 설명되고, 이것은 일본의 후쿠자와 유키치(福澤諭吉)가 에도시대의 5인조를 지방자치의 연원으로 간주한 견해와 비슷하지만, 이러한 설명을 단지 견강부회라고 생각해서는 안 된다.

예를 들어, 강희(康熙) 연간에 어사(御史) 공건양(龔健颺)이 현(縣) 내의 동서남북 4향(鄕)에 '향관'을 두고, 그것을 **본향(本鄕)의 사람** 가운데서 임용해야 한다고 상주하자, 당시의 대학사 악이태(鄂爾泰)가 '대대손손 그 땅에 사는' '본향의 진사·거공·생감·기민(進士擧貢生監耆民人) 등'을 임용하는 것의 위험성이 지적하고 있는[10] 것처럼, '향관'의 실질은 '진사·거

---

9) 졸고 「유교·봉건·반(反)군주제사상」(『國語通信』 378호, 筑摩書房, 1985년), 그리고 다음 장 참조.

10) 鄂爾泰 「議州縣不必設副官響官疏」(『皇朝經世文篇』 권18).

공·생감' 등 향신·사인(士人)층 또는 그것에 준하는 재지(在地)의 유력자들이며, 그들이야말로 청말의 봉건-지방자치-의회의 여론(與論)의 실질적인 기반이었다. 고염무(顧炎武, 1613~1682)·황종희(黃宗義)를 남상(濫觴)으로 삼고, 이 봉건의 여론 기반에 대한 고찰을 빼버린 중국의 의회론·민권운동에 대한 이해는 역사적이지 못한 것이다.

만약 이러한 수용기체를 '구중국'으로 한 그 기체의 존재 자체를 '뒤처짐'이라고 한다면, 청말의 변법-혁명은 그 '뒤처짐'의 '극복'도 '지양'도 아니라, 계승—부정적으로—에 다름 아니다. 결국 장수성의 서체도입론(西體導入論)이라고 하더라도 샤둥위안이 말한 '자유, 평등, 천부인권'의 직수입은 물론 아니고, (중국의 청말에는 개인의 '자유, 평등, 천부인권'을 기초로 한 개인권으로서의 민권은 사상으로서도 운동으로서도 일어나지 않았다) '봉건'=지방자치의 태동을 감지한, 즉 중국 독자적인 역사전개의 개체적 표현으로 봐야만 하는 것이다. 양무를 '중체(中體)'호지(護持)=반의회제, 변법을 '서체(西體)'이입(移入)=의회제 도입으로 보는 도식적인 시각에 의해서는 당시의 국면에 대한 설명이 되지 않으며, 하물며 문상(文祥)을 포함한 동치(同治)부터 광서(光緖) 초기의 주장들을 샤둥위안처럼 자본주의적 생산관계의 반영에 의한 이데올로기의 소산으로 정리해버린다면, 완고수구파와 변법파가 뒤섞여 있다고 하는 뒤에 거론할 유석홍(10장 참조)의 경우 등은 더욱 설명할 방법이 없게 될 터이다.

이처럼 양무-변법을 중체(中體, 발라즈의 이른바 '낡은 동체胴體, torso')를 폐기한 뒤의 서체(西體)의 도입이라든지, 자산계급 민주제도라든지의 유럽적 원근법으로 보는 시각으로는 사실상 터지는 곳이 적지 않고, 따라서 의문도 많다. 니시 준조의 '가죽을 버리고 고기도 버리고 뼈까지도 버리고'라는 표현은 기묘하게도 근대론적 발라즈의 '중국 3천년 이래의 고문화에 서양이 끊임없이 진격을 가해' 중국은 기술, 경제, 자연과학에서 마침내 우주(천하)에 관한 관념에 이르기까지 '퇴각에 퇴각을 거듭하고 (…) 어느새 방어선을 끝까지 지킬 희망마저 완전히 잃어버렸다'[11]라는 서양의 오만이라고 할 수밖에 없는 표현과, 적어도 '구중국'에 관한 한 기조를 같이하고 있지만, 특히 중체(中體)에 관해서 말한다면, 이러한 서술은 완전히 실제에 반하는 것으로서 '구중국'은 니시 준조 등이 생각한 만큼 위약하지 않았다.

말이 나온 김에 종종 긍정적으로 인용되는 것으로 유명한 '1890년에 입헌제제(立憲帝制)를 칭한' 것은 1910년 공화주의자, 1930년 공산주의자보다도 더 용기가 필요했다는 발라즈의 서술 또한 입헌제를 옛 중국에서 경악할 만큼 박래의 진품으로 보는 서양의 교만을 드러내는 것으로, 반복해서 말하자면 수용 기체가 없는 곳에 도입은 없고, 거꾸로 말하면 도입은 기체의 조건에 제약을 당해 실제 중국 정치상의 근대과정은 유럽과 일본의 그것이 봉건적 분권에서 중앙집권으로 향했던 것과는 달리, 왕조적 집권에서 지방분권의 연성(連省)자치로(외적 조건 등에서 곡절을 거친 결과 거꾸로 강력한 중앙집권국가를 창출하지 않을 수 없었던 것이지만) 기우는 것이었다. 그리고 그 기체의 발전을 군사·경제·정치의 여러 분야에 걸쳐서 조성한 것은 다름 아닌 양무운동이며, 만약 '용기'를 말한다면 글자 그대로 '천고미증유(千古未曾有)의 기국(奇局)'으로 인식된 유럽세계의 부당한 침입에 대해서 과감히 '오랑캐(夷)의 장기를 스승(師)으로 삼는' 것으로서 대항하고자 한 양무의 선구자들에게 돌려야 할 것이다.

말이 빗나가기 시작했다. 민권운동으로 돌아오면, 이것은 봉건-연성자치의 흐름만으로 단순히 이해할 수 있는 것은 물론 아니다. 예를 들어 대의제가 결국 '본향(本鄕)'의 호신(豪紳)의 대의이기 때문에 그쪽이 오히려 전제관료제하에서 외래·단기 부임의 관료의 정치보다도 세부에 이르기까지 골고루 미칠 거라는 것을 이유로 피치자(被治者)인 농민의 입장에서 대의제에 반대한 무정부주의적인 인민권(劉師培)도 있고, 한편으로 성인치

---

11) Étienne Balazs, *La bureaucratie Céleste*, 1968. 일본어 번역본 『중국문명과 관료제』(村松祐次郎 역, みすず書房, 1971년) 「중국에서 전통과 혁명」 이하 동일.

성(省人治省, 본성인이 그 성을 다스린다)에 이름을 빌린 군벌의 성인권(省人權)도 있는 등 조류는 복잡하지만, 대체적으로 천두슈(陳獨秀) 등의 『신청년』 그룹의 서양일변도식의 민권논의도 포함해서 중국적 기체(基體) 내에 있는 것은 틀림없다.

수구-양무-변법-혁명이라는 이 가설의 최대 결함은 역사적 기체에 대한 통찰 부족, 사실 배제에 있으며, 그럼에도 불구하고 그것이 이상하다고 여겨지지 않았던 것은 단 한 가지, 중체='뒤처짐'이라는 유럽적 원근법이 이미 분야 외의, 예를 들어 중국 연구 분야 밖의 연구자로부터 일반 시민에 이르기까지 유럽렌즈를 가진 일본인들의 선입견에 아주 친숙한 것이었기 때문이라고 할 수 있다.

여기서 상술한 틀의 다른 한 기둥으로 내가 생각하고 있는 '혁명'에 관해서 언급할 필요가 있겠다. 이제까지 나는 니시 준조의 초근대에 끈질기게 구애되어왔는데, 그 이유는 그것이 나 자신과 아무 관련이 없는 일이 아니었기 때문이다. 어린 시절 '대동아공영권' 속에서 자란 우리들에게 중국 혁명이 지닌 인생상의 의미는 적지 않았다. 성전(聖戰)이 침략이었다는 속죄의 문제, 전후 일본의 대미종속, 중국 봉쇄전략에 대한 가담을 둘러싼 문제 등 정치와 관련된 것도 있었지만, 그 이상으로 자신이 성전으로 믿어온 정의(단순한 지식이 아니다)가 완전히 뒤집혀진 내면적 충격과 그 위에 마치 다른 차원의 세계와 같은 중국 혁명의 갑작스러운—그것은 인상으로서 완전히 갑작스러움이었다—출현에 대한 지적 충격은 과장 없이 내 인생의 방향을 결정하였다. '뒤처짐'-'혁명'은 나의 원점(原點)이라고 할 수 있다. 그 근저에는 일본 근대 비판이라기보다는 유럽에 대한 분통함에 기초한 아시아주의와 속죄에 근거한 반(反)제국주의가 있다. 니시 준조의 초(超)근대는 이러한 전후세대의 반(反)일본 이념이라든지 감정 등의 토양 속에 있다. 그리고 이 토양은 문화대혁명에 자신의 반(反)일본=반(反)근대의 이념적 근거를 기탁한 다음 세대에게도 공유될 수 있었다. 결국 '혁명'은 상당히 오랜 기간, 반일본적 일본인이라고 말하는 것이 좋지 않다면 혁신주의적 일본인 사이에 뿌리를 내려왔다.

단적으로 말해, '혁명'은 "우리―인민이 될 수 없는―일본인"에게 자기지양(自己止揚)적 이념형이었다. 양무-혁명이라고 할 때의 혁명(신해혁명)이 3~4단계론의 마지막에 안정될 수 있는 것은, 그것이 한층 인민혁명에서 성공리에 발전한다고 하는 역사적 사실 혹은 인식에 의해 지지되고 있었기때문이다. 결국 이 혁명은 인민혁명에 도달점의 위치를 부여하고, 다시 말해 '혁명'을 향해서 정서(整序)됨으로써 "우리 일본인" 사이에 안정될 수 있었던 것이다. '혁명'이 가설의 틀의 다른 하나의 기둥이라는 의미는, 그것이 '인민'에 대해 함께 추구되어야 할 이념의 궁극점으로서 선험적으로 공동인식되고 있다는 것이다.

그리고 이것이 오랫동안 인민중국혁명에 대한 **느슨한** 음미를 방해해왔다. 연구자들은 그보다는 전전(戰前) 이래의 근대론, 전후(戰後)의 미국 전략에 따른 근대론 등에서의 중국혁명 비판에 대항할 필요상에서, 반사심리적으로 '장점·우수한 점'에 경도되었다. 니시 준조의 "우리 중국인민"이 그것이다. '혁명'은 이렇게 해서 한편으로는 정당하게도 일본인에게 **사상**의 문제가 되었지만, 다른 한편으로는 중국에 있어서 **역사**의 문제라는 점이 희미해졌다. '혁명'은 근대론에서는 뒤처짐의 극복으로서, 인민론에서는 있어야 할 이념형으로서, 초근대론에서는 '뒤처짐'과 대립하는 자기지양적인 이념형으로서 각각 궁극점에서 **미리** 조정(措定)되고, 사적 유물론이 그 길을 이론 보증한다는 것이 3~4단계론의 틀의 대강이다. 양무='뒤처짐'과 혁명='혁명', 이 둘이 대극화되고, 중간에 변법을 두는 알기 쉬운 구도는 이렇게 해서 전후의 근대중국사―특히 **사상사**―의 가운데서 주좌(主座)를 점해왔다.

3

반복해서 말하지만, 나는 이 단계론 가설을 부정하려는 것이 아니다. 단지 사실에서 가설을 다시 본다는 당연한 작업이 부단히 이루어졌으면 하는 것이다. 내가 문제시하는 것은 가설의 타당성 여부가 아니라, 이 가설이 가진 궁극적인 안정성, 그 안정에 들어 있는 **시원성** 그리고 그것을 초래한 전후의 중국 근대 연구의 방법론 또는 자세론이다.

그렇다면 너 자신의 방법론은 무엇인가, 대체 너는 앞의 (1)~(6) 가운데 어떤 것에도 속하지 않을 작정인가라는 물음이 제기될 것이다. 굳이 대답을 해야 한다면, 나는 기체전개론(基體展開論)에 서 있다고 말할 수밖에 없다. 다만 논(論)이라고 하더라도 그것은 단지 중국에는 중국 고유의 전개가 있을 뿐이고, 게다가 그 중국은 남북의 혼합이라든지 요(遼)·금(金)·원(元)·청(淸) 등 한족 이외의 이족과 충돌이나 혼효 등을 반복하면서, 한편으로는 계속 변형되고 다른 한편으로는 크게 계승을 지속해온 어떤 기체를 가리킨다. 결국 고유의 전개란 기체 자체의 내인(內因)을 계기로 한 변증법적 전개에 지나지 않는다.

그것을 거창하게 기체전개론이라고 한 것은, 중국 근대는 소위 '서양의 충격'의 피체(被體)로서 예를 들어 단적으로 '중체(中體)'의 '서체(西體)'화, 다시 말해 '구중국'의 해체과정으로서 파악할 수 있는 것이 아니라, 오히려 역으로 '구중국'의 탈피(脫皮)과정으로서 파악해야만 한다고 강조하고 싶기 때문이다. 탈피는 하나의 재생이며, 시각에 따라서는 신생이지만, 뱀이 탈피하고 난 뒤라고 해서 뱀이지 않은 것은 아니라는 그런 말이다.

분명히 '서양의 충격'은 충격이라는 말에 어울리는 역학작용을 일으켰고, 양무운동과 변법운동은 틀림없이 그것에 대한 반작용이었지만, 그러한 운동의 주파수를 3백 년 단위의 긴 기간으로 나누어 본다면, 그것은 기체적으로 '구중국'의 연속형이라는 것을 쉽게 알 수 있다.

예를 들어, 정치상의 근대과정으로서 앞에서 기술한 청초 이래의 지방자치의 지향(志向) 앞에 태평천국기의 상군(湘軍)·회군(淮軍, 9장 '해설' 참조)의 성립을 거쳐 성의 독립운동으로서 불쑥 나타난 그 궤적은 분명히 그 과정에서 '민권'과 '평등' 등의 '충격'에 의한 증폭은 있었다고 해도, 기본적으로 '구중국' 이래의 것이다. 그래서 '민권'과 '평등'도 결국 중국적인 그것—예를 들어, '개인'의 사권(私權)이 아니라 '총체'로서의 국민권, 또 각 개인 간의 평등이 아니라 황제와 열강에 대한 인민과 민족의 '총체'적인 평등 등—으로서 출현한 것에 지나지 않았다. 또 경제상의 근대화로서 마오쩌둥혁명에 의해 실현된 토지의 공유화도 역시 명말 청초 이래의(보다 오래된 것은 정전론井田論 이래의) 전제론(田制論), 특히 균분제(均分制)의 흐름을 계승한 것으로, 그 과정에서 마르크스주의의 세례를 받았다고 하더라도 결국 프롤레타리아는 '빈고농(貧雇農)'을 내실로 한 것에 다름 아닌 농업국 고유의 역사적 현실이 있었다.

무엇보다도 같은 '서양의 충격'파가 일본에는 천황제하의 중앙집권적 절대주의 국가를, 중국에는 황제제 폐지하의 성(省)독립=지방분권의 공화제 국가를, 또 대전 후의 일본에는 사권(私權)의 확립을, 똑같이 중국에는 공유제(公有制)를 야기한 것은 각각의 전근대의 차이를 무시하고서는 생각할 수 없다. 결국 '충격'은 일본과 중국에 관해서 말하는 한 전근대 이래의 구조를 파괴한다든지 붕괴시키는 것이 아니라, 단지 각각의 전근대의 탈피를 촉진한, 다만 그 힘이 남아서 약간 변형을 초래한 정도의 것이었다.

중국의 근대과정은 사상사적으로 말하자면 '공(公)' 혁명의 과정이며, 그 '공'은 또 청초 이래 '균(均)', '평(平)'을 주된 내용으로 하는 것이었기 때문에 혁명은 마르크스주의를 기다릴 것도 없이 원초적으로 사회주의적 색채를 띤 것이었다.(예를 들어 태평천국운동에서 그것을 볼 수 있다.)

'지주계급완고파' 유석홍(劉錫鴻, 10장 참조), 전리(專利)를 나쁜(非) 것으로 보고 공장을 폐쇄시킨 유가관료 서갱폐(徐賡陛, 9장 참조) 등이 '균'이라고 한 것은 무정부주의자 류스페이(劉師培, 1884~1919)와 결합하고, 동시에 함께 쑨원(孫文)을 거쳐 마오쩌둥혁명으로 이어지는 것을 부감할 수 있다. 이홍장(李鴻章) 등이 상공업의 진흥을 위해 부르짖은 '전리(私)'의 주장은 이 관(官)에서 민(民), 또 보수주의자에서 급진주의자까지 각 계층에 걸친 '공'='균'의 두터운 축적 속에서 간신히 숨을 쉴 정도였으며, 적어도 사상사의 흐름에서 보는 한 자본주의(적인 '정신')는 '구중국'에서 기체(基體)적인 것이 될 수는 없었다.

전근대와 근대를 연관짓는 이러한 연속 요소는 앞으로 사상의 차원에서만이 아니라, 널리 일상 윤리, 민간 습속 및 그것의 기초로서 사회관계 등까지 포함해서 고려할 필요가 있지만, 이것에 관해서 최근에 이루어진 하마시타 다케시(濱下武志)의 '합고(合股)'에 관한 지적은 주목할 만하다.

그는 1978년(중공 11기 3중전회)의 신경제정책 이후에 급속히 발전을 보이기 시작한 소위 향진(鄉鎭)기업이 주로 합고=공공출자 방식에 의한 것이라는 데 주목하고 '여기서 볼 수 있는 공동출자 방식 특히 자금 제공 이외의 재화와 노동력 제공은 신고(身股)·역고(力股)·인고(人股)라고도 불리며, 민간의 소규모 협동경영 가운데 역사적으로 존재하는 출자형태, 이익배분 형태인' 것, 그리고 1949년의 혁명이라는 정치적인 획기(劃期)를 넘어서 연속한다는 사회경제사 상의 요소를 통해서 중국 사회의 통시대적인 특질을 파악해야 한다는 것 등을 지적하고, 아울러 근대 중국 연구에 관한 시각의 문제를 제기했다.[12]

여기서 '고(股)'는 현대어의 '주식'보다는 에도시대 가부나카마(株仲間, 에도시대 막부와 번의 인가를 받아 결성된 상공업자의 독점적 동업조합)의 '가부(株)'에 가깝다고 생각되는데, 이 합고 가운데도 출자(자금출자, 현물출자)해서 주주가 된 자가 그대로 그 기업의 노동자로서 일하는 방식은 농업생

---

12) 濱下武志,「현대중국과 근대사연구─중국사회의 이해를 향해」(『アジア史研究』 제12호, 白東史學會, 1988).

산 합작사의 합동 방식과 원리적으로 완전히 일치하는 것이 상기될 것이다. 요시자와 미나미(吉澤南)의 자세한 보고[13]에 의하면 합작사에서는 출자사원이 출자한 토지분의 토지보상과 연간 노동점수분의 노동보상을 그 연도의 농업이익의 배분으로서 받는 것인데, 그 경우 출자된 토지는 특정 개인의 사적 소유권을 포함한 공동자산이라는 극히 특수한 소유관계 속에 있다. 결국 토지는 합작사라는 법인에 대해서 처분한, 즉 소유권이 전이된 것도 아니고, 대차(貸借)계약에 기반해서 유상대여된 것도 아니라, 굳이 말하자면 개인의 소유권이 잠재된 공유재산, 소위 매매가 용인되지 않는 '주(株)'이며, 이렇다면 합작사는 원리적으로 '합고'인 것이다.

왜 합작사와 합고기업을 연결시키는가 하면, 사실 이 공동방식이 전근대 이래의 종족의 족전(族田)의 공동관리방식과 유사하다고 생각하기 때문이다.

스에나리 미치오(末成道男)가 타이완의 종족에 대한 사회조사(1967~1979)를 한 바에 따르면,[14] 타이완에서는 종족의 공유재산을 일반적으로 '공업(公業)'이라고 부르고, 공업의 설립방식은 재산 분배의 경우 일부를 공유재산으로서 유보하든지, 또는 새롭게 서로 금전을 내어 조성하는 식이며, 이익분배는 전자라면 상속재산의 분배비율에 따르고, 후자라면 출자한 주에 상응해서 지불한다고 한다. 이를테면 1932년의 기록에는 한 농촌에서 전체 경지의 40% 이상이 공업지(公業地)였다고 한다.

이 공업은 스에나리에 의하면 대륙에서는 (이미 송宋대부터 보이기 시작하는 바의) 족산(族産), 사산(祀産), 또 용도에 따라 제전(祭田), 태공전(太公田), 의전(義田), 의장(義莊) 등으로 불리는 것에 해당하는데, 이 가운데에는 제사만을 목적으로 한 것이라든지, 일족(一族)의 자손을 위해 독지(篤

---

13) 상세한 것은 吉澤南, 『個와 共同性』(東京大學出版會, 1987) 참조.
14) 末成道男, 「사회결합의 특질」(『민족의 세계사5: 漢民族과 중국사회』, 山川出版社, 1983).

志)의 구성원이 장학금으로 기증한 것이라든지 하는 등의 다양한 것이 포함될 수 있기 때문에 일률적으로 배당을 노린 것이라고 할 수는 없지만, 배당을 목적으로 한 것에 한정한다면 그 공동방식은 사권잠재(私權潛在)적인 공유라는 점에서 원리적으로 '합고'와 연결되는 것은 분명하다.

혹은 이러한 공동방식은 그 중심이 동거공재(同居共財)라는 저 중국 특유의 가부장에 의한 가족수입 공동관리 방식에 근거한 것일 수 있지만, 아무튼 종족의 연장자에 의한 게마인샤프트적인 공업(公業)관리로부터 현대의 향진기업에서 게젤샤프트적인 합고(合股)경영까지의 연관 속에서(그 사이에는 지연地緣적인 공동관계, 예를 들어 촌락에서 수리水利의 공동관리와 여러 가지 상호부조의 관행 등이 개재되어 있을 것이다), 우리는 연속하면서 탈피(어떤 의미에서 근대화)하는 사회관계상의 기체라고 하는 것을 인정할 수 있다.

이것은 또 우리들에게 '공(公)'='균(均)'이 단지 유가 지식인의 경세(經世) 이념이었던 것만이 아니라, 더 말랑말랑한 민간 사회관습의 장(場)과도 통용된 것이었음을 시사하는 것이다.

나는 최근 다른 곳에서 중국의 공(公)과 일본의 공(公)에 통저(通底)하는 '공동' 개념에 관해 전자는 '관계의 공동', 후자는 '영역의 공동'이라는 특징을 각각 가졌다고 서술한 바 있다.[15] 이 공(公)에 관한 중국과 일본의 차이를 지금 여기서의 문맥에서 다시 파악한다면, 중국의 '관계'에는 '사(私)'가 포함되고, 일본의 '영역'에는 '사'가 포함되지 않는다고 바꿔 말할 수 있다.

여기서 새롭게 '사'를 꺼내어 말하고 싶은 것은, 이 공업(公業)-합고(合股)의 **관계형식**은 자아든 개인이든 일본인이 '근대'에 관해서 늘 문제로 삼아온 것에 대해 다른 각도에서의 시각을 제공한다는 것이다.

---

15) 졸고, 「중국의 '公''私'」 上下(『文學』 1988년 9월호, 10월호).

우선 이 공업의 '公'인데, 이것은 예를 들어 '사람들은 모두 공산(公産)으로 교육받아서 사산(私産)에 얽매이지 않고, 사람들이 비록 사산이 많다고 하더라도 또한 마땅히 이것을 공산(公産)에 분배해야만 하고…'(康有爲, 『禮運注』)의 '공산'의 '공(公)'과 똑같이, 여기서의 '사(私)'는 함께 '공' 가운데 자신을 투입함으로서 그 독자적 영역을 공동성 속에 녹여 넣고 있다. 결국 관계의 공(公)은 사(私)와 사를 묶는다는 형태로 사(私)를 포함하지만, 이것을 사(私)의 측에서 말하면 사(私)는 관계(公) 가운데 사적 관여분(關與分)을 주장할 수 있는 반면, 그 사적 관여분은 늘 타사(他私)의 그것과 묶일 수 있는 것이기에 公(관계)에서 분리된 자기독자의 영역(自私)이라는 것을 가질 수 없다. 다시 말해 사(私)는 공(公) 가운데 참입(參入)함으로써 오히려 공(公)에서 분리·자립할 수 없다.

한편 일본의 '공'에 관해서 말하면, 예를 들어 '공산(公産)'이라고 한다면 보통은 공공의 재산 즉 관유재산(官有財産)을 가리키고, 중국에서 일컬어지는 '(인민이) 정부를 공립(公立)하는' '(동아시아가) 백인에 의해 공유(公有)되었다'[16] 등의 '公'의 용례가 일본에서는 없으며, 공립·공유라고 한다면 관립(官立)·관유(官有)를 가리킨다는 데서 드러나는 것처럼, 일반적으로 '공'은 일본에서는 '사'를 개입시키지 않은 영역이다. 그 때문에 오히려 영역으로서의 자사(自私)의 세계가 공적 영역과 달리 있을 수 있으며, 그 '사'의 영역의 자립, 즉 개인의 내면세계인 자아의 자립이라든지 정부(公)의 압력에 굴복하지 않는 개인의 인권 확립이라든지 하는 것이 '근대'의 문제로서 일본에서는 특히 전후(戰後)에 논의된 바 있다.

나는 이러한 중국과 일본의 '사(私)'에서 근대적 개아(個我)의 문제도 유럽사상 수용의 깊이 문제가 아니라, 수용 기체의 차이의 문제임을 여기서 다시 강조해두고 싶은데, 이렇게 말하는 것도 이 '사(私)'의 문제가 의외로

---

16) 『辛亥革命前十年間時論選集』(三聯書店) 1상, 「上振見子書」 및 「原國」.

중국형의 자본주의를 생각하는 데 있어서 무시할 수 없는 것의 하나가 아닌가 생각하기 때문이다.

예를 들어, 청말의 관독상판기업(官督商辦企業)에서 소위 양무파 인맥의 사물화(私物化), 민국기의 관료독점자본에 대한 소위 4대 가족[17]의 개입 등 혈연·지연 등의 '연(緣)' 인맥이 기업 안으로 침투하는 것을 이제까지는 오로지 반근대적인 봉건적 요소라는 측면에서만 보아왔다(예를 들어 9장에 인용한 A書의 '반동적·후진적으로 강고한 혈연성과 종족성, 나아가 사私적 주종성'이라는 것이 그것이다).

분명히 이러한 '연(緣)' 네트워크는 많은 봉건적인 인간관계를 포함하고 있는 듯하지만, 그러나 한편으로는 최근 향진(鄉鎮)기업의 활동 속에서도 예를 들어 재료구입, 판로, 정보수집 등의 경로가 '관계'에 많이 의존하고 있는 것은, 이것에 관한 사회조사를 행한 페이샤오퉁(費孝通)도 언급하고 있는 바로서,[18] 필시 '연(緣)' 네트워크는 전근대부터 근현대에 걸쳐서 중국의 경제활동을 활성화시키는 데 커다란 역할을 행한 것이었다고 할 수 있다.

이것을 윤리적 측면에서 말한다면, **관계윤리**로서의 공(公)윤리에 관해 이 '연(緣)'의 관계를 자신의 영역 확립을 위해—예를 들어 개인의 자아 확립을 위해—끊는 것은 그 자체가 반(反)윤리적 행위이며, 그래서 자신에게 발생한 이익은 당연히 관계의 수레바퀴(輪)에 의해 공유적으로 유통되지 않으면 안 된다. 만약 이 관계 속의 한 사람이 관(官)의 지위에 있다면, 그 한 사람의 관료적 특권은 **윤리적**으로 말해서 관계에 의해 공유되어야 할 것이 된다는 것이다. 앞의 종족(宗族)의 게마인샤프트적인 공동관계에 대

---

17) 20세기 초중엽 중국의 정치·경제를 좌지우지하던 장(藏), 송(宋), 공(孔), 진(陳)의 네 가문-역자

18) 費孝通, 『江南農村의 공업화』(大李浩秋·竝木賴壽 역, 研文出版, 1988) 82쪽. 이 책은 향진기업의 합고(合股)형식에 관해서도 구체적인 사례를 많이 보고하고 있다.

해서 말한다면, 그들이 족산(族産, 公産)을 중심으로 하나의 관계를 만드는 것은 그 관계 속에서 과거 합격자를 배출시키고, 그 관료특권을 함께 공유하는 게젤샤프트적인 공동목적을 내포하며, 그 게마인샤프트적인 것과 게젤샤프트적인 소위 표리일체의 공동성이 종족의 연속과 강화를 달성해온 관건으로 볼 수 있고,[19] 필시 이러한 관계야말로 양무(洋務)기업경영의 인맥 관계의 기저가 되었다고 생각한다. 이 경우 본래 사적 관계인 이 '관계의 공(共同性)'이 쉽게 관(官)=공(公)을 그 속에 거두어들이고, 관영기업의 인맥·이권 등을 부단히 이 '사(私)'의 관계에 링크시킬 것이며, 그것은 또 윤리적으로도 배제될 수 없는 것이다. 결국 관의 이익을 '관계'로 흐르게 하지 않는 '청관(淸官)'은 이권을 일인독점하는 이기적 행위로서 오히려 윤리적으로 지탄받을지도 모른다는 것이다.

이것을 일본과 대비시켜 보면, 일본에서는 관·회사·단체 등의 '공'이 '사'(개인의 自私·가족관계)를 원리적으로 배제한 데 설정되어온 '공'(공공영역)에 의해, 그러한 사연(私緣)의 침식으로부터 그것들이 윤리적으로 지켜져 왔다고 분명하게 말할 수 있는데, 이러한 대비에도 중일 각각의 기체의 작용을 인정할 수 있을 것이다. 예를 들어, 일본에서는 '가(家)'(사적 영역)가 세습되고, 동시에 장자상속에 의해 단전(單傳)됨으로서 '사(私)'산(産)도 유지되어온 것에 반해, 중국에서 '가'는 단지 혈통의 관계이며, 경제적으로도 균분상속에 의해 그 관계는 분산되기 때문에 그 재산도 족산(族産)·공업(公業)과 같은 '관계의 공동'에 의해 비로소 유지된다. 이러한 양국의 '가(家)'의 실상도 그 기체의 상위(相違)의 하나다.

이상 합고와 공업을 예로 들면서 기체(基體)라는 말에 내가 포함하고자 한 어떤 구조적인 이미지를 말했는데, '기체'라는 말이 거창하다고 여겨진다면 이것을 전통이라든지 통시(通時)적 요소라든지 하는 말로 고쳐 읽어

---

19) 예를 들어 西川喜久子, 「順德團練總局의 성립」(『東洋文化研究所紀要』 제105책, 1988)에 상세하게 나와 있다.

준다면 좋겠다.

내가 말하고 싶은 것은 중국이든 일본이든 총괄적으로 아시아의 근대를 생각할 경우에 서양의 충격을 받기 이전의, 전근대기의 역사적 요소를 **바탕**으로 그것의 변화 내지 전개의 양태를 독자적인 면에서 우선 분명히 할 필요가 있다는 것이다.

그 점에서 양무-혁명의 단계론은 그러한 기체의 독자성에 관한 배려를 기본적으로 결여한 소위 '외래'의 가설이다.

다만 오해를 피하기 위해 말해두지 않으면 안 되는 것은, 내가 이 기체론에 의해 중국독자론과 중국특수론을 주장하고자 하는 것이 아니라는 점이다.

예를 들어, 앞에서도 언급한 '자유, 평등, 천부인권'이란 유럽의 '선진'사상은 분명히 인류사에 대한 뛰어난 기여이며, 이것은 보편적으로 전인류에 공유될 만한 것으로, 결코 아시아의 상대적 독자성에 의해 가치적으로 개별화·상대화되어버려도 되는 것이 아니다. 다만 내가 말하고 싶은 것은 그 가치가 인류사적으로 보편적이라는 그 보편성이 양태의 여하에까지는 미치지 않는다는 것이며, 그래서 그러한 것이 결코 아시아에 그 모습 그대로는 이식될 수 없다는 것이다.

예를 들어, 자유와 평등의 기체가 되는 시민적인 '개(個)'의 존재양태를 그대로 중국에 이식하고자 한다면, 자연히 개사(個私)를 '관계'의 바퀴에서 조각조각 분리시키고, '연(緣)' 윤리를 대신해서 정의(情義)라든지 정리(情理)라든지 하는 계약의 의식을 도입하는 것으로 귀착하게 되겠지만, 이러한 방식이 현실에 맞지 않는 것은 더 말할 필요가 없다. 중국의 현실에 비추어 말한다면, 지금은 차라리 '관계'의 민주화야말로 시급히 필요한 일이며, 예를 들어 지금도 계속되고 있는 개인의 인격, 식견, 능력보다는 그 사람의 혈통, 지위, 권력의 정도가 우선시된다든지, 해야 할 일의 필요성보다는 정실(情實)이 우선한다든지 하는 유습(遺習)이 먼저 신속하게 변혁되어야만 하는 것이다.

　결국 중국에서는 중국의 기체(基體)에 기초해서 자유와 평등과 인권이 획득되는 것이 좋고, 그런 의미에서 중국의 자유·평등은 양태로서 독자적이지 않을 수 없다는 것이다.[20]

　이 경우 레옹 방데르메르시가 아시아의 '공동체주의(communautalisme)'를 '인간의 사회적 존재가 개인적 존재에 우선한다'는 '다른 하나의 인도주의로서 적극적으로' 제시[21]하고 있는 것이, 아시아의 독자(獨自)와 유럽의 독자 위에서 새로운 '공동'의 개인주의를 상정시키는 것으로서 주목할 만하다. 이것은 상호 독자성을 분명하게 하는 것이야말로 새로운 보편성을 향한 발걸음이 된다는 것을 시사한다.

4

　이상 기체론이라는 것을 삽입하였는데, 다시 양무-혁명으로 돌아와 남겨진 한두 가지 문제에 대해 언급하고자 한다.

　앞의 절에서는 봉건=자치와 공업(公業)·합고(合股)·합작사(合作社) 등 기체에 관한 연속요소를 주로 강조해왔는데, 이것은 이제까지의 중국 근대가 너무 전근대와 단절된 형태로서 간주되어온 데 대한 일종의 반동이며, 실제로 청말(淸末)의 '충격'이 초래한 변화는 결코 작은 것이 아니었다.

　다만 나는 그 변화를 수구-양무-변화-혁명이라는 단계론적인 변화로

---

20) 이 점에 관해서는 최근 村田雄二郎에 의해 밝혀진 李大釗의 '各個의 立立', '自他兩存'을 기조로 한 「平民主義」가 특히 주목을 끈다.(「理와 力-李大釗의 '평민주의'」(『思想』 1988년 3월호).

21) Léon Vandermeersch, *Le nouveau monde sinisé*, 1986, 일본어 번역본 『アジア文化圈の시대』(福鎌忠恕 역, 大修館書店, 1987), 187-189쪽.

보는 시각이 틀렸다고 생각한다. 그렇다면 어떻게 보는가라고 물을 경우, 우선 가장 커다란 변화는 양무운동이 일어난 것에 있다고 본다.

'충격'에 당면해서 '천고(千古)에 아직 존재한 적이 없는 기국(奇局)' '수천 년간 아직 존재한 적이 없는 기업(奇業)', '고금의 운회(運會)에서 일대 변국(變局)' 등의 표현은 결코 과장이라고 할 수 없다.

뒤에 류스페이가 '중국에서 만족(蠻族)이 주인이 되었을 때는 만족이 열등하고 한족이 우등하기 때문에 망국(亡國)은 있어도 망족(亡族)은 없으며, 서양인(西人)이 동점(東漸)한 뒤에는 아시아 인종(亞種)이 열등하고 유럽 인종(歐種)이 우등한 고로 망국을 걱정하고 더욱이 망종을 근심한다'[22]라고 기술한 '망종'의 위기의식이야말로 양무의 근저를 이루는 것이었다. 예전에 이적(夷狄)의 침입은 '망국' 즉 왕조의 교체를 초래했지만, 그들은 결국 한(漢)문명에 동화되었고 하물며 한족의 쇠망을 야기한 적은 결코 없었다. 하지만 지금 아시아 인종에 대한 유럽 인종의 우월성은 단순히 망국만이 아니라, 아시아 인종의 쇠망을 초래한다는 두려움이다. 물론 '충격'의 초기부터 이러한 민족멸망의 위기감이 있었던 것은 아니고, 청불(清佛)·청일(清日)·의화단 등의 충돌을 거쳐 심화된 것이지만, '이무(夷務)'를 '양무(洋務)'로 고쳐 쓰고, 곧 서양의 충격을 지금까지의 이적 침입과는 완전히 이질적인 '기국(奇局)'으로 파악했을 때 이미 그 인식의 성립 자체가 중화의 역사에서 흔하지 않은 변화라고 부를 수 있는 것이었다.

결국 양무운동은 그때까지 절대적 존재였던 중화의 세계를 상대적인 것으로서 자기인식하고, 그것을 외부로부터의 주입물에 의해 보강하고, **중화의 자존을 도모**한다는 '수천 년간 아직 존재한 적이 없는' 운동 자체로서 특필할 수 있다.

이러한 시각에서 양무-변법-혁명을 다시 본다면 어떻게 되는가, 앞의

---

22) 『劉申叔先生遺書』(華世出版社) 제1책 「中國民族志」.

류스페이의 '망국'과 '망종'을 소재로 생각해보자.

원래 중화의 세계개념은 문명세계로서의 천하(天下)와 정치세계로서의 왕조=국(國), 그리고 그것의 실체로서의 민(民, 한족)을 구성요소로 삼지만, 이 구성에서 일본과 대단히 다른 점은 민(民)이 국(國)=왕조에 속하는 것이 아니라 천하에 속한다고 간주되는 것이다.

이것을 염두에 두고, 예를 들어 '장(지동)이 지키고자 한 국가는 무엇인가. 그것은 전제왕조이며, 청왕조이며, 그것 이외의 아무것도 아니었다'[23] 라고 말했던 장지동(張之洞) 등의 양무파를 청조 옹호파라는 이유에서 부정적으로 평가해온 종래의 논조에 잠시 기초해 보자.

먼저 예를 들어 '인신(人臣)이 이민(利民)을 주로 한다면 국의 보물이 되고, 이국(利國)을 주로 한다면 국의 적(賊)이 된다'라든지 '민을 수탈하여 국을 살찌운다면 이미 난을 키우는 것이다'라든지 하는 표현[24]에서 드러나는 것처럼, 중국에서 일반적으로 국은 조정을 가리키고, 국과 민은 때로 이해가 상반되는 것으로까지 인식되어왔다. 어떤 왕조=국이 망하더라도 새로운 왕조=국이 그것과 교체될 뿐으로, 국의 존망은 민과 관계가 없었다. 즉 '망국은 있어도 망종은 없다'이며, 민은 여전히 천하의 민일 수 있었다. 고염무(顧炎武)의 유명한 '국(國)을 보존하는' 일은 '육식자(肉食者, 지배자집단)'의 것, '천하를 보존하는' 일은 '천한 필부(匹夫)'에게도 책임이 있다는 말(『일지록日知錄』 권13)은 '국'=왕조와 '천하'를 알기 쉽게 구별한 것이다.

그러한 국=왕조의 존재방식을 왕조적 국(國)이라고 한다면, 장지동의 보(保)'국(國)'은 이미 그러한 것이 아닐 터이다. 그가 인도와 유대의 예를 들어서 말하고 있듯이, '국'이 망한다면 '성교(聖敎)'와 함께 '화종(華種)'도 망한다는 인식을 했고, 이것은 앞의 류스페이와 똑같이 망국을 민의 존망의 그

---

23) 주1)의 久保田 논문.

24) 陳龍正, 『幾亭全書』 권13 및 『幾亭文錄』 癸.

것, 즉 망천하(亡天下)의 것으로 삼은 것이다. 다른 말로 한다면, 민의 존재 공간인 천하가 '국가'로서 인식되고 있으며, 이러한 국가를 지금 왕조국가라고 명명하고자 한다면 이 왕조국가관은 아편전쟁 이래 급속히 형성된 것으로, 대외적으로 그 기능을 드러내기 시작한 것은 류큐(琉球)·베트남에서의 종주권을 상실한 뒤 그 교훈 위에서 조선에 대한 반(半)식민지적인 즉 '근대국가'식의 개입정책을 취하게 되고 나서다.[25] 이러한 왕조국가관은 '화종(華種)'과 '아종(亞種)'의 구미에 대한 열등의식, 위기의식에서 나온, 즉 유럽에 **강요되어** 형성된 소위 **절박한 상황**의 국가관이며, 이것은 머지않아 아주 빠르게 국가에서 왕조를 잘라내는 형태로 '국민'국가로 이행해가는 것이지만, 그 급속한 '국민'국가로의 이행에 현혹되어 장지동의 왕조국가적인 보국(保國=保天下)의 역사적인 의의를 사상(捨象)시켜서는 안 된다.

이것과 장지동의 보국=보천하에 관해서 또 하나 유의해야 할 것은, 이 천하가 단지 '국가' 관념이라는 것만이 아니라, '성교(聖敎)'로 채워진 도덕 공간, 곧 중화문명의 관념이기도 하다는 것이다.

결국 청말에 '국' 관념은 문명공간으로서의 '천하'와 민의 생존공간으로서의 '국가', 그리고 체제로서의 '왕조'가 혼합된 것이며, 게다가 여기서의 '민'은 때로는 중화문명의 한(漢)민족이며, 때로는 '천하'의 민 또한 '국가'의 민으로서의 만(滿)·한(漢)·몽(蒙)·티베트·위구르의 오족(五族)이라는, 곧 중화민족이면서 천하의 생민(生民)이며 동시에 중국의 국민이기도 하다는 세 가지의 상(相)을 가진 것으로서 대단히 착종된 개념이다.

이것을 장지동에 대해서 말한다면, 그의 '보국'은 문명과 국가와 왕조를 포함하고 동시에 민족, 생민, 국민을 미분화한 채로 포함하고 있는 것이라고 할 수 있고, 이것을 단순히 '전제왕조'만으로 수렴시킬 수는 없다. 장지동에 대한 이와 같은 오해는 왜 생기는 것이냐고 질문을 던져보면, 결

---

25) 茂木敏夫, 「李鴻章의 屬國支配觀」(『중국-사회와 문화』 제2호) 참조.

국 이것은 양무운동을 '서용(西用)'의 도입에 의한 '중체(中體)'=청왕조의 유지라는 오노가와 히데미(小野川秀美) 이후의 극히 협소한 정의에 한정한 데서 나온 것으로, 나의 양무 이해와는 이 점에서 처음부터 달랐던 것이다.

나는 양무운동이 중화문명 세계가 유럽문명 세계와의 대결을 요구받고 자기 세계의 패배의 위기의식에서 이(異)문명을 섭취하면서 그것을 통해 자기 세계의 재생과 보존을 도모하고자 한 운동으로, 내용적으로는 민족과 왕조·국가·국민의 위기로서 자각되었기 때문에 군사기술의 도입, 기계공업의 진흥, 교육제도의 개혁 등으로 시작해서 정치체제의 변혁에 이르기까지 '미증유'의 운동이며, 정치, 경제, 사회, 문화 모든 방면에 걸쳐 있었던 넓고 깊은 운동이었다고 생각한다.

이렇게 양무운동을 정치, 경제, 사회, 문화의 모든 방면에 걸친 문명 차원의 운동, 즉 이(異)문명의(불교전래 때와 같이 단순히 문화영역만이 아닌) 도입에 의한 자기 세계 전체의 구조적 개혁 운동으로 파악하는 시각에 선다면, 그것은 임칙서(林則徐)에서 이홍장(李鴻章), 쑨원, 마오쩌둥을 거쳐 문혁 후의 현재에도 여전히 계속되고 있는 것으로 볼 수 있다. 따라서 이러한 문명 차원의 운동을 정치체제의 차원으로 좁게 한정하는 것은 원래 이상한 것이다.

카르타고와 잉카제국의 멸망을 말할 때에는 필시 문제가 되지 않는 정치체제의 문제가 왜 청조 중국의 존망에 관해서는 문제가 되는 것이냐고 한다면, 앞의 절에서 기술했던 '뒤처짐' '혁명'의 단계론이 평가기준이 되고, 청조가 '뒤처짐'으로서 애초부터 부정되었기 때문이다.

원래 수구-변법은 중체에 대한 서용의 도입을 말하는 한 꽤 문명론적이며, 한편으로 변법-혁명이 단적으로 체제 혹은 국체론이라는 점에서는 정치론적인 것이기 때문에 이 두 가지가 하나로 연결되는 것이 이상한 것인데, '뒤처짐'과 '혁명'의 이 틀에 들어가 수구-양무-변법 가운데 청조 옹호든 개혁이든 정치평가가 제기되고 자연스럽게 하나로 간주되고 말았다. 그리고 그 결과로서 양무의 군사·공업개발에 의한 자강운동이라는 측면이 청조 옹호의 부담과 결합되고, 양무가 **사실로서 갖고** 있는 혹은 기대고 있는 본래의 다면성·다의성에 대한 넓은 시각에서의 파악이 소홀하게 되었다.

즉 중화세계가 '천고' 이래 처음으로, 게다가 자신도 우위로 인정한 다른 문명세계로부터 문명 차원에서 고통을 받았다는 세계사적 변동이 넓은 시야를 갖고 충분히 파악되지 못했다. 그리고 그 결과 '중화'의식을 유럽적 '국제'질서관에 대한 '뒤처짐', 또 '천하'관념을 유럽적인 '국가'관념에 대한 '뒤처짐'으로 간주하는 일면적인 시각마저 파생시켰던 것이다. 만약 중화독존 의식을 문제로 삼는다면, '반(半)문명 중국에 대한 문명 그리스도인 세계'(영국공사 겸 홍콩총독 J. F. Davis), '(중국인은) 하나의 반(半)야만 국민'(영국에서 중국에 처음 파견된 특사 G. 매카트니), '아시아의 야만인'(초대 총세무사總稅務司 H. N. 레이)[26]이라는 영국인들의 '문명'의식의 존대함도 문제가 될 수 있는데, 원래 자기의 세계를 상대화할 수 없었던 점에서는 동(東)과 서(西) 두 세계 모두 좋은 승부였던 것이다.

'천하'에 대해서 말한다면, 아편전쟁 이래 분명히 '천하'는 '국가'에 패배했다. 그 패배는 어중간한 중화독존 의식의 패배였을 뿐이었는데, 뒤에는 철저해져 '천하'에 대한 완벽한 자기부정이 되었고, 또 그만큼 '국가'에 대한 '후진'이란 자각을 강요받은 것이지만, 그러나 그것은 어디까지나 패배했기 때문에 후진이었다는 '천하' 측의 자기의식으로서의 그것이지, 역사적·객관적인 것은 아니다. 패배할 **만하다**고 기정사실처럼 말하는 것은 '천하' 의식에서 볼 때이고 '천하'는 아니다. '천하'는 미리 패배한 것이 아니라, 싸우고 저항하고 그리고 패배한 것이며, 투쟁과 저항과 보위(保衛)

---

26) 坂野正高, 『近代中國政治外交史』(東京大學出版會, 1973) 263, 353쪽.

의 역사는 객관적·사실적인 것으로서, '천하'를 위해 **'천하'의 측면에서** 기록되지 않으면 안 된다. '천하'와 '국가'의 항쟁은 문명 차원에서는 대등하고, 임칙서와 장지동 등의 저항 역시 적어도 문명사적 면에서는 대등하게 다루어져야만 하며, 청조 '천하'를 보위하고자 했기 때문에 '후진'이라고 일률적으로 말할 수는 없다.

말이 옆으로 새기 시작했다. 수구-양무-변법-혁명으로 되돌아가자.

이상과 같이 양무를 넓게 문명 차원에서 파악하고, 변법-혁명을 양무 속의 정치 부분이라는 시각에 서서 재편성해서 보면 어떻게 될까.

우선 수구와 양무에서 완고·고루(固陋)와 개명(開明)·진보라는 평가도 이 경우 불식되어야 할 것이다. 이것을 말한 사례로서 여기서는 유석홍(劉錫鴻)을 들어본다. 가령 그가 의회제에 관심을 나타내지 않았다고 하더라도, 그의 반(反)양무에는 그 나름의 동기가 있었다고 이해할 수 있고, 문명 차원에서 본다면 '충격' 속에서 격한 반(反)서양이 나올 것임도 당연히 납득할 수 있으며, 이것이 역사가치상에서 우열을 매기기 어려운 것은 더 이상 말할 필요가 없다.

그럼 이상에서 변법, 혁명을 양무와의 계기(繼起)적·단계적인 연관으로부터 끊어내고, 양무 속의 정치 부분으로 보는 관점에 서서 다시 본다면, 양무는 다음과 같이 규정될 수 있다.

(1) 중화세계가 유사 이래 처음으로 자기에 동화되지 않는(그때까지는 천하의 내부에 침입해왔지만 천하 그것을 위기에 빠뜨린 적은 없었던 것이다) 이질적이고 우수한 문명**體系**의 공격을 맞아 자신의 세계, 문명체계의 유지를 위해 상대의 문명을 받아들임으로서 자신을 보강하고자 한 저항과 수용의 운동.(수용)

(2) 거듭되는 군사패배의 결과 군사, 공업뿐만 아니라 정치제도, 국가 체제의 전반에 걸쳐 어쩔 수 없이 총개혁을 해야만 했던 자기변혁의 운동.(변혁)

(3) 변혁은 주체, 객관, 역사 등의 제조건 상에서 부적응이 있음을 성찰할 여유가 없이 급속하게 피침략의 형태로 행해졌지만, 그럼에도 불구하고 그것들은 중화세계의 역사적 기체(基體)를 기초로 행해졌고, 총괄적으로 자기의 세계, 문명체계를 유지한 운동.(자기보존)[27]

(4) 그 기간은 넓은 의미에서 지금도 여전히 지속되고 있다고 해도 좋지만, 앞의 수용·변혁·자기유지의 과정을 피침략과 패배 속에서의 일방적인 자기방위의 과정으로 한정적으로 생각해, 일단 아편전쟁에서 신해혁명기까지로 한다.(기간)

그렇다면 한편으로 변법-혁명은 앞에서와 같이 양무의 총단계와는 일단 분리되고, 국면(局面)상의 한정을 수용한 위에 다시 양무과정의 한 국면으로서 양무에 포함되는 것이 타당하다.

즉 종래의 단계론에서 논의되어온 것처럼 변법이 입헌군주제, 혁명이 공화제를 함의하는 것이라면, 그 국면은 정치, 경제, 사회, 문화의 네 영역 가운데 기껏 정치 영역의 한 국면에 한정되고, 네 영역 전부에 걸친 양무에 비해서 비중이 아주 작은 것이 된다. 양무에 대한 종래의 협소한 제한된 역사에서 바라보고, 반대로 변법과 혁명을 일단 이렇게 한정시켜 보는 것도 하나의 방법이지만, 실제 역사의 추이에서, 예를 들어 변법을 본다면 분명한 것처럼, 이것은 정치만이 아니라 경제, 사회, 군사, 문화상의 제정책·제도의 개혁을 그 내용으로 하고 있으며, 결국 그것은 양무의 구체적 실천과정이라는 의미에서 양무의 내용에 해당하고, 이것을 특별히 입헌군주제로 한정하는 것은 사실 부당하다. 그렇다면 변법은 양무의 구체적 실천과정이라는 의미에서 앞에서 제시한 (2)의 양무변혁과정의 구체적 내용

---

27) 애초부터 양무-혁명이란 종래의 틀로 파악하지 않고, 여기서 내가 말한 ①수용 ②변혁 ③자기보존이라는 소위 문명론적 관점에 서서 20여 년간 중국 근대사상 연구를 전개해온 이가 사토 신이치(佐藤愼一)다. 그의 「청말계몽사상의 성립」1·2(『國家學會雜誌』 92권 5·6호, 93권 1·2호, 1979, 1980) 및 최근의 「모방과 반발-근대중국사상사에서 '서양모델'에 관해」(『法學』 51권 6호, 1988) 등 참조.

이 되고, 더욱이 이 논법으로 말하면 혁명 또한 그 변법 가운데 특히 정치 영역상의 변혁을 말하는 것이라는 식으로, 영역적으로는 양무-변법-혁명 은 보다 넓은 영역에서 보다 좁은 영역으로 위치 짓게 된다.

이러한 영역이란 시각에 선다면, 종래의 양무-변법-혁명은 왕조제(王朝制)-입헌군주제-공화제라는 정치영역상의 변화만을 지나치게 중심축(中心軸)으로 삼고, 동시에 그것에 역사가치상의 우열을 둔다는 것이 한층 분명해질 것이다.

5

마지막으로 이제까지 자주 기술해왔던 평가를 둘러싼 문제와 향후 연구의 존재방식에 관해서 언급하고자 한다.

역사학에서 평가 일반을 생각할 때 봉착하는 한 가지 문제는, 정치와 문학에서 문제가 되었던 그런 의미에서의 정치와 역사학의 관계 문제, 즉 역사학은 정치에 대해서 어떻게 자립적인가 하는 문제일 것이다.

실제로는 평가나 정치를 피해갈 수 없다는 식으로 생각하는 것 자체가 기이하지만, 중국, 특히 근대 중국은 혁명을 빼고서는 말할 수 없는 세계이고, 동시에 청조 이전의 중국과 일본의 관계가 오로지 문화적이었던 것과는 달리, 근대 이래의 그것은 극히 심각하게 정치적이었다는 것이 그 기이함을 부득이하게 한다.

그렇다면 그 정치인데, 중국에서의 양무 비판이 1940년대 반(反)장제스(蔣介石) 정책의 정치적 반영이었다는 증언이 있고,[28] 그것을 반대로 입증하는 듯한 최근의 양무재평가는 샤둥위안(夏東元)도 그 한 예지만, 역시

---

28) 田尻利, 「戰前期 우리나라에서 양무운동의 평가에 관해」(鹿兒島經濟大學, 『創立50주년 기념논문집』, 1984).

현대화정책의 직접적인 반영이라는 점은 대부분이 인정하는 바이며, 중국에서 정치에 대한 역사학의 종속은 광의로는 말할 것도 없이 협의로도 여전한 바가 있다. 그러한 협의의, 즉 정책 차원의 정치는 지금은 문제가 되지 않을 것이다.

오히려 미국에서 1968년에 조직된 CCAS(Committee of Concerned Asian Scholars, 걱정하는 아시아연구자 위원회)가 전후 미국의 중국봉쇄정책을 비판하는 동시에 매카시즘에 대항해서 '정치와 학문의 분리'를 주장해온 기존의 아시아연구자도 비판했다는 말이 들리며,[29] CCAS의 정치적 자세가 전후 일본의 중국 근대 연구자의 그것과 비슷하다고 생각되고, 그래서 여기의 정치와 역사학의 정치도 그러한 반(反)·반(反)중국정책, 반(反)'분리'를 사전에 근거로 한, 즉 정의라든지 공정의 실현을 정치적 과제로 삼은 광의의 정치이다.

다만 CCAS의 구성원이 미국의 건국 이래 아시아 인식의 문제—당연히 유럽 인식의 문제를 표리로 함께 가지고 있을 터인—를 미국 및 미국인에게 있어서 어떠한 현재적 혹은 장래적인 문제 또는 과제로 삼았는지 아닌지는 모르지만, 우리 일본의 전후 중국 근대사 연구에서는 중국 인식의 문제를 많든 적든 일본 및 일본인에게 있어서 광의든 협의든 정치적인 문제, 과제로서 간주해왔다.

중국 근대 특히 사상을 연구하는 많은 사람들이 일본과 함께 중국 근대의 문제 및 그 연장으로서 현대의 문제를 피해 갈 수 없는 자신의 문제로 간주해왔다. 예를 들어, 사상사에서는 곤도 쿠니야스(近藤邦康)가 '전후 일본의 문제'는 '일본의 패전과 중국 혁명의 승리라는 역사적 사실에서 출발하여, 양국의 근대 사상적 의미를 깊이 파헤치고, **중국 근대를 거울로서**(강조는 필자) 일본 근대의 비틀림·암흑 면을 조망하여 스스로 자신을 비판

---

29) 佐藤慎一, 「미국의 중국 연구」(『創文』 223호, 創文社, 1982).

하고 동시에 중국 적대정책에 반대하며 중일 양국의 우의를 수립하고자 요구하는' 데 있었고, 자신들의 방법론을 중국의 근대 사상가가 '무엇을 중국의 **과제**로서 의식했던가, 과제를 해결하는 **방법**을 어떻게 형성하고자 했던가, 과제를 해결하는 **방법**을 어떻게 모색했던가'(강조 원문)의 내재적인 파악으로서 설정하는[30] 등이 그것이다.

이렇게 중국 근대 연구를 통해서 혹은 그것을 수행하는 자신의 일본인으로서의 과제, 주체와 방법이 일반적으로 정치와 역사학에서 정치의 측면을 담당한, 즉 세계 혹은 아시아에서 변혁의 과제와 주체, 방법, 한마디로 말해 べき[31]와 관련되게 되었다.

이리하여 중국 근대사 연구에서 정치와 역사학은 정치와 역사학의 관계 일반 속에서 자신의 주체의 べき가 들어가고, 이것이 또 정치와 역사학에서 정치의 **질**의 문제가 되지 않을 수 없었다. 곧 역사학이 정치의 べき로서 주체화되고 내재화되었다.

생각건대 CCAS에서의 정치는 그들에게 '중국 근대를 거울로서' 자신을 비추지 않으면 안 되는 어떤 역사적·정치적 인과관계가 없기 때문에, 필시 べき는 단지 인식의 올바름이라든지 일반적인 이성과 양심의 문제로서, 구체적으로는 중국 혁명의 긍정적인 면, 밝은 면을 바르게 소개하고 멸시와 공포와 편견과 왜곡을 제거하는 것, 혹은 '**그들** 중국 인민'에 대한 동정을 표명하고 동시에 코뮤니즘이 '그들' **아시아**에서 갖는 정당성을 다시 살피는 등 아무튼 자국의 변혁의 べき로서 내면화하는 일은 없는데, 하물며 중국 근대를 자기 자신의 べき로까지 결합시킬 필요는 더더욱 없었을 것이다. 결합한다면 차라리 공리적 혹은 실용적으로 중국의 현재와 장래를 미국의 국익과의 관계에서 결합하고, 역사적으로 객관적이며 정확한 고찰

---

30) 湯志鈞·近藤邦康, 『중국 근대의 사상가』(岩波書店, 1985), 242-245쪽.

31) 조동사 べし와 통용되는 말로 '반드시 ~해야 한다'의 의미이며, 여기서는 '의지'로 번역해도 되겠으나, 원문을 존중해 그대로 사용한다. -역자

을 시도하려고 했을 것이다. 결국 그들이 비판한 '정치와 학문의 분리'의 그 '정치'는 주로 미국의 정치 이데올로기상의 편향과 국제정책상의 착오 등이기 때문에 그들의 역사학은 정치를 비판한다는 형태로 정치와 관련되지만, 그 정치는 역사학자의 내면에까지 관련된다는 소위 고통스러운 특질을 갖지 않는 것으로 끝날 거라는 것이다.

일반적으로 정치와 역사학의 관계를 말한다면, 지금은 많은 사람들이 역사학은 광의적으로라도 정치에 대해 적어도 종속적이 되어서는 안 된다고 생각할 것이고, 또 외국의 역사를 도대체 그 외국의 べき에서 평가하는 이쪽의 주체 근거는 무엇인가라는 질문도 있을 터이지만, 그것이 의외로 간과되어왔던 것은 이러한 정치의 특질, 즉 정치의 자기 내면화에 이유가 있을 것으로 생각된다.

이렇게 평가의 문제를 정치와 역사학의 관계의 문제로 파악해 본다면, 특히 계급사관적인 중국 근대사 연구에서는 일본의 べき와 상즉(相卽)해서 밀착 정도가 강하고, 거기에 주체의 문제가 개재함으로써 べき가 주체를 통해서 역사학에 침투하고 거기에 평가가 발생하며 그 평가에서 역사와 정치의 **구분**이 모호해지는 일이 많았다고 생각한다.

양무'파'에 대한 일본의 이제까지의 평가는 확실히 그 표시의 하나일 것이다.

이 논점에 관해서, 예를 들어 광서 7년(1881) 서갱폐의 누에고치실 공장 폐쇄의 조치를 '반동적'으로 평가하는[32] 것은, 공장은 폐쇄되어야만 하는 것이 아니었다고 하는 べき에 관한 하나의 입장 표명이 있기 때문인데, 도대체 이 평가는 정치의 べき에 의한 것인가 역사의 べき에 의한 것인가, 같은 것이지만 앞에서 서술한 이홍장이 자본주의를 촉진했는가 방해했는가

---

32) 鈴木智夫, 「중국에서 근대공업의 형성과 양무파」(『역사학연구』 540호, 1985).

가 평가의 분기가 되는 것으로서, 그렇다면 그것은 역사 기준에 의한 것인가 정치 기준에 의한 것인가가 문제가 되는 것이다.

예를 들어, 이것은 반대로 '부민(富民)의 전리(專利)'보다 '소민(小民)의 생계'를 중시한다는 반(反)자본주의적인 면에서 '반동적'인 서갱폐의 이 시책 가운데서, 유석홍의 같은 민생 중시의 입장에서의 반(反)상공업, 농본(農本)주의, 의회제 수용, 그리고 류스페이의 같은 반(反)상공업, 농본주의, 반(反)'부민(富民)'대의제, 무정부주의 등 입장에 따라 의회제에 대해서는 태도를 달리하면서도 '소민(小民)' 본위의 반(反)자본주의 및 빈부의 균형(均貧富)라는 입장에서의 농업·토지 문제 중시의 경향이라는 측면에서의 공통성을 인정하고, 거기서 중국 혁명에 이르는 '진보적'인 지향을 파악하는 것도 가능하며, 평가의 기준이 자본주의인가 반자본주의인가에 따라 정반대가 될 수 있음을 알 수 있다. 이 경우 '자본주의'가 기준이 되는 것은 마르크스의 역사발전단계론이 밑바탕이 되고, 위에 그 '발전'=진보와의 연관이 자신의 ベき가 되기 때문에, 이 때 그 ベき는 역사 기준임에 의해 정치 기준일 수 있는 것이다. 결국 그것은 '혁명'을 기준으로 한 ベき이고, 양무-혁명이 '평가'의 굴레에서 벗어나지 못하는 것도 그 ベき에 따라 움직이게 되었기 때문이다.

생각건대 지금처럼 중국 근현대사 연구자가 이 ベき의 주박에서 자신을 해방시키고 **독립된 역사가의 눈을** 요구받은 적은 없었던 듯하다.

메이지 이래의 유럽 연구는 유럽의 문명을 흡수하고자 하고, 단적으로 말해 대상에서 배우는 것이고, 그것이 근대 일본의 외국학이었다. 전전(戰前)까지 일본의 중국학이 쓰다 소키치(津田左右吉)와 나이토 코난(內藤湖南)의 그것처럼 굴절되었던 것은 거기에서 배울 것이 없다는 데에서 유래한 것이라고 말할 수 있다. 전후(戰後)의 중국학은 마오쩌둥혁명의 정치적일 뿐만 아니라 문명사적 충격도 있어서 유럽연구의 무언가에서 배움에 있어 선진-후진 구도에 대한 반조정(反措定)일 수 있었으며 거기에 중국을 연구대상으로 삼은 것의 의의를 찾을 수 있었다. 하지만 이 유럽 대상의 반조정(反措定)으로서의 중국 대상은, 생각해본다면, 무언가에서 배우는 것을 유럽에서 중국으로 바꾼 것일 뿐, 대상을 주체의 ✓홀의 목표로 삼은 점에서는 이것도 탁월하게 또 하나의 무언가에서 배움이었다. '중국 인민'이 일본 근현대사를 무언가에서 배움의 대상으로 삼고, 한편 유럽 대상의 쪽은 기껏 공업기술상에서 유럽을 쫓아가서 넘어섰다는 자부심을 가지고 지금은 무언가에서 배우는 것은 불필요하다는 듯이 전전(戰前)회귀형의 '일본학'이 제창되기 시작한 현재, 당면한 우리가 해야 할 일은 이 무언가에서 배우는 것의 안이한 방기와 수용이 아니라 그것의 지양(止揚)일 것이다.

지양이라고 표현한 것은 종래의 무언가에서 배우는 자세에 대한 엄정한 총괄이 필요하다고 생각하기 때문이다. 전후책임이 아닌 '혁명' 後 책임과 문혁 후 책임을 묻고자 하는 것은 아니지만, 일본인 연구자들 사이에서 문혁 후의 풍조 가운데 아무래도 걱정이 되는 것은 안이한 문혁종결이다. 안이하다는 것은 일본인 연구자로서의 문혁총괄도 없는 채 중국에서의 종결을 그대로 종결로 삼는 여전한 중국 의존을 말한다. 중국에서 양무 재평가가 이루어진다면 양무 문제는 이미 끝났다고 생각하고, 중국에서 이홍장이 명예회복을 한다면 일본에서도 회복하고, 중국에서 봉건사회 초안정론, 즉 정체론이 나온다면 중국 봉건사회가 정체구조로서 일본에서도 문제가 될지도 모르고, 이러한 일종의 의존이라고 말한다면 지나친 표현일지도 모를 교류상의 우호는 문혁에 이르기까지 일본의 중국 근현대사상 연구가 무언가에서 배우는 데 있으면서 그렇지 않다고 착각해온 것, 그리고 그것이 아직도 자각되지 않았다는 데서 유래하고 있다고 생각한다. 주체의 ✓홀를 대상 속에서 해소시키고 게다가 그것을 오히려 주체적 연구라고 착각해온 형태가 청산되지 않은 채, 대상과의 관계만은 대상이 변한 지금도 계속되고 있다.

이것은 메이지 이래 계속되는 중일관계의 정치적 비정상의 전후판(戰後版)이지만, 그 끊임없는 정치적 비정상을 역사가로서 **역사의 눈으로** 총괄할 필요가 있다. 예를 들어, '뒤처짐'과 '혁명'을 제거하고 이홍장을 대할 때, 중국 근대 속에서 많은 쟁론을 일으키는 이 이홍장을 근대 사상사 연구의 대상에서 제외해온 지금까지의 역사관의 일면성, 다시 말해 정치적 ベき에 대한 역사의 눈의 종속성이 문제가 되지 않을까.

이상의 토론을 근거로 여기서 우선 제안하고 싶은 첫 번째는 중국과의 익숙한 전개에서 당돌할지 모르겠지만, 가) 타이완·홍콩을 중국과 등거리로 보는 역사감각을 기르는 것, 나) 중국의 현재 ベき에서 거리를 두는 것이다.

가)에 관해서, 우리의 특히 중국에 비해 타이완에 대한 모종의 냉담함은 전후 일본의 중국정책에 대한 반발에서 유래하지만, 중국의 주권에 관한 중일 간의 정치문제가 기본적으로 해결 또는 타협이 된 지금 타이완을 중국 근대사 속에 정확하게 역사적으로 위치 지을 필요가 있다. 타이완 연구가 일부 사람들 사이에서 착실하게 축적되고 있지만, 중국 근대사 연구 속에서 본래 점해야 할 지위를 점하고 있다고는 생각하지 않는다. 타이완에 어느 정도의 관심을 쏟고 있는가 하는 것은 뒤집어서 중국에 대한 관심의 유지 방식과 통하는데, 예를 들어 전후의 혁명중국에 대한 우리의 관심이 요컨대 **혁명**에 있는지 **중국**에 있는지를 질문해보자. 타이완에 대한 냉담함이 혁명에 대한 관심과 표리를 이룬다면, 이제부터의 근대 중국 연구는 타이완과 홍콩까지 포함한 종합적인 중국에 대한, 즉 혁명도 비(非)혁명도 반(反)혁명도 포함한 중국 연구로 시각과 대상을 확대할 필요가 있다.

나)는 문혁도 반(反)·비(非)문혁도 '그들'에게는 정치사회적인 것이지만, '우리'에게는 역사적인 것이지 않으면 안 된다는 것이다. 앞의 초안정론으로 말한다면, 중국 근대를 정체 사회로 파악하는 것은 '문혁기의 불모한 정치투쟁과 학술의 잠식'[33]을 거친 중국 지식인의 중국 혁명에 대한 느닷없는 내부고발에 다름 아니지만, 그 고발은 아무튼 정치·사회상의 것이며, 우리에게 역사학은 아니다. 이것이 우리에게 역사학이 되기 위해서는 우리의 문혁 총괄, 즉 중국 혁명의 특질에 관한 역사적 고찰이 먼저 이루어지지 않으면 안 되고, 그 속에서 문혁-공산당 지배에 대해서라기보다 '혁명' 자체에 대한 반작용이라고 해야 할 이 고발의 의미가 역사적으로 위치를 부여받아야 하며, 이것을 위해서라도 우리의 전근대 연구에서 '뒤처짐'은 정확히 극복되지 않으면 안된다.

두 번째로 제안하고 싶은 것은 앞과 관련된 것인데, 전근대사를 근대사로부터 재검토하는 것으로서, 가)는 청말을 보는 시각의 문제, 나)는 일본의 전근대·근대와 관련된 문제이다.

가)에 관해서 말하자면 근대사 연구가 시대구분상 아편전쟁 언저리를 시작으로 삼는 것은 일단 인정하더라도, 아편전쟁 이후 신해혁명까지를 거의 현대에서 과거로 추급하는 형태로만 다루고, 그 반면에 명말 청초와 청조 중엽부터, 즉 전근대에서 근대에 이르는 시각은 결정적으로 부족하다는 것이다. 결국 전근대-근대를 내가 말한 기체(基體)의 연속, 전개 혹은 탈피라는 시각으로 보는 관점이 결여되었다는 것이다. 사상사 연구라고 한다면, 양무 이전에는 기껏 공자진(龔自珍)의 '평균편(平均篇)', 위원(魏源)의 '해국도설(海國圖說)' 등 혁명과 '근대'에 연결되는 부분만 뽑아낼 뿐으로, 그것들을 그 이전부터의 눈으로, 다른 표현으로 한다면 그 시대 속에서 역사적으로 살아온 것으로서 보는 점이 부족하다.

나)에 관해서는, 예를 들어 나카에 초민(中江兆民)이 메이지 11년(1879)에

---

33) 村田雄二郎, 「사이버네틱스에서 본 중국 봉건사회상」(『中國硏究月報』 450호, 1986) 참조. 즉 최근 화제가 된 金觀濤의 超穩定論, 『在歷史的表象背後-對中國封建社會超穩定結構的探索』(若林正文·村田雄二郎 역, 『중국 사회의 초안정시스템』, 硏文出版, 1987)이다.

'남녀 그 권리가 다른 것은 천(天)의 도(道)이며 성(性)의 상(常)이다'(「남녀 이권론男女異權論」)라고 하고, 또 '교화를 제창하고 예술을 억누른다'는 것이 루소의 주지라고 하고, 그 교화의 내용으로서 군신(君臣)의 의(義), 부자(父子)의 친(親) 등 오상(五常)을 제시하고, 이 '도의(道義)', '덕의(德義)'야말로 첫 번째라고 한 반면, '예술' 즉 '공예', '기예(技藝)' 등 '서토(西土)의 술(術)'은 '사욕(私慾)'과 관련되는 것으로서 배척한(「원정原政」) 예 등[34]을 시야에 넣는 것이 그 하나이다. 일본의 전근대-근대 속에서라면 그만큼 문제가 되지 않는 것이, 혹은 문제가 되더라도 역사적으로 될 것이 중국 근대에 관한 한 삼강오상(三綱五常)이라고 하면 바로 거부반응밖에 드러내지 않는 것은, 중국 근현대사상 연구자 사이에서 중국의 전근대가 일본의 전근대처럼 역사적으로 상대화되지 않았음을 나타내는 것일 터이다.

지금부터 중국사 연구자에게는 역사가 본래 그러한 것처럼, 또 중국을 외부에서 넓은 시각으로 보기 위해서라도 기존의 중국학의 제영역 외에 필시 문화인류학, 민속학, 종교학과 사회학, 심리학 등을 비롯해 사회과학·자연과학의 각 분야에 걸친 폭넓은 교양과 그것에서 배양된 풍부한 **역사의 눈**이 필요할 것이다.

---

34) 모두 『中江兆民全集』(岩波書店) 제11권에 수록.

제3장

중국의 '봉건'과 근대

1

이 제목에서 보통이라면 '근대' 쪽에 붙을 따옴표가 왜 그쪽에 붙어 있지 않고 오히려 봉건 쪽에 붙어 있는지는 차차 알게 될 것이다.

'봉건'은 일반인들에게도 매우 친숙한 개념으로, 일상적으로 '저 사람은 봉건적이다'라는 말처럼, 개인으로서의 평등한 권리의식을 존중하지 못하는, 예를 들어 타인에게 강압적이라든가 반대로 예속적이라든가 하는 그런 불평등한 관계를 당연한 것처럼 생각하는 사람들을 '봉건적'이라는 말로 표현한다. 이와 관련하여 메이지 시대의 사람은 에도 시대를 돌아보고서 무엇을 '봉건적'이라고 말했는가? 나카에 초민(中江兆民) 등이 주재하던 『시노노메신문(東雲新聞)』의 사설을 예로 들면, 대체로 다음의 세 가지이다.

우선 첫째는, "한 선거구에서조차도 사분오열의 형세를 이루는 한심한 모습은, 아직 봉건할거제가 완전히 사라지지 않고, 각 군(郡)의 촌락에 야만(野蠻)의 추장 같은 호족(豪族)이 대장(大將)을 자처……"(메이지 22년 4월 7일)에서 나타나는 '봉건할거', 여기서의 문맥에서 말하자면 폐쇄적·배타적 또 보스지배적인 **무라(村)주의**.

이어서 둘째는 "(막번체제幕藩體制하의) 일본은 봉건전제(封建專制)의 정체 (政體)이고 이 정체 아래에 있는 인민은, 사(士)를 제외한 기타 삼민(三民) 의 경우에는 병역의 의무도 없고 참정의 권리도 없으면 진정한 일본국민 이 아니다"(같은 해 4월 14일)라는 '봉건전제', 여기서의 문맥에서 말하자면 '인민'의 정치적·사회적인 무권리 상태.

셋째는 그것과 관련하여 "봉건전제의 정체를 폐하고 (…) 사민평등론(四 民平等論)은 군(君)이 당시에 감발(感發)하는 바로서……"(같은 곳)라는 '사 민불평등(四民不平等)', 곧 세습적 혹은 고정적인 상하신분 질서.

우리의 '봉건' 개념이 많건 적건 위의 셋에서 유래한다는 것은 대체로 용 인될 수 있을 것이다. 결국 우리의 '봉건' 개념은 에도 시대의 정치·사회 제도 및 그것에 관련된 여러 정치·사회관계에 기초하고 있고, 또 그 이미 지는 부정적이라는 특징을 갖고 있다고, 우선 지적할 수 있다.

이에 반해, 여기서의 테마인 중국의 '봉건'은 어떨까? 일반적으로 중국 에서 봉건이라고 말할 경우에는, 삼대(문명이 매우 구석구석 미치고 있던 하 夏·은殷·주周의 시대)의 유제(遺制)―하나는 정전(井田), 하나는 봉건, 하나 는 학교 제도, 종종 이 셋이 세트가 되어 나온다. 여기서 살필 수 있듯이, 이 경우의 '봉건'은 긍정적 개념으로서 이용되고 있다. '정전'이라는 것은 실제로 행해졌는지 여부와 관계 없이, 『맹자』에 나오는, 토지가 균등하게 배분되고 있는 이상적인 상태이다. 다음의 봉건이라는 것은, 정치가 구석 구석까지 따뜻하게 유통(流通)되고, 상하(上下)의 왕복유행(往復流行)이 구 석구석까지 미치고, 덕이 있는 사람이 위에 서는 형태로 질서가 유지되고 있는 상태라는 이념이 들어가 있다.

'학교'라는 것은 교육의 장이지만, 단순히 자녀의 교육뿐 아니라, 송대 이후로는 과거제도의 말단기구로서, 지식인을 육성하는 기구로 생각되고,

또 명말(明末) 이래로는 정치를 바깥에서 견제하는 공론형성의 장이라는 이미지를 가지기도 했다.

이 셋 중 하나로서의 '봉건' 개념이지만, 이것이 제도와 관계하는 점에서는 일본과 같으면서도, 그러나 그 제도가 이상적인 것으로 이미지화되고 있는 점에서는 정반대인 데 미리 주의해두자.

2

그런데 '봉건'이라는 개념은 (1) 제도론(制度論)에서 말하는 것, (2) 시대구분론으로서 말하는 것, (3) 역사발전단계론으로서 말하는 것, (4) 생산관계론으로서 말해지는 것 등 우선 네 가지로 나눌 수 있다. 지금 일본과 중국에 대해 말한 봉건관(封建觀)이라는 것은 이 가운데 (1)의 제도론으로서의 봉건이다.

제도론에서의 봉건으로 보면, 우리 일본인은 거의 무의식중에 에도 시대의 막번체제, 또 유럽의 봉건영주제라는 것을 머리에 떠올릴 것이다. 쇼군[將軍] 혹은 국왕을 받들고, 봉건영주가 봉토를 가지며, 그 영역 속에서는 (국왕으로부터 어떤 규제가 있건 간에) 일정한 군사권·재판권·행정권의 3권을 행사하고 있고, 그리고 그 봉건영주하에서 농노(農奴) 혹은 이동(移動) 등이 부자유한 농민이 일하고 있다는 대략적인 이미지가 있는 것이다.

그런 중세의 봉건, 제도론으로서 본 이 봉건의 이미지는 일본과 유럽에서는 무리 없이 근대 이전의 (2)시대구분론으로서의 봉건과 결부될 것이다. 이 중세—일본에서는 근세—의 유럽과 일본의 시대구분으로서의 봉건은 그다음의 근대에서 되돌아보면, 근대에 바로 앞선 시대였다라는 것 때문에 근대로부터 부정적으로 취급되었다. 이것은 근대를 보다 나아간 혹은 최고의 도달점이라고 생각한 근대인의 자부심, 곧 (3)의 발전단계론적인 진화사관(進化史觀)과 관련되어 있다. 유럽인이 중세를 암흑시대라고 간주한 것은 그 근대 역사관의 제일가는 자부심 때문이었을 것이다.

헤겔로 대표되는 이 발전단계론은 마르크스에게 계승되어 (4)의 생산관계론적인 봉건 개념이 이것에 더해졌다. 곧 생산수단으로서의 토지를 대부분 점유하는 지주=영주와, 그 지주=영주에 신분적으로 종속되고 토지에 꼭 묶여서 이른바 봉건적 착취의 대상으로 간주되고 있는 부자유한 신분의 농민과의 대항관계라는 요소가 그것이다.

이렇게 보고 나서 다시 한번 되돌아보면, 앞서 『시노노메신문』에서 예를 취한 메이지의 '봉건'관이라는 것은 (1)의 제도론에 기반하면서, 그것에 (2), (3)의 시대구분론 및 역사발전단계론이 가미된 것이라고 간주할 수 있을 것이다. 그리고 나아가 그 후가 되면, '전제(專制)'와 '불평등'은 (4)의 생산관계론에 의해 보다 이론화되고, 지금은 봉건이라고 하면 이 (1)~(4)를 포괄하여 말하는 것이 보통이다.

이것은 유럽의 봉건에 대해서도 말할 수 있는 것으로, 요컨대 일본과 유럽의 봉건은 시대적으로도 발전단계적으로도 근대 이전(以前)이고, 또 그 사회는 제도론과 생산관계론, 바꿔 말하면 소위 봉건적 상부구조와 봉건적 하부구조가 서로 대응한 사회로서, (1)~(4)의 관계는 이 점에서 매우 잘 들어맞는다고 말할 수 있다.

다소 뻔한 내용을 늘어놓고 있는 것 같지만, 그것은 사실 일본과 유럽의 봉건과는 전혀 다른 중국의 예가 머릿속에 있기 때문이다.

예를 들어 중국에서 봉건이라고 불리는 시대는 주대(周代)에 거의 끝나고, 그 이후로는 춘추전국(春秋戰國), 즉 일종의 힘의 균형이라는 정치상황이 발생하며, 이윽고 진한제국(秦漢帝國)에 의해 통일되고, 당송(唐宋) 시기의 변혁을 거쳐, 그 후로 청말(淸末)까지 황제전제(皇帝專制)의 군현제(郡縣制)적인 중앙집권국가가 지속되었다. 중국에서 제도로서의 봉건은 전설의 시대라고 말해도 좋을 정도로 옛날이야기이고, 참으로 삼대(三代)의 유제(遺制)였다는 것이다. 이렇게 보면 보통 상식으로 간주되고 있는, 봉건이라고 하면 영주제, 게다가 그것은 근대로 이어지는, 근대의 전 단계라는 이러한 사고방식은, 중국에서는 제도론으로서도 구분론으로서도 단계론으로서도 적합하지 않다는 것이 분명해진다.

그러나 우리 중국학 연구자는 예를 들어 마오쩌둥(毛澤東)의 "중국의 혁명은 반봉건·반제국주의의 혁명이다"라든가 "중국은 반봉건·반식민지국이다"라든가 하는 규정을 그대로 받아들여, 전근대 중국은 봉건사회였다는 전제를 공유하고 있다. 그러나 실제 여기서 말하는 봉건은 사실상 (4)의 생산관계론에 제한된 것이고, (3)의 발전단계론도 생산양식상의 그것을 말함에 불과하다. 결국 구체적으로는 황제·지주계급과 그것에 대한 농민계급의 모순·대항의 역사로서 파악하려는 것이다. 거기서는 제도론으로서의 봉건인가 군현인가의 문제 혹은 시대구분론, 발전단계론으로부터 본 제도상의 문제는 부차적인 것으로 간주된다. 사실 1960년대에 중국에서 행해진 시대구분 논쟁도 전적으로 생산관계론에 서서 행해진 것이다. 결국 중국인의 의식 속에서는 적어도 청말 이전까지는 봉건시대란 종종 옛날로 돌아가야 좋을 시대로서 받아들여지고, 특히 명말 이래로는 후술하듯이 '봉건'의 이름에 기대어 황제전제에 대한 비판이 행해지고, 청말에는 봉건은 곧 지방자치라고까지 말해지는 등의 추이는, 중국의 봉건을 생각하는 경우에는 부차적인 것이라고 간주되어온 것이다.

이 때문에 앞의 (1)~(4)에 대해 말하자면, 중국에서는 (1), (2)와 (3), (4) 사이에 단절이 있다, 혹은 연결하려고 하면 **뒤틀림**이 생긴다, 라는 것이 큰 문제라고 생각되지 않았다. 우리가 '봉건'에 괄호를 붙인 것은 사실 이 단절과 뒤틀림을 문제로 삼았기 때문이다.

3

　그렇다면 중국에서 '봉건'이라는 말은 명말청초(明末淸初) 이래 제도론
상 어떤 의미를 가지고 근대까지 사용되어온 것일까?

　이를테면 일본의 제도론 쪽을 보면 나카에 도쥬(中江藤樹, 1608~1648)의
『옹문답(翁問答)』에 다음과 같은 의론(議論)이 있다.

> 　인간 존비(尊卑)의 위(位)에 다섯이 있다. 천자(天子) 일등(一等), 제후(諸
> 侯) 일등, 대부(大夫) 일등, 사(士) 일등, 서인(庶人) 일등 전부 5등이다.
> 천자는 천하를 다스리시는 어문(御門)의 위(位)이다. 제후는 구니[國]를
> 다스리는 다이묘[大名]의 위(位)이다. 대부는 천자와 제후의 분부를 받
> 아 구니와 천하의 정사(政事)를 행하는 위이다. 사는 대부의 곁을 따르
> 면서 정치의 여러 역할에 종사하는, 모시는 위이다.

　곧 천자 · 제후 · 대부 · 사 · 서인이라는 다섯 단계가 있고, 이것이 '인간
존비의 위'라는 것인데, 여기서 천자로부터 서인에 이르는 5등이라는 것은
『효경(孝經)』에서 천자의 효(孝), 제후의 효, 대부의 효…… 식으로 효를 다
섯으로 나누어 논하고 있는 것이 밑받침이 되었다.

　그러나 또 한 가지 여기서 내 머릿속에 떠오르는 것은, 『맹자(孟子)』의
「만장하(萬章下)」에서 맹자가 주(周)의 봉건제에 대해서 해설을 하고 있는
대목이다. 우선 작위(爵位)에 대한 "주실(周室, 주왕조)이 작록(爵祿)을 나눌
때, 천자(天子) 일위(一位), 공(公) 일위, 후(侯) 일위, 백(伯) 일위, 자(子)와
남(男)이 같이 일위, 모두 오등(五等)이다", 그리고 봉록(俸祿)에 관련된 관
위(官位)에 대한 "군(君) 일위, 경(卿) 일위, 대부(大夫) 일위, 상사(上士) 일
위, 중사(中士) 일위, 하사(下士) 일위, 모두 육등(六等)"이라고 말한 것이다.

　나카에 도쥬의 머릿속에는 맹자의 이 '모두 오등' 혹은 '모두 육등이다'

라는 표현이 있었음에 틀림없다. 다만 상사라든가 중사라든가 공·후·백·자·남이라는 것은 에도 시대에는 없었기 때문에 에도 시대에 어울리는 '천자·제후·경대부·사·서인'이라는 『효경』식의 다섯 계급을 갖고 왔을 테지만, 골자는 『맹자』의 봉건제에 있다고 생각된다.

또 이 봉록에 대해서 맹자는 "군(君)은 경의 녹(祿)의 10배, 경의 녹은 대부의 4배, 대부는 상사의 배, 상사는 중사의 배, 중사는 하사의 배, 서인으로서 관직에 있는 이는 하사와 녹이 같다"라고 말하고 있고, 그리고 그 녹의 내용으로 "녹으로써 농사짓기를 대신하기에 충분하다"라고도 말하고 있다. 결국 가장 아래의 서인으로서 관직에 있는 이—명청대(明淸代)에 견주어 말하면 현지에서 채용되어 관(官)의 아래에서 일하는 서리(胥吏)—의 봉급은 농민의 1년치 소득을 기준단위로 한다, 농민의 1년치 수입이 만약 100원이라면 가장 아래의 봉급은 100원이라는 것이다.

이처럼 주의 봉건제는 위(位)와 봉록제(俸祿制)의 조합으로서 계서제화(階序制化)되지만, 여기서 유의해야 할 것은 나카에 도쥬가 이것을 '인간존비의 위', 결국 계급적인 차별제로서 파악하고 있는 점이다. 도쥬의 『옹문답』의 이 부분에 대해서는 와타나베 히로시(渡辺浩)도 저서 『근세 일본사회와 송학(近世日本社會と宋學)』(동경대학출판회, 1985)에서 '군(君)'인 천자와 쇼군의 이중성을 문제삼고 있는데, 여기서는 이 문제는 건드리지 않고, 다만 일본에서 봉건이라고 말할 경우에는 좋든 싫든 계급차별의 이미지를 갖고 있었다는 것을 우선 확인해두고 싶다. 그 이유는 에도 초기에 상응하는 중국의 명말청초—대체로 17세기 초기부터 중기에 걸쳐서—의 봉건 논의를 보면 논의의 방향이 그것과 완전히 반대이기 때문이다.

예를 들어 황종희(黃宗羲, 1610~1695)는 앞의 『맹자』 구절을 들어, "천자와 공의 차이는 공, 후, 백, 자, 남 간의 차이와 같고, 군과 경의 사이도 경, 대부, 사의 사이와 같다"고 하고, "천자의 경우에만 유독 등급이 없는 것이 아니다"[1]라고 말했고, 동시대의 고염무(顧炎武)도 마찬가지로 "천자의 위도 절세(絶世)의 귀(貴)가 아니다"라고 한 다음, "'천자일위'의 의미를 알면 감히 민(民) 위에서 멋대로 자신을 떠받들지 못하며, 녹이 경작을 대신한 다는 의미임을 알면, 감히 민에게서 많이 빼앗아 자신을 받들지 못한다"[2]고 말했다. 이것은 봉건제의 중층적(重層的) 계서제를 역으로 이용하여, 그 중층성에 의해 황제의 전제 절대권력을 견제하려 한 시도라고 평할 수 있을 것이다.

이를테면 중국에서 봉건이냐 군현이냐는 이미 일찍이 한대(漢代)부터 논의되어온 것이고, 내려가서 당(唐)의 유명한 시인 유종원(柳宗元, 773~819)도 「봉건론(封建論)」(『柳河東集』卷三)을 썼는데, 그는 여기서 군현제(郡縣制)를 주장하고 있다. 그때의 봉건의 이미지는 예를 들어 한대도 그렇지만, 황제의 일족을 변경과 요충지에, 흡사 도쿠가와(德川)가 고산케(御三家)[3]를 둔 것처럼, 번병(藩屏)으로서 두었다는 것으로, 당(唐)으로 말하자면 번진(藩鎭)이 여기에 해당한다. 유종원이 살던 시기는 그 번진의 하나인 안록산(安祿山)의 난(755~763년)을 거친 뒤로서, 이 번진 문제가 하나의 큰 정치문제였기 때문에, 그의 봉건론은 그것에 대한 제언(提言)으로서의 의미가 있었다고 생각된다. 또 깊이 읽어보면, 당대까지는 황제전제라고 해도 권력구조는 사실상 문벌귀족의 세습제를 기초로 하고 있어서, 원칙적으로는 관료제이지만 실질적으로는 고관(高官)은 문벌에 의해 결정되는, 말하자면 귀족관료제라는 상황 속에서 군현제가 좋다고 유종원이 발언하고 있는 것이므로, 이것은 송대 이후의 과거관료제를 선취(先取)한 것이 아니었는가라고도 생각할 수 있다.

---

1) 黃宗羲, 『明夷待訪錄』 「置相」.

2) 顧炎武, 『日知錄』 卷七 「周室班爵祿」.

3) 도쿠가와 막부의 친번(親藩)들 중 尾張德川家・紀伊德川家・水戶德川家의 3家를 말한다. -역자

그런데 이야기를 다시 명말청초기로 되돌려, 만약 유종원의 군현제 주장이 당에서 송으로의 체제변혁과 관련된 것이라고 간주할 수 있다면, 봉건·군현의 논의가 결코 안이한 역사회고담은 아니라고 생각되지만, 앞에서 본 황종희 등의 의론에 대해 거기서 역사적 변혁과의 관련이 인지되는가, 라고 한다면 결론적으로 그것은 크게 인지된다고 말해도 좋다.

황종희·고염무 두 사람의 황제 전제권력 규제 시도는 결코 그들 개인의 착상에서 나온 것이 아니고, 배후에 소위 일군만민체제(一君萬民體制)하의 '민' 가운데에서 계급분화에 의해 경제력을 강화해온 지주계급, 특히 향신(鄕紳, 관료경험자로서 지방의 명망가, 유력지주)이라고 불리는 계층의 향촌 지배력 증대라고 하는 시대적 추세가 있다.

이것은 예를 들어 "경작을 대신한다"에 대해 여유량(呂留良, 1629~1683. 만주족에 반대한 반역反逆 사상가로서 사후에 묘가 파혜쳐졌다)이 "무릇 녹제(祿制)는 모두 농(農)에서 일어났으니, 작위(爵位)의 기원도 농에서 일어났다. 천이 민을 낳고 군사(君師)를 세운 뜻은 모두 일찍이 세워졌으니 이는 언외의 미의(微意)이다"[4]라고 말한 것에서 살필 수 있다. 결국 작위도 봉록도 전부 '농'을 기초로 하고 있다는 것, 천이 민을 낳고 군주를 세운 진의는 이 '농', '민'을 존중하라는 것, 이것이 성인(聖人)이 군(君)을 세운 '미의'라는 것인데, 이 '농'이란 사실상 지주계급을 가리킨다고 봐도 좋다. 청말이 되자 의론은 더 과격해져서, 예를 들어 혁명사상가 진천화(陳天華, 1875~1905)도 역시 "천자일위(天子一位), 공일위(公一位)……"를 들어 대체로, "천자는 공보다 단지 한 등급 높을 뿐이다. 당시의 공·후·백·자·남의 영지는 지금의 주현(州縣)과 같은 것이기 때문에, 천자의 위(位)도 거기서부터 잴 수 있을 것이다. 공·후·백 아래의 경·대부·사라는 것은 지금의 향신(鄕紳)이다. 천자의 권력은 제후에 의해 제한되고, 제후의 권력은

---

4) 呂留良, 『四書講義』 卷三九.

경·대부·사에 의해 제약되며, 그것을 조종하는 것이 국민이다"[5]라고 말했다. 여기서 향신은 경·대부·사를 포괄하는 데까지 상위로 아래에서 밀리듯 높아지고 있고, 황제는 이미 향신의 손이 닿는 곳에 있는 것으로 생각되었다.

물론 이상에서 청조 시기에 황제권력의 권위가 상대적으로 계속 내려갔다는 결론을 바로 끌어내어서는 안 된다. 지주계급은 청대에도 초기를 지나 안정기에 들어서자 오히려 권력의 말단으로서 수용되어, 권력을 아래로부터 보완하는 역할을 수행하게 되었기 때문에, 명말청초와 청말에 보이는 그런 황제권력제한론은 청대에는 그림자를 감추고 오히려 황제예찬론이 눈에 띈다.

그렇다면 청대에는 봉건론은 보이지 않게 된 것인가 하면 실은 그렇지 않고, 그것은 관제론(官制論)─이라고 해도 구체적으로는 임면제(任免制)를 둘러싼 의론이지만─으로서 전개되고 있음을 볼 수 있다. 이 임면제에서 관료제의 운용으로서 송대 이래 특징지어진 것이 회피제(回避制)와 불구임제(不久任制)이다.

회피제라는 것은 현지사(縣知事)를 임명할 때 적극적으로 출신지로부터 벗어난 현에 부임시킨다는 것으로서, '남북호선(南北互選)'이라는 표현도 있듯이 명대에 들어오자 화북 사람을 강남에 부임시킨다든가 하는 대이동(大移動)을 원칙으로 하였다. 불구임제라는 것은 현지사는 대체로 3년 단위로 면직한다는 것으로, 청말에는 1년 교체의 예도 많이 있었다. 왜냐하면 과거 합격자가 늘어나는 한편, 국고(國庫)에 수입(收入)을 가져오는 첩경으로서 관직을 판다든가 했기 때문에 그런 현지사 임관 대기 예비군이 많이 늘어났고, 그래서 회전을 빨리 하기 위해 속속 교체시킨 것이다. 관에 있어서의 이 곤란함도 황제권력에서 보자면 회피제와 불구임제야말

---

5) 陳天華, 「中國革命史論」(『民報』第一號).

로 지방에 관료가 뿌리를 내리고 세력을 확보하여 황제에 반항하는 것을 방지하는 안전판이었던 것이다. 그러나 그 지방관을 현지에서 뽑아서 임명하라거나 오래 임명하라는 의론이 '봉건'의 이름하에 역시 명말청초에 일어났다.

예를 들어 앞의 고염무는 우선 현지사는 그 지역 출신자를 채용할 것, 그리고 유능하다고 인정되면 종신관으로 삼아도 좋고, 노환으로 인해 퇴임하는 경우에는 그 자제를 후임에 천거하는 것을 인정해도 좋다는 의견을 피력해, 결국 세습을 해도 좋다, 이렇게 하면 현지사는 자신의 행정범위를 자신의 가옥이나 전답과 같이 간주해서 그것을 중요하게 여기고, 백성도 가족처럼 보호할 것이라고 말하면서, 이것은 "봉건의 뜻을 군현 속에 둔"[6] 것이라고 말했다.

이 논의에서 유의해야 할 것은, 이 반(反)회피·반불구임이 관료의 입장에서 관료의 편리를 추구하여 주장된 것이 아니라, 오히려 다스려지는 지방 측으로부터 지방의 편리를 추구하여 주장되었다는 점이다. 그 지방 출신자 중에서 그 지방 현지사를 임명하라는 것은 결국 그 지방은 그 지방 사람에게 맡기라는 것에 다름 아니다. 조금 내려가서 이공(李塨, 1659~1733, 청초의 경세사상가) 역시 반불구임제를 주장하면서, 그것으로 "대강(大綱)은 위에서 총괄하고, 세목(細目)은 모두 아래에 맡긴다", 그것이야말로 "봉건의 해(害)를 없애고 군현의 리(利)를 겸하는" 것[7]이라고 말한 것도 요컨대 대강 곧 중앙의 정책에 반해 세목, 곧 지방의 행정 쪽은 지방에 위임하라는 것으로서, 이렇게 보면 봉건론은 청대에는 사실상 지방자치론으로서 전개되었음을 알 수 있다. 다만 그 지방자치론은 관에 맞서 신(紳)과 지주가 자치를 주장하는 것이 아니라, 관 속에 신과 지주가 들어가

---

6) 顧炎武, 『亭林文集』 卷一, 「郡縣論」.

7) 李塨, 『平書訂』 卷三, 分土第二. 미조구치의 원서에는 "군현의 해를 없애고 봉건의 리를 겸하는"이라고 되어 있는데, 착오인 듯하다.-역자

는 형태로 주장되었고, 여기서 권력의 보완자로서의 지주계급의 위상이란 것이 반영된다. 그러나 한편으로 관을 그 지방 안에서 임명하라든가, 관에 지방을 맡기라는 것은 요컨대 지주층을 관에 붙이라든가, 관에 대해 향신의 의견을 존중하라는 것의 다른 말이기 때문에, 그렇게 보면 지주계급이 관의 말단권력에 침투하려 했다고도 말할 수 있다.

아무튼 청대에 봉건론은 관제(官制)의 형태를 통해 주장되었고, 그런 의미에서 굴절된 지방자치론으로서 전개되었다고 말할 수 있을 것이다. 그 가운데는 옹정(雍正) 7년(1729)의 일로서, 현직 지방관이 주현의 지사 밑에 그 주현의 동서남북에다 그 땅의 사람들 가운데서 선임한 향관(鄕官) 네 명을 세우라는 상주문을 올린 예도 있어서, 관의 외부에서뿐만 아니라 관의 내부에서도 그런 목소리가 더욱이 공식 상주문으로서 나온 것을 알 수 있다. 여기서 향관이라는 것은 『주례(周禮)』에 기재된 주대 봉건제 속의 직관이다. 이를테면 청말에는 "외양(外洋)의 의원제(議員制)를 모방하여 백성이 향관을 공거(貢擧)하라"[8]는 목소리도 나왔는데, 이 의원제 주장은 향관 설치의 논의가 뒤에 어떤 방향으로 향할 것인지를 암시한다.

이 때문에 이것은 당시 중앙에서도 문제가 되어 군기대신(軍機大臣)의 중직(重職)에 있던 만주인 고관들이 이는 매우 위험한 일이다, 이런 것을 실천하면 지방의 향신들이 자신들의 권익 확충을 위해 향관과 연결될 것이라고 하며 이것을 거부해야 한다는 반대의 상주를 올렸는데, 이것은 한족의 지방자치에 대한 중앙중추—라는 것은 만주족이기 때문에, 만주족—의 일종의 공포감을 엿보게 한다. 그리고 이것은 후에 청말혁명파인 왕징웨이(汪精衛)가 지방분권과 중앙집권을 한족과 만주족의 대립으로 묘사한 것에 의해 실증되었다.[9]

---

8) 陳熾, 『庸書』, 「鄕官」.

9) 汪精衛, 「滿洲立憲與國民革命」(『民報』第八號).

따라서 당연하다면 당연한 것이지만, 청대에는 이상과 같은 수많은 봉건론에도 불구하고 결국 지금 본 향관(鄕官)은 실현되지 않았고, 하물며 지방의 명망가들 중에서 지사가 뽑히는 일도 결코 실현되지 않았다. 중앙 집권제를 유지하기 위해 또 만주족 지배를 관철하기 위해 청조권력으로 서는 지방자치를 지향하는 이 봉건론을 수용할 수 없었던 것은 당연하다. 이것을 반대로 말하면, 옹정제 시대에 만주족에 반대한 반역자로서 재판을 받은 증정(曾靜, 1679~1736)과 그 스승이었던 앞서 말한 여유량이 모두 봉건론자였다는 사실에 이 반역 사건의 본질이 숨어 있다고 볼 수 있다. 이와 같이 정치면에서는 봉건=지방자치가 실현되지 않았지만, 지주계급 은 경제면에서는 실권을 손에 넣고 있었는데, 예를 들어 '포람(包攬)'이라 는 일종의 사적 징세(徵稅) 시스템이 그것이다.[10]

중국의 징세기구로서 명대에는 이갑제(里甲制)라는 것이 있었는데, 10호 (戶)를 1갑(甲), 10갑을 1리(里)로 삼아, 각 리에 10호의 이장호(里長戶)를 두고, 그들이 연대책임으로 조세를 담당하며 각 갑의 갑수호(甲首戶), 각 리의 이장호(里長戶)가 10년에 한 번씩 윤번으로 돌아오는 조세징수의 책 무를 맡았다고 한다. 이것이 명초에 시행된, 관에서 보면 징세의 대상으로 서의 민의 총괄시스템이었다. 징세를 윤번으로 담당한다는 이 평등한 원 칙이 지주와 농민의 계층분화가 진행되고 빈부의 차가 격해짐에 따라 붕 괴되고, 그래서 실제 기능으로서는 지주 가운데 유력자가 세금 징수를 대 행하고 수수료를 착취하는 징세청부와 같은 시스템(포람)이 생겨났다. 결 국 공적인 징세 시스템이 지주층의 사적 시스템에 의해 침식되고 있었던 것이다. 한편 청말에는 또 수조국(收租局)이라는 것이 설치되었는데, 이것 은 포람과는 반대로 소작료를 공적인 루트로 취하려는 것이었다.

결국 본래 소작료라는 것은 지주와 농민의 사적인 관계에서 발생하는

---

10) 西村元照, 「淸初の包攬」(『東洋史硏究』35-3, 1976), 山本英史, 「淸初における包攬の展
    開」(『東洋學報』59-1 · 2合倂號, 1977).

것이기 때문에 공권력이 왈가불가할 수 있는 것이 아니다. 그러나 명대에는 여기에 공권력이 권력적으로 개입했다. 예를 들어 기근 등이 발생해 세금을 낮추었을 때는 세금이 낮아진 만큼 소작료를 낮추라고 지주에게 압력을 행사하는 형태로 개입했다. 그것이 청말이 되면 반대로 지주가 거두어들여야 할 소작료를 공권력이 대행하여 거두어들인다. 지주에게 소작료를 지불하지 않으면 경찰에게 끌려가고 결국 사적 관계에 공권력이 봉사한다는 상황이 대두한 것이다. 이와 같이 청대의 지방자치는 경제면에서 공권력에 대한 침식(侵蝕) 혹은 공권력의 사적 전용(轉用)이라는 형태로 실체화하고 있었다고 볼 수 있다.

이것을 염두에 두면서 청말을 보면, 당시 봉건=지방자치제의 기반으로서 지주의 계급적인 지배기구 혹은 유지기구라는 것이 보인다. 예를 들어 홍콩의 국제공항인 **카이탁**(啓德)비행장의 토지를 (歐德과 함께) 기부하였기에 (歐德의 '德'과 함께) 그 이름의 '啓'자가 지금도 공항명에 남아 있는 혁명적 부르주아지식인 허치(何啓, 1859~1914)에 의하면, '신정(新政)'의 모체가 된 것은 '향기부로(鄕耆父老)', 곧 향신(鄕紳)을 비롯한 지방 유력자들에 의해 운영되며, 공적인 당국(當局)을 대신하여 도적의 체포와 비적(匪賊)의 방위를 맡는 등 사실상 행정의 말단을 맡아온 단련(團練)과 보갑국(保甲局)이고, 그것을 경제적으로 떠받친 여러 종족(宗族)들[11]이라고 한다. 여기서 단련이라든가 보갑국이라는 것은 일종의 향촌 자위조직이고, 소위 '신정'은 지방의회에 뿌리를 둔 입헌제(立憲制)이다.

보갑국에 대해서는 입헌파인 캉유웨이(康有爲, 1858~1927)도 그 대의를 이렇게 말했다.

태평천국의 난 이래 단련(團練)으로 향토를 보위했다. 그 단련이 각 향

---

11) 河啓,『新政便痛』三九葉(『新政眞論』格致新報館 수록).

(鄕)을 넘어 횡으로 연결되어 커져서는 국(國)을 칭하게 되고, 국을 담당하는 '국신(國紳)'이 신사(紳士) 사이에서 뽑혀 지방의 큰일을 책임지고 관리하는 것이 흡사 열국(列國)의 의원(議員)과 같고, 이것이 결국 지방자치이다. 본래 이 지방자치는 옛날의 봉건이고, 게다가 현대의 봉건은 중인(衆人)에 의한 봉건, 공의(公議)에 의해 공익(公益)을 도모한다는 봉건인 만큼 더 우월하다.[12]

이처럼 '국신', 곧 '향'의 틀을 넘어선 신사가 향신들 사이에서 선출되고, 합의를 바탕으로 지방의 큰일을 담당했다는 것은 지방자치가 광범한 지역 차원에서 성립했음을 보여주는 것이다. 캉유웨이도 말하고 있듯이, 태평천국의 난이라는 것은 확실히 하나의 획기(劃期)로서, 앞에서 거론한 수조국(收租局)도 이 시기에 성립한 것이고, 또 보갑국(保甲局)도 지금 본 대로이다. 그들 향신층은 이 태평천국기를 경계로 어느새 관제론(官制論)적인, 바꿔 말하면 구불구불 굴절된 '봉건'의 요구를 넘어서 관에 대해 민─이라고 해도 실질은 신(紳)이지만─의 자치를 계속 실현했던 것이다. 이 자치론은 이윽고 '성신(省紳)'이라는 말이 사용되었듯이, 성 자치로 상승하고 관으로부터의 자립도를 높이고 있었다.

이를테면 메이지 초기 청국 대사관의 서기관으로서 일본에 거주한 적이 있는 황쭌셴(黃遵憲)은 귀국하여 후난성의 안찰사대리(按察使代理)가 되었는데, 결국엔 성의 사법차관이라는 신분으로 성의 지식청년들을 이렇게 선동하고 있다.

제군이여, 회피, 불구임(不久任)의 틀에 묶여 있는 다른 성(省)에서 온 부임관(赴任官)들은 본성의 제군에게는 놀러온 여행객이나 연회에서의 낯

---

12) 康有爲, 「公民自治篇」(『辛亥革命前十年間時論選集』第一卷上册 수록).

선 손님과 비슷해서 도저히 맡길 수 없다. 제군에게 바라는 것은 스스로 자신의 출신지인 향을 다스리는 것이다. 자치가 충실하면 군현전정(郡縣專政)의 폐(弊)를 제거하고, '봉건세가(封建世家)의 리(利)'가 얻어지며, 이것을 일부(一府) 일현(一縣)에서 성(省)으로, 일성(一省)에서 천하로 펼쳐감으로써 '공화의 완전한 통치'가 실현될 수 있다.[13)]

실제로, 청조 말기 1900년 이래의 지방관으로부터 올라온 상주문을 보면, 지방자치의 필요를 주장한 것이 급증하고 있는데, 이것은 관·신의 틀을 넘어선 큰 추세였다. 게다가 태평천국 때에 창립된 증국번(曾國藩)의 상군(湘軍), 이홍장(李鴻章)의 회군(淮軍)이 한인(漢人)의 손으로 이루어진 지방 자영(自營)의 군대로서 활약한 것으로부터, 이것이 뒤에 지방의 관·신과 결탁하고 마침내 군권까지 신(紳) 측에 붙어서, 주지(周知)하는 바와 같이 신해혁명 때의 성 독립선언 그리고 청조 붕괴로 이어지는 것인데, 이렇게 보면 청대에 있어서 봉건론의 추이는 혁명을 향한 조류였다고까지 총괄할 수 있을 것이다.

앞에서 본 캉유웨이도 지방자치를 옛 봉건에 비춘 그 같은 문맥 속에서 "무릇 자치의 제(制)는 천리(天理)이고, 자연의 세(勢)이며, 어떠한 전제국(專制國)이든 간에 이것을 잘라내고 폐지할 수 없다"라고 말하고 있다. 이 '천리'라든가 '자연의 세'라는 말은 중국에서는 상당히 무거운 말로서, 지금으로 말하면 결국 역사의 법칙성, 필연성이 되겠다. '봉건'이라는 말이 이러한 자치제를 함의한 것에서 보아, 이 말이 청말에 지닌 무게와 혁신성을 새삼스럽게 엿볼 수 있지 않을까?

그렇다면 도대체 이 긍정적인 가치의 '봉건'은 어디서 마오쩌둥이 말한 부정적인 가치의 '봉건'에 의해 대체되어버린 것인가?

---

13) 黃遵憲, 「黃公度廉訪第一次曁第二次講義」(『湘報類纂』 수록).

4

이상에서 명말청초부터 청말까지의 봉건론을 보았는데, 눈치 챘겠지만 이것은 철두철미하게 (1)의 제도론으로서의 봉건론이다. 문제는 이것이 어디서 (4)의 생산관계론에 의해 대체되었는가인데, 결론을 먼저 말하자면 청말에 유럽에서 들어온 (2), (3)의 구분론, 발전단계론이 계기가 되었다.

앞의 장에서도 말했지만, 1900년에 영국의 E. 젠킨스가 『A History of Politics』라는 책을 썼고, 그것을 옌푸(嚴復)가 3년 뒤에 바로 번역하여 다음 해에 『사회통전(社會通詮)』이라는 이름으로 간행하였다. 이 책에서 젠킨스는 역사는 토템사회로부터 종법사회, 그리고 군벌사회로 전개된다는 식의 매우 조잡한 역사발전단계론을 전개하고 있는데, 이것을 받아서 옌푸 자신이 중국은 겨우 군국(軍國) 단계에 들어온 나라이고, 종법(宗法)이 7할, 군국이 3할이라고 코멘트를 붙였다. 군국이라는 것은 중앙집권국가, 군사적인 것이 하나의 통일적인 중심을 가진 국가, 현대식으로 말하자면 근대국가라고 해도 좋을 것이다. 그런 의미에서 말하면 옌푸는 중국은 3할이 근대국가이고, 7할이 종법국가라고 말한 것으로, 이 문맥에서 보는한 종법이라는 말은 부정적 의미로 사용되고 있다.

젠킨스에 의하면 군국사회에서는 개인이 사회의 기초단위이고 민은 모두 평등함에 반해, 종법사회에서는 일족(一族) 일가(一家)가 사회의 단위이고 개인은 그 족(族)과 종(宗)에 의해 통어되고 조법(祖法)에 구속되어 자유가 없다. 이런 상하의 질서관계에서 중층화(重層化)되고 있는 것은 분토(分土)·분봉(分封)관계의 봉건시대의 특징과 같다고 간주된다. 그는 봉건을 문자 그대로 '拂特(feud)', 곧 봉토(封土)·분봉의 의미로 한정하여 사용하고 있고, 종법사회를 상당히 폭넓은 의미에서 사용하고 있는 것과 대조적이지만, 그 상하 관계의 구조라는 점에서는 같다고 말하고 있는 것이다. 종법에 대한 이런 사고방식을 옌푸가 취하여, 그도 종법사회를 '불평등한 사회'라고 하며, 주공(周公)과 공자(孔子)는 '종법사회의 성인(聖人)이다'라고 하고, 삼대(三代)의 봉건은 '撙特', 곧 분봉의 제도이지 자치가 아니라고 코멘트를 붙이고 있다. 옌푸의 생각으로는 종족(宗族) 등을 기초로 한 특권적인 향신층에 의한 자치가 아니라, 개인의 평등한 정치권리에 기반한 국민적인 자치가 아니면 안 된다고 말하고 싶었던 것일 터이다.

옌푸가 번역한 『사회통전』은 청년지식인들 사이에 빠르게 영향을 미쳤다. 옌푸 자신도 이 책의 번역과 간행에 상당한 힘을 들이고 있었음을 다음의 표에서 엿볼 수 있다.

원서명	역서명	원저자	원서 간행년도	번역 시기	역서 간행년도
The Study of Sociology	群學肄言	H. Spencer	1873	1898 -1902	1903
On Liberty	群己權界論	J. S. Mill	1859	1899	1903
A History of Politics	社會通詮	E. Jenkins	1900	1903	1904
L'esprits des Vois	法意	C. L. S. Montesquieu	1743	1900 -1905	1904 -1909
A System of Logic	穆勒名學	J. S. Mill	1843	1900 -1902	1905

이 표는 옌푸가 『사회통전』을 간행한 것과 같은 시기를 전후하여 출판된 역서를 발행순으로 정리한 것인데, 이것을 보면 1903~1905년경에 간행된 역서의 원서는 전부 1800년대 중반 혹은 1700년대 중반으로, 결국 간행된 지 반 세기나 한 세기 이상이 되어서 일단 세평(世評)이 확정된 것뿐이고, 또 번역에서 간행에 이르는 기간도 대체로 4, 5년에 걸쳐 느긋하게 행해지고 있는 것에 반해, 『사회통전』의 원서 간행은 1900년, 번역 완료는 곧 그 3년 뒤, 그리고 그다음 해에 발행되어, 이 책에 한해서는 극히

신속히 행해지고 있음을 알 수 있다. 게다가 이것이 번역된 기간에는 『군학이언(群學肄言)』과 『법의(法意)』, 『목륵명학(穆勒名學)』 등의 번역 작업이 아직 진행 중이었기 때문에, 『사회통전』은 요컨대 뒤에서 밀고 들어온 것이고, 게다가 순서가 먼저인 것을 밀어내듯이 간행이 서둘러졌다고 볼 수 있다.

엔푸를 이같이 서두르게 한 이유는 무엇이었을까? 나는 1900년의 의화단사변(義和團事變)에서 열국(列國)에 대한 굴복이라는 청조의 명운을 사실상 결정한 저 굴욕적인 사건이 여기에 크게 그림자를 드리웠다고 본다. 자주 거론되듯이 중국지식인 사이에서 변혁(변법)의 필요성을 통감케 한 것이 청일전쟁의 패배라고 한다면, 중국인에게 자기의 열약(劣弱)과 후진성을 현실로서 이의(異議) 없이 자각시킨 것은 의화단사변의 굴복이었다. 엔푸는 『사회통전』을 세상에 내놓음으로써 그 후진성의 특질의 역사적 검토 그리고 그것에 대한 극복의 길을 세상의 청년들에게 한시라도 빨리 호소하고 싶었던 것이다. 『사회통전』은 그 점에서 극히 논리가 명쾌한 데다가 중국에 끌어당겨 읽기 쉬워서 필시 엔푸는 처음 이 책을 접했을 때 자국의 병의 근원을 눈 앞에서 본 듯이 생각했던 것은 아닐까? 이미 T. H. 헉슬리의 『Evolution and Ethics and Other Essays』가 『천연론(天演論)』이라는 서명으로 역시 엔푸의 번역에 의해 1898년에 간행되어 있었는데, 이 진화론은 삼대(三代)에서 이상적 상태를 구하는 구래의 복고사관을 뒤집는 것으로서, 우승열패(優勝劣敗), 약육강식(弱肉强食)의 원리에 기반하여 중국민족 쇠망의 위기를 호소하는 것이어서, 세상의 지식청년들 사이에서 충격적으로 받아들여지고 있었다. 그것에 이은 제2탄이 이 『사회통전』이었다고 생각된다.

청말 혁명의 세론(世論)을 이끈 『민보(民報)』와 민국 초기에 유명한 오사운동(1919년)을 향해 문화혁명을 이끈 『신청년(新靑年)』 등 전위적인 잡지에서 『사회통전』의 영향을 진하게 엿볼 수 있다. 특히 『신청년』은 유

난히 종법사회를 타도하는 캠페인에 열심이었다. 주필인 천두슈(陳獨秀, 1879~1942)의 문장을 보면,

> 동양민족은 유목사회로부터 종법사회로 나아갔는데, 지금도 그대로 변함이 없다. 추장(酋長)정치로부터 봉건정치로 나아갔지만, 이것도 지금까지 변함없다. 종법사회는 가족을 본위로 하고, 개인에게 권리가 없다. (…) 가장을 받들고 계급(=상하질서)을 중시하기 때문에 효를 가르친다. 종법사회의 정치에서는 (…) 원수(元首)를 받들고 계급을 중시하기 때문에 충(忠)을 가르친다. 충효는 종법사회, 봉건시대의 도덕이고, 반개화(半開化)한 동양민족에 일관된 정신이다.[14]

> 공자는 봉건시대에 나고 자라, 그가 제창하는 것과 관련된 도덕은 봉건시대의 도덕이고, (…) 주장한 정치는 봉건시대의 정치이다. 봉건시대의 도덕, 예교, 생활, 정치가 주의(注意)를 기울인 범위는 소수의 군주, 귀족의 권리에 한정되고, 다수의 국민의 행복과는 아무런 관계도 없다. (…) 수천년 전의 종법시대, 봉건시대도 단지 공, 경, 대부, 사의 인륜일용(人倫日用)의 장(場)에서 통행하고 있었을 뿐이고, 서인들 사이에서는 전혀 행해지지 않았다. 그것을 수천 년 뒤의 금일, 이 공화시대, 국가(『사회통전』에서 말하는 '군국')시대에 어떻게 통행시킬 수 있을까?[15]

라고 했다. 『사회통전』의 논리가 거의 그대로 전해져 천두슈의 것이 되었다. 특히 옌푸의 코멘트에 대해서 그런 것을 알 수 있을 것이다. 그런데 이 장의 주제인 '봉건'은 어떤가 하면, 종법·봉건이 여기서는 중국에 입각하

---

14) 陳獨秀,「東西民族根本思想之差異」,『新靑年』, 1-4.

15) 同上,「孔子之道與現代生活」(『新靑年』, 1-4).

여 시대구분상 고대의 것으로 간주되고 있고, 그 위에 그것이 현대에 아직 화석처럼 온존하는 유물이며, 고대가 현대에 온존하고 있는 그것이 중국 역사의 단계론상의 뒤처짐이라는 발전단계론적 인식이 되었다. 또『사회통전』에서 일단 나누어져 있던 종법과 봉건이 여기서는 사실상 동의(同義)로 간주되고 있고, 그 내용도 가부장제(家父長制), 상하존비(上下尊卑)의 신분질서제로서 인식되고 있는 것 등을 파악할 수 있을 것이다.

옌푸의 경우에는 아직 "앞서 고정림(顧亭林, 고염무)에게 군현, 봉건의 제의(提議)가 있고, 그 논설은 극히 장(壯)하다고 해야겠지만, 그러나 유럽의 지방자치의 제도에는 아득히 미치지 못한다"라고 언급한 대목이『사회통전』속에 있고, 부정적이라고는 해도 봉건과 지방자치의 관련에 대한 배려가 보이지만, 천두슈에게서는 그 단편조차 찾아볼 수 없다. 천두슈는 옌푸의『사회통전』번역 출간의 진정한 의도를 가장 충실히 급진적으로 실행에 옮겼다고 평할 수 있겠다.

또 천두슈의 위의 논의는 1915, 16년의 것으로, 그 뒤 1917년의 러시아 혁명을 거치면서 마르크시즘의 영향이『신청년』에 배어들기 시작했고, '봉건'은 완전히 생산관계론상의 용어로 변해갔다. 그것들은 1920년대 초의『신청년』, 예를 들어 천두슈로 말하자면 '마르크스학설(馬克思學說)'[16] 등의 논설을 보면 알 수 있고, 이 전개는 아주 자연스럽게 행해졌다고 볼 수 있으므로(이를테면 위의 시기에 베이징대학교 문과文科대학 학장이었던 천두슈는 뒤에 중국공산당의 초대 총서기가 되었다) 여기에서는 생략한다.

1904년의『사회통전』간행으로부터 위의 1915, 16년 천두슈까지 약 10년 사이에 '봉건'이 순식간에 부정적 개념이 되었다고 하는, 무릇 말의 역사 속에서 특필할 만한 격변의 추이를 납득하면 좋겠다. 이상이 '봉건'이 부정적으로 변화한 추이의 개략이다.

---

16)『新青年』6-9, 1922년.

여기서 '봉건'이 이상과 같이 급격히 변했다고 한다면 운동으로서의 지방자치론 쪽은 어떠했는지에 대해서 언급해보자. 결론부터 말하자면, 각 성의 독립선언에 의한 신해혁명이 발생한 뒤, 민국 초년에 연성자치운동(連省自治運動)이라는 것이 일어나, 일종의 연방공화제(聯邦共和制)의 구상이 표면화되었다. 결국 각 성의 자치정부 위에 연방정부를 두자는 것으로서 모델의 기본은 아메리카합중국이었다.

이 무렵의 경위는 타이완에서 간행된『민국의 지방주의와 연성자치(民國的地方主義與連省自治)』[17]에 상세히 소개되었고, 일본에서도 최근『중국의 근대화와 지방정치(中國の近代化と地方政治)』(橫山英編, 勁草書房, 1985년)라는 연구서가 간행되어 있기 때문에, 상세한 것은 그쪽에 양보하기로 하고, 여기서 내가 특별히 거론하고 싶은 것은 역시 최근 간행된『마오쩌둥집보권(毛澤東集補卷)』[18]의 제1권에 수록된 마오쩌둥의 청년 시절 논문이다. 이에 따르면 1920년 9월부터 10월에 걸쳐 그는 후난성(湖南省)의 자치운동에 관해 다음과 같은 논문을 연속해서 발표했다.

9월 3일 후난건설문제의 근본문제-후난공화국
9월 5일 기초 없는 대중국을 타파하고 많은 (소)중국의 건설을 후난에서 시작하자
9월 6일 절대찬성 '후난먼로주의'
9월 26일 '후난자치운동'은 일어나야 한다
9월 30일 '후난인의 후난 통치[湘人治湘]'와 '후난인 자치[湘人自治]'

---

17) 胡春惠,『民初的地方主義與連省自治』(正中書局, 1983년).
18)『毛澤東集補卷』全10卷(蒼蒼社, 1986년).

10월 3일 '전자치(全自治)'와 '반자치(半自治)'

10월 5~6일 '후난혁명정부'에 의해 '후난인민헌법회의'를 소집하고, '후난헌법'을 제정하여, '신후난'을 건설하자는 건의

이것은 본래 『대공보(大公報)』(장사판長沙版)에 발표된 것으로서, 이것에 대한 선행연구도 있다.[19] 좌우간 1920년대 초기에 청년 마오쩌둥이 후난의 성자치라기보다 성독립운동에 관계하고 있었다는 사실은 매우 흥미롭다. 그는 이 논문들에서 '대중화민국'에 반대하며, 22성, 3특구(特區), 2번지(藩地)의 합계 27지방에 인민의 손으로 27개국의 '소중국'을 건설해야 하고, 그 선구로서 '태양처럼 빛나는 후난공화국'의 건설을 수행하자고 주장했다. 단, 그 후난공화국은 후난 출신의 소수 특권자에게 통치를 맡긴다는 '후난인의 후난 통치'의 공화국이 아니라, '일반 평민'에 의한 향장(鄉長)·성장(省長)들의 민선(民選)을 기초로 한 '후난인 자치', 지금과 같은 인민공화국이 아니면 안 된다고 생각했다. 이것은 한편으로 물론 군벌의 지배에 반대하고자 하는 것이지만, 동시에 그것과 손잡고 있던 향신(마오쩌둥은 뒤에 '토호열신土豪劣紳'이라고 표현한다)의 지배를 배제하자는 것으로, 이 점에서는 청말의 지방자치운동을 넘어선, 혹은 어떤 의미에서는 더 심화시킨 운동이라고 말할 수 있을 것이다.

그런데 내가 마오쩌둥의 이 운동에 관심을 갖는 것은 위의 사실만이 아니라 실은 이 직후에 열린 1922년 7월의 중국공산당 제2회 전국대회의 선언과 묘하게 대조되기 때문이다. 이 대회는 제2회라고는 해도 대회선언을 발표한 것은 처음으로, 사실상 중국공산당의 최초의 정치강령이다. 이 선언은 연성자치에 대해서 이렇게 말하고 있다.

---

19) 齋藤道彦, 「湖南共和國論-中國二十七年分割構想」(『中央大學論集』 제6호, 1985년).

지난 10년간 무인정치(武人政治)가 연출한 할거현상으로 성을 경계로 하여 국가를 만들어 그 각패일방(各覇一方)의 야심을 완수하고 그 이름을 아름답게 하여 지방분권의 연성자치니 뭐니 하는 것은 전혀 도리에 맞지 않는 것인데, 왜냐하면 지난 10년간 모든 정권이 이미 각 성 무인의 손에 나누어진 이때, 다시 분권을 주장한다면 곧 성(省)을 국(國)이라 부르고 독군(督軍)을 왕이라고 부르는 것일 따름이다. 그러므로 연방의 원칙은 중국 본부(本部)의 각 성에 채용될 수 없다.

이리하여 이 선언은 티베트, 위구르의 자치구를 포함한 사실상의 중앙집권국가를 목표로 한 것이지만, 이 선언과 마오쩌둥의 후난독립운동은 약 2년도 차이가 나지 않는다. 생각건대 거의 같은 시기에 나타나는 이 대조적인 모습은 한쪽이 전국적인 시야에서 대국(大局)을 부감(俯瞰)한 것임에 반해, 다른 한쪽의 마오쩌둥은 한 지방에서 전국을 보려고 했다는 시좌(視座)의 차이에 의한 것이다. 어느 쪽이 보다 자연적인가 한다면 역시 마오쩌둥의 운동이 자연발생성이 강하다고 생각되고, 적어도 이것은 청말 이래 지방자치운동의 흐름의 선구적 전개의 하나라고 보아도 좋을 것이다.

현실적 국면에서는 군벌에 의해 각 성의 실권이 장악되어 있었다. 그러므로 마오쩌둥은 '후난인의 자치'를 제창한 것이겠지만, 1922년의 시점(時點)에서 중국공산당이 분석한 바로는 군벌의 할거는 열강과 결합함으로써 중국 분할의 길을 열어가는 것으로 파악되었고, 이런 반제(反帝)·반군벌(反軍閥)의 기본노선은 1926년 국민당(24년의 국민당 제1회 전국대회에서는 중국공산당의 소위 '당내합작黨內合作' 방침에 의해 당시 공산당원이었던 마오쩌둥도 중앙위원후보에 선출되었다) 주도에 의한 소위 북벌전쟁으로 계승되었으며, 중국은 그 후 통일된 중앙집권국가의 길을 걸으면서 연성자치 혹은 연방공화의 길은 결국 열매를 맺지 못하고 끝나버렸다. '후난공화국'은 청년 마오쩌둥의 한때의 꿈으로 끝난 것이다.

사실 이 지방분권이라든가 중앙집권은 청말의 소위 양무파(洋務派)와 변법파(變法派)·혁명파 사이에서도 의견충돌이 계속된, 그런 의미에서 상당히 장기간에 걸친 논점으로서, 이것의 추이에 대해서는 금후 넓은 시야에서 해명할 필요가 있을 것이다. 다만 한 가지, 중국은 중앙집권국가를 성립시킴으로써 청말 이래의 비원(悲願)이었던 민족의 통일과 국가의 독립을 달성한 반면, 아래로부터의 선거에 의한 '일반 평민'의 지방자치 참가, 나아가서는 국민의 국정참가 꿈을 불완전연소로 끝내고, 반대로 공산당과 국민당의 일당독재와 관료정치를 오래도록 온존시켜버렸다.

'봉건'이 제도론에서 어느새 생산관계론으로 대체되고, 긍정에서 부정으로 역전되었듯이, 지방자치운동도 어느새 반제·반군벌의 통일운동으로 대체되어, 그것의 자연스러운 발전은 바랄 수 없게 되었다.

6

봉건과 지방자치운동의 운명을 더듬어온 참에 마지막으로 이것에 대한 코멘트를 덧붙여두고자 한다.

우선 첫째, 역사를 바깥에서 보는가 안에서 보는가 하는 것이다. 중국에서 중앙집권국가의 성립은 반(半)식민지국에서 벗어나는 것과 표리를 이루는데, 이는 이 추이에 열강의 침략이 큰 요소로서 개입하고 있음을 안에서 보여준다. 이와 직접적으로 연관되지는 않지만, 한편으로 '봉건'의 역전(逆戰)에도 젠킨스와 마르크스가 말한 유럽의 발전단계론이 문화면에서이기는 하나 개입하고 있음은 부정할 수 없다. 사실 근대 중국의 역사는 열강의 개입을 빼고는 말할 수 없는 것이다. 하지만 그렇다면 중국은 열강 혹은 서구의 눈을 통하지 않으면 그 전체적인 모습이 보이지 않는 것인가라고 하면 물론 그렇지는 않다. 예를 들어 '봉건'이 젠킨스와 마르크스의 발전단계론의 영향을 받아 역전한 것은 역사적인 사실이지만, 그러나 이것이 중국의 '봉건'을 젠킨스와 마르크스의 발전단계론에서 보아야 한다는 것은 아니다.

이것은 너무나 당연해서 특별히 말할 것도 없는 듯이 보이지만, 실은 아주 중요한 것이라고 생각한다. 왜냐하면 전후 40년의 일본의 중국 연구의 장에서 '봉건'이라는 말은 기본적으로 젠킨스와 마르크스의 입장에서, 결국 '바깥에서'의 의미로 사용되어왔고, 그것에 대해서 특별한 의문도 가지지 않았기 때문이다.

이에 대해서 지금 우리는 주로 명말청초부터 그것의 추이를 더듬고, '안에서' 이것을 보아온 결과, (1), (2)와 (3), (4)에 대해서 일본과 유럽에서는 보이지 않는 **뒤틀림**이 생긴 것과, 결국 그 뒤틀림이 단절되어 청말 이래로 (3), (4)만으로 되고 말았던 것 등을 보아왔다. 또 (1), (2)가 사상(捨象)된 것과 몰래 결합하듯이, 지방자치운동이 좌절로 끝난 것도 '안에서'의 눈으로 보아왔다. 이런 '안에서'의 눈이 너무나 당연한 것이어서 오히려 그 때문에 소홀하게 다루어졌고, 그 때문에 중국, 적어도 청대 중국의 전체적인 모습의 해명이 늦었다고는 말할 수 없을까. 이것이 첫 번째 코멘트이다.

둘째, 역사를 현재에서 볼까 과거로부터 볼까라는 것이다.

'봉건'을 황제·지주와 농민의 대항으로 본다는 것, 혹은 종법=봉건을 발전단계론상 부정적으로 본다는 것은, 마오쩌둥 등이 반(反)지주·반종법의 농민혁명을 실천하는 '현재'의 입장에서 현재적으로 필요한 관점이었다. 그것은 소위 '현재'**를 위한** 역사관이고, 여기서의 과거는 '현재'**로부터** 일방적으로 비추어져서 현재에 봉사하도록 끄집어내어진 과거이고, 여기서 과거는 자신의 자립한 모습을 보존하고 있지 못하다.

한편 이 '봉건'을 지방자치운동과 연관시켜 보는 관점에 서면, 역으로 거기서부터 현재 중국의 중앙집권체제 혹은 관료제의 결함이 보이는데, 예를 들어 일당독재 때문에 수장을 뽑는 선거제도가 불비하다든가, 반(反)

종법이라고 말하면서 가장 중요한 개인의 권리는 어떻게 되고 있는가 등 다양한 비판이 나올 것이다. 이것은 '과거'로부터 역사를 보는 경우의 이른바 '과거로부터' 현재를 향해 발신된 메시지이고, 여기서 과거는 아직 현재에 계속 살아 있다.

이상의 첫째 및 둘째와 관련하여 세 번째로서 나의 소위 중국 기체론(基體論)을 언급해본다면, 이 '기체'론은 알기 쉽게 말해 요컨대 중국에는 중국 고유의 역사적 실태 및 그것의 전개가 있다는 것, 그것은 장기간 지속하고 있는 여러 가지 형태의 시대적인 느긋한 변화로 보이는 것, 따라서 중국의 근대는 전근대와의 관련으로부터 파악되어야 한다는 세 가지로 크게 나눌 수 있다.[20] 이 글의 주제인 "중국의 '봉건'과 근대"에서 실은 중국의 '봉건'~근대의 기본적인 전개를 암시한 셈이다.

여기서 잠깐 '봉건'은 제쳐놓고, 근대에 대해서 언급해보자.

근대라는 것은 지금까지 '봉건'과 마찬가지로 소위 근대주의자와 마르크스주의자에 의해 전적으로 (3), (4)의 역사발전론과 생산관계론에서 보이는데, 특히 마르크스주의자로부터는 근대화라고 하면 자본주의화와 같은 의미로 간주되어 중국의 사학계에서 1960년대에 유행한 자본주의 맹아논쟁이라는 것이 그것이었다.

또 (2)의 시대구분에서도, 생각하면 기묘한 것이지만, 유럽의 근대와 접촉한 시점을 아시아에서 근대의 시작으로 삼는 것이 통례인데, 중국에서는 아편전쟁 이래, 일본에서는 메이지유신 이래를 근대라고 하는 것이 그것이다. 일본의 경우는 확실히 막번체제의 종언과 천황제적 중앙집권국가의 성립이라는 큰 변동이 있었고, 이것을 역사의 시대구분의 표지로 삼아도 이상할 것이 없어서 여기서도 일본은 (1)~(4)가 멋지게 대응하지만, 그러나 중국에서 왜 아편전쟁이 시대를 가르는 표지가 되는 것일까? 유럽

---

20) '기체'라는 사고방식에 대해서는, 杉山文彦, 「近代中國像の'歪み'をめぐって」(『文明硏究』 6호, 1988년)의 비판을 받아, 여기 및 제2장 제3절에서 補正하였다.

근대와의 접촉을 아시아 근대의 시작으로 삼는 것이라면, 예를 들어 베트남은 식민지화의 과정이 그 근대과정이 되는데, 그런 식으로 나아가면, 말꼬리 잡기가 되지만 중국의 근대과정이란 반(半)식민지화의 과정이 될 것이다.

나는 아편전쟁을 시대구분의 표지로 삼는 것 자체에 반대하는 것은 아니지만, 다만 적어도 그것이 중국사의 어떤 '안에서'의, 그리고 '과거로부터'의 새로운 단계라고 말할 수 있는가, 그것을 표지로 할 내재적 이유가 무엇인가 묻고 싶다.

이것을 묻기 위해서는 일반적으로 근대화의 과정이란 무엇인가를 정의할 필요가 있을 것이다. 나는 최근 어떤 국제심포지움에서 아시아에서의 근대는 자생적인 근대와 외래적인 근대, 두 측면에서 파악되어야 하지 않을까, 그 경우 자생적인 것은 종종 그 나라의 독자적인 길을 걸을 테지만, 억지로 공통항을 들면 (a) 절대적인 종교적 권위 혹은 의사(擬似)종교적인 정치적 권위의 내면적 지배로부터의 이탈 (b) 정치시스템에 대중 참가 (c) 비계약적·고정적인 신분 상하질서로부터의 해방 (d) 민중의 경제활동 기회 균등화 (e) 의료부조 등 생명유지의 수단과 교육의 기회 균등화 등이 공통의 지표로서 제시되는 것이 아닐까 하고 제언했다. 근대과정을 정치·경제·사회·문화의 네 과정으로 분석하는 사고방식에 입각하면 (a)는 문화 및 정치 (b)는 정치 (c)는 사회 (d)는 경제 (e)는 문화가 될까?

이런 눈으로 보면 중국의 근대과정은 명말청초에 싹트고, 신해혁명, 마오쩌둥 혁명을 거쳐 현재 아직 진행 중이라고 보는 사고방식도 성립한다. 예를 들어 '봉건'=지방자치=지방분권은 필경 (b)의 전개로서 볼 수 있고, 이 (b)를 시기별로 나눈다면 맹아기인 명말청초, 전개기인 태평천국, 발전기인 신해혁명기 그리고 좌절기인 1920년대가 될 것이다.

여기서 '봉건'과 관계 깊은 '정전(井田)'을 기체론과의 관계에서, 특히 (d)의 경제활동의 기회 균등화라는 것에서 보면, 이 기회 균등화라는 것은 자본주의적인 사유재산권의 확립만을 말하는 것이 아니라, 사회주의적인 공유화도 포함해 공유화를 통한 생산수단의 획득도 있다는 것이다. 결국 중국에 기초하여 말하면, 전토(田土) 소유의 균등화 문제와 맞닥뜨린다. 전토 소유와 관련된 논의는, 앞에서 말한 정전론이 『맹자』 이래 오래도록 계속되고 있고, 명말청초에는 황종희의 전호(佃戶)에 대한 전토분배론(田土分配論)까지 나와서, 이것이 청말에는 다시 전토공유론(田土共有論)으로 전개되었다. 마오쩌둥혁명에서 토지개혁은 이른바 지난 3천 년간의 '균(均)' 원리의 실현이고, (d)에 대해서 말하자면 1949년이 그 역사적인 시대구분의 표지가 되는 것이다.

결국 현시점에서 말하는 한, (a)(b)(c)의 '봉건'적 근대는 좌절했지만 (d)의 '정전'적 근대는 실현되었다고 말하는 이도 있다.

그렇다면 기체론인데, 중국에서 '봉건'과 '정전'은 정치와 경제의 핵심 가운데 하나이고, 거기에는 중국의 역사 혹은 중국의 사회구조의 특질이 숨어 있다. 나는 중국에서 역사적으로 기체로 삼을 수 있는 것, 예를 들어 장기간 지속한 것으로서 관료제라든가 종족제라든가 보갑·향약 등을 꺼내어서, 그것을 긴 기간에 걸쳐서, 예를 들어 300년을 최소의 단위 기간으로 삼거나 가능하면 세 자리 수의 기간, 곧 천년 전후를 시야(視野)에 넣어 검토하고, 횡단면(橫斷面)만이 아니라 종단면(縱斷面)적으로 그 코스를 '안에서' 분명히 할 필요가 있다고 생각한다.

이를 위해서는 기존의 시대구분론이나 발전단계론은 보류해두고, 적용한다고 해도 어디까지나 편의적인 것으로 생각하는 것이 좋을 것이다. 간단히 말해 근대과정에 대해서조차 '봉건'의 좌절과 '정전'의 실현이 있고, (a)에 대해서도 청조황제제의 종언 뒤 예기치 않게 마오쩌둥의 절대화가 혁명 후에 표면화된 바 있다. 역사의 진행은 (a)~(e)에 대해서 결코 동시에 진행되지 않으며 서로 상당히 차이가 드러나는데, 그것들을 무리하게 묶어서 몇 개로 정돈하여 횡단적으로 시기를 나누어보아도 큰 의미를 갖지 못한다. 하물며 아편전쟁 이후를 근대로 삼는 그러한 '밖에서'의 시기구분을 가지고 들어와 무엇이 분명해진다고 말할 수 있을까?

내가 기체론을 들고 나온 의도의 하나는 지금까지 유럽에서 들여온 시대구분론과 발전단계론을 기계적으로 중국에 적용하는 것에 의문을 던지는 데 있다. 원래 시대구분과 발전단계의 시기구분이라는 것은 기본적으로는 자기들의 역사가 지금까지 어디서 어떤 계기를 맞아, 거기서 무엇이 어떻게 변화하고, 그것이 현재에 어떻게 되어 있고, 그것에 대해서 지금부터 어떻게 하면 좋을까를 생각하기 위한 하나의 역사론으로서다.

예를 들어 '봉건'이라고 하면, 그 좌절을 지금 어떻게 총괄하고, 그것을 지금부터 어떻게 소생시킬까, '정전'이라고 하면, 그 '공유'가 실은 원리로서의 '사유(私有)'의 부정 위에 있었다, 청말의 '공'은 '사'를 소수(小數)에 의한 전제(專制)라고 보아 부정했다, 그 점에 특징이 있었다, 그것을 지금 어떻게 생각할까이다.[21] 전자는 구체적으로 말하면 궁극적으로는 일당독재의 가부(可否)의 문제에 이르게 될, 수장(首長)과 인민대표 선거의 민주화를 비롯한 정치권리상의 민주화 문제이고, 후자에 대해서 말하면 농공업에 있어서 개인청부(個人請負)의 분야와 향진기업(鄕鎭企業)의 경영자주권을 어디까지 어떻게 확충할까 등의 문제겠지만, 이것도 실은 봉건론, 정전론 및 '공'의 경제사적·사상사적인 '안에서'의 연구로부터 드러날 것이라고 생각한다.

이런 의미에서 생각하면, 시기구분은 적어도 중국에서는 정치상의 과제(봉건)와 경제상의 과제(정전) 등 과제마다 다르다는 관점도 가능하고, 그렇다면 그것을 묶어서 하나로 하지 않으면 안 될 필요는 특별히 없을 것이며, 본래 과제는 국가마다 다른 것이기 때문에 시기구분에 대해서 세계사가 보조(步調)를 나란히 해야 할 필요도 없을 것이다. 하물며 만약 유럽

---

21) 拙稿, 「中國の'公·私'」(『文學』1988년 9월호, 10월호) 참조.

에서 들여온 시기구분이 유럽을 모델로 유럽을 추수하는 것을 하나의 지표로 삼고 있었다면, 그것은 지금 아시아사의 '안에서' 당연히 재검토되어야 할 것이다.

그렇다고 하더라도 내가 중국기체론이라는 이름의 중국특수론을 주장하고자 하는 것은 아니다. 구분론이라든가 단계론에 따라다니는 기존의 진화사관에서 벗어나 중국의 기체에 천착하여, 본래 역사에서 진보란 무엇인가 혹은 근대화란 무엇인가를 원리에 입각하여 되돌아가 다시 생각할 필요가 있다는 것이다. 중국이 일본과 유럽과는 매우 다른 역사의 길을 걸어왔다는 그 상대적 독자성, 이때 유럽형 사고에 익숙한 우리 일본인의 역사관에 많은 자극을 줄 것이라는 한에서 그 독자성—단지 어디까지나 상대적이지만—이 문제가 될 것이다.

부기

'봉건'을 지방자치론에 결부시킨 연구로, 마스부치 다츠오(增淵龍夫), 「역사인식에서 상고주의와 현실비판-일중양국의 '봉건''군현'론을 중심으로(歷史認識における尙古主義と現實批判-日中兩國の'封建''郡縣'論を中心として)」(岩波講座 『哲學』 4, 1969), 「역사가의 동시대사적 고찰에 관해(歷史家の同時代史的考察について)」(앞의 책, 岩波書店, 1983), 민두기, 『중국근대사연구』(한국, 일조각, 1978) 제2장, 오타니 도시오(大谷敏夫), 「청대향신의 이념과 현실-붕당·봉건·정전론을 중심으로(淸代鄕紳の理念と現實-朋黨·封建·井田論を中心として)」(다니가와 미치오谷川道雄 編, 『중국사대부계급과 지역사회의 관계에 관한 종합 연구(中國士大夫階級と地域社會との關係についての綜合的研究)』, 1983) 등이 있다.

제4장

천하와 국가, 생민(生民)과 국민

1

아프리카와 동남아시아의 지도를 보고 생각나는 것 중 하나는 국경선의 자연스럽지 못함인데, 이 자연스럽지 못함은 주지하다시피 각국 구종주국의 식민지 지배에서 유래한다. 예를 들어 보르네오섬의 북부(브루나이왕국을 제외한 사라왁·북보르네오)가 말레이연방에 속하는 한편 남부는 인도네시아공화국에 속한다거나 또는 뉴기니섬은 동부가 파푸아뉴기니국에 속하고 서부가 인도네시아령 서이리안에 속하는 등 하나의 섬이 지리와 민속을 무시하고 별개의 국가로 나뉘는 것은 영국과 네덜란드 식민지 시대의 분할의 흔적을 그대로 국경선으로 답습한 데서 유래한다. 쑨원(孫文)에게는 "왕도자연(王道自然)의 힘의 결합에 의해 성립하는 것이 민족이라고 한다면, 패도인위(覇道人爲)의 힘의 결합에 의해 성립하는 것이 곧 국가이다"(『삼민주의』「민족주의」)라는 민족과 국가에 대한 그 나름의 정의가 있는데, 이에 근거해 말하자면 이 두 섬의 자연스럽지 못한 국경선은 필경 제국주의적인 패도인위의 힘의 흔적이 될 것이다.

아시아와 아프리카에서 이러한 구식민지에서의 국가성립은 한편으로는 식민지 지배로부터 독립을 달성한 것이지만, 다른 한편으로 그것은 유럽이 남긴 패도인위의 흔적이기도 하다. 이것은 일본과 중국 등 비식민지국가에 대해서도 거의 그렇다고 말할 수 있다. 일본과 중국에서 소위 근대국가의 창출은 유럽의 침식으로부터 자신을 지키고 독립을 유지하기 위한 필수적 과제였고, 그것을 피해갈 수는 없었다는 의미에서 '강제'된 것이며, 소위 유럽이 '자신의 모습과 비슷하게' 창출한 또 하나의 산물이었다.

그렇지만 아시아 침략을 감행한 대일본제국의 모습 전부에 대하여 '강제'를 말할 수는 없다. 그러나 '일본에는 (가마쿠라와 도쿠가와 등의) 정부는 있지만 국민(네이션)은 없다'는 이유로 '(치자治者의 치란흥폐治亂興廢에 대해서는) 마치 날씨의 변화'처럼 방관해온 인민으로 보자면, 메이지의 어일신(御一新)과 함께 '보국진충건국독립(報國盡忠建國獨立)의 대의' 아래 졸지에 '국민'일 것이 기대되고(『문명론의 개략』 권5, 6), 끝내는 '나라(お國)'를 위하여 해외의 땅에서 전사하는 처지가 된 저 경위(經緯)는 적어도 당사자에게는 눈에 보이지 않는 힘의 강제였을 것이다. 후술하는 중국에 대해서도 이와 같은 것을 다른 형태로 말할 수 있다.

아무튼 아시아·아프리카에서 국가가 성립되는 데에는 유럽이 다양한 형태로 개입하고 있다.

2

일본이 중국이나 조선과의 관계에서 일찍이 국제 간의 자타의식(自他意識)을 갖고 이에 국가의식을 가질 수 있었던 것과 반대로, 그것을 갖지 못한 채 그대로 청말에 이른 중국에서 소위 근대국가의 창출은 대단히 곤란한 사업이며, 그만큼 강제의 정도도 강했다고 말할 수 있다.

량치차오(梁啓超)도 말했듯이, 중국은 수천 년의 역사를 가지면서도 단지 왕조의 이름이 있었을 뿐 하나의 국명(國名)을 갖지 않았고, 있었다고 한다면 오히려 '천하'였다(「중국이 약화된 근원을 추적함(中國積弱溯源論)」).

물론 중국에 옛부터 '국가'라는 말이 없었던 것은 아니지만, 그것은 거의 어떤 지배영역·기구(機構)로서의 국(國)과 지배자의 가(家), 결국 조정(朝廷)을 가리키는 데 사용되었지, 민(民)이 그것과 관련될 수 있는 것은 아니었다. 민은 천(天)이 낳은 자연적 존재로서의 '생민(生民)'이고, 그 위에 올라타고 있을 따름인 왕조=국가의 명운(命運)에 연루되지 않았다. 남송(南宋)의 한 관료가 어떤 토지정책에 대해서 '민을 이롭게 하는 방법을 가지고 국을 이롭게 할 수는 없다'라고 말하고, 명말(明末)의 한 경세가(經世家)가 관료에게 '국을 이롭게 하기'보다는 '왕도(王道)'로서 '민을 이롭게 하도록' 요구하고 '민을 수탈해서 국을 살찌우는' 것을 경고한 일 등은 국=조정과 민이 오히려 이해(利害)를 달리하고 있다는 통념이 있었음을 보여주는 것이다. 명말청초의 고염무(顧炎武)가 국과 천하에 대해서 '통치자의 성(姓)을 바꾸고 연호(年號)를 새로 정하는 것, 이것을 국을 잃는다(亡國)고 하고, 인의가 막혀서 짐승에게 사람을 잡아먹게 하는 것, 사람들이 서로 잡아먹으려고 하기에 이르는 것, 이것을 천하를 잃는다(亡天下)고 한다', '그러므로 천하를 보존할 줄 안 다음에 국을 보존할 줄 안다. 국의 보존이라는 것은 그 군주와 그 신하 등 고기를 먹는 이들이 도모하는 일이다. 천하의 보존이라는 것은 천한 필부조차도 이에 책임을 지는 일이다'(『日知錄』 권13)라고 말한 것은 유명하며, 마지막 구절은 청말부터 민국시기에 걸쳐 혁명적 청년이 애창하기도 했는데, 국=조정의 명운은 군주와 신하, 즉 고기를 먹는 지배자 집단에 맡기더라도, 다만 천하의 존망은 천한 필부인 민의 어깨에도 달린 것이라는 이 말은 국과 천하 각각에 대한 민의 관련성을 정확히 서술한 것이다.

국이 망해도 민은 망하지 않지만, 천하가 망하면 민도 망한다. 그 망천하(亡天下)란 인의가 막히고 사람들이 서로 잡아먹는, 결국 인간이 그 자연적 상태(유가儒家는 인의를 인간적 자연으로 본다)를 상실한 상태이다. 그렇기 때문에 국보다는 천하가 위라는 것이다(국이 정치개념임에 반해 천하가 도덕개념임에 유의하라). 이런 역사풍토 속에 유럽의 '국가'가 침입하고, 그에 대항하기 위해 중국은 마지못해 동일한 형태의 국가와 국민을 창출하지 않을 수 없게 되었다. 천하는 국가에 의해, 생민은 국민에 의해 각각 포섭되지 않을 수 없었던 것이다.

3

다만 천하가 국가에 의해, 생민이 국민에 의해 포섭됨으로써, 반면에 중국의 '국가'와 '국민'이 유럽의 그것이나 일본의 그것과는 아주 다른 것이 되기도 하였다.

쑨원이 '강권(强權)'의 유럽에 반해 '공리(公理)'의 중국을 주장하고, '강자를 억누르고 약자를 도와줄 것'을 국시(國是)로 삼고, '고유의 도덕과 평화'를 국가의 기초로 삼으려고 한(『삼민주의』「민족주의」) 것은 천하관이 침투한 증좌이며, 또 '국민(=자유롭고 평등한 민)의 국가를 만들 뿐 아니라 사회(=민생)의 국가를 만든다'(「삼민주의와 중국의 앞길」), 곧 정치적 평등의 국민에 의할 뿐만 아니라 경제적 평등에 의한 민생적 국가를 목표로 한 것은 각각 생민관이 침투한 증좌이다.

하지만 그래도 그들이 독립적이고 강력한 국가를 건설해가는 과정에서 '천하의 생민'이 국가와 국민의 틀에 쑤셔 넣어져 그것이 본래 갖고 있는 글로벌한 보편성이 왜곡되었음은 부정할 수 없는데, 이는 중국과 세계에 있어 유감스러운 일이라고 말하지 않을 수 없다. 이 때문에 천하와 생민은 국가와 국민과는 달리 끝내 주의(主義)가 되는 일은 없었던 것이다.

다만 천하주의적인 것으로서는 캉유웨이(康有爲)의 코스모폴리탄적인 『대동서(大同書)』, 생민주의적인 것으로서는 류스페이(劉師培) 등의 무정부주의를 볼 수 있음에 그친다.

여기서 류스페이의 무정부주의에 대해 좀 언급해두자면, 우선 그는 무계급·무지배의 관점에서 지방자치와 대의제에 반대한다. 그 이유는 외부에서 단기간 부임하는 왕조의 관료에 비해 그 지역 출신자인 호신(豪紳)과 서리(胥吏)의 행정 쪽이 지역에 밀착하고 정통해 있는 만큼 소민(小民)에 대한 지배가 두루두루 미치고 결과적으로는 폭정이 된다는 데에 있다. 마찬가지로 소민의 입장에서 그는 기계와 철로·선박 등의 근대적 수단에 의한 상공업과 광업의 진흥이 소민의 수공업과 상업을 파괴한다고 생각해 반대하고 소박한 농본주의(農本主義)를 주장한다. '인민의 행복은 가정과 사람들의 풍족함에 달려 있지, 거짓 문명에 달려 있지 않다'라고 말한 것이다.(「신정이 민을 괴롭히는 근원임을 논함(論新政爲病民之根)」). 마지막으로 언급해두자면, 이보다 조금 앞서 (제10장에서) 후술(後述)하는 유석홍(劉錫鴻, 초대 영국 부대사, 초대 독일대사)이라는 인물이 민생을 중시하는 입장에서 탐관오리와 호신(豪紳)을 비판하고, 상공업·광업과 철도 등의 기계문명에 반대하고, 또 농본주의를 주장하는(또 군비軍備에도 반대한다) 등 많은 점에서 류스페이와 공통(단 유석홍 쪽은 대의제代議制에 찬성한다)됨에 생각이 미친다. 또 이 유석홍은 보편적으로 인의를 주장하고, "외양(外洋)은 부(富)를 부라고 간주하고, 중국은 탐하지 않는 것을 부라고 간주한다. 외양은 강(强)을 강이라고 간주하고, 중국은 승리를 좋아하지 않는 것을 강이라고 간주한다"라고 말하는 등 천하주의적인 색채도 강하게 드러내고 있다.

그런데 이 유석홍은 그 고풍스러운 생민주의적인 입장에서의 반자본주의적·반기계문명 성향 때문에 중국에서의 평가는 '봉건 경제사상'을 내세우는 '지주계급 완고파'라고 하여 명예롭지 않다. 그렇게 말하면 류스페이도 대의제 반대의 입장(전제왕조의 관료지배 쪽이 더 좋다고 생각하는 입장)으로부터 위안스카이(袁世凱, 1859~1916)를 추수(追隨)한 그의 만년은 '변절'로서 부정적 평가의 재료가 되고, 말한 김에 덧붙이자면 소민의 수공업을 지킨다는 명목으로 누에고치실 공장에 대한 폐쇄명령을 내린 저 남해현(南海縣) 지사(知事) 서갱폐(徐賡陛, 9장 참조)의 평판이 나쁜 것도 그 민생주의적인 관점에 따른 것이다.

대체로 '천하'와 '생민'은 '근대'의 지진아로 간주되는 경우가 많다.

그러나 주의(主義)로까지 높여지지 않고 끝난 이 '천하'와 '생민'을 지금의 시점(時點)에서 중국에 대해서 있을 수 있는 혹은 있어야 할 이념으로 다시 상정하고 거기서부터 근대사를 다시 본다면 어떨까? 예를 들어 앞에서 말한 한쪽은 완고파, 한쪽은 무정부주의자로 우극(右極)과 좌극(左極)으로 분리되어 있는 사람들이 실은 '천하', '생민'이라는 공통의 장소 위에 있음을 볼 수 있거나, 혹은 '국가'와 '국민'에 동화되지 못하고 퇴출된 이 '근대'의 지진아들 속에서 지금 하나의 근대를 찾을 수 있을지도 모르고, 나아가 다시 돌이켜 보면 현재의 '국가'와 '국민' 속에서 유럽의 '강제'가 초래한 왜곡과 불완전함을 볼 수 있지는 않을까?

2부

방법

으로서의

중국

제5장

방법으로서의 중국

1

우리 일본인이 유럽의 중세와 고대에 관심을 갖는 경우, 그 관심의 밑바닥에는 의식하든 않든 많건 적건 그 사람 나름의 유럽 근현대상(像)이라는 것이 가로놓여 있다. 뒤집어 말하면 유럽 중세와 고대에 대한 일본인의 관심은 유럽 근현대상을 촉매로 삼거나 아니면 그것에 의해 촉발되고 있다.

예를 들어 플라톤과 단테를 읽는 사람이 유럽 근대에 대한 지식과 관심을 전혀 갖고 있지 않다고 생각하기는 매우 어렵다. 차라리 그들은 각각의 근현대상을 토대로 그것과의 관계에서 어쩌면 르네상스의 내원과 연원이라는 위치를 무의식중에 부여하면서 읽고 있을 것이다.

이에 반해 중국 고전의 경우 『사기(史記)』든 『당시(唐詩)』와 『벽암록(碧巖錄)』이든 그것들에 대한 관심은 중국 근현대에 대한 지식이나 관심과는 오히려 무관하게 존재하는 경우가 많다.

이런 차이는 메이지 이래 유럽의 근현대상이 다른 세계에 때로는 우월하다고까지 간주된 어떤 문명가치를 가진다고 인식되어왔음에 반해, 중국의 근현대가 일반적으로 문명가치는커녕 역사가치 자체에서 유럽은 물론 일본에조차 뒤진다는 통념(通念)이 있었던 것과 무관하지 않다.

물론 전후(戰後)의 중국학이 이러한 통념에 저항하지 않았을 리는 없고, 적지 않은 연구자가 열등하다고 간주되던 그것의(특히 역사가치의) 복권에 힘을 쏟았다. 그 시도의 하나는 헤겔적이든 마르크스적이든 간에 유럽 태생의 진화사관(進化史觀)에 의거해 중국적 진화를 '세계'사적 보편에서 유럽보다 열등한 위치에 놓는 형태로 진행되었다. 또 하나는 혁명이 이루어진 '신(新)'중국상을 유럽 근현대상에 대치시키고, 그 결과 유럽과 동질대등(同質對等) 혹은 이질대등(異質對等)의 가치 때로는 더 초월적인 가치마저 인식할 수 있다고 하는 형태로 진행되었다.

그러나 그 복권은 지금 말했듯이 진화와 혁명에 주로 의거해 이루어진 것이었기 때문에, 그것들과 관계를 맺을 수 없었던 『사기』나 『벽암록』의 고대와 중세 세계는 여전히 혁명·진화의 근현대 중국과는 무관한 채로 있고, 따라서 그것들에 대한 관심도 근현대 중국에 대한 관심을 결여한 채로, 다시 말하면 일본 내에서 즉자적으로 계속 소화되었던 것이다. 결국 중국의 고대·중세에 대한 관심은 **중국에 대한** 관심 내부로부터가 아니라, 일본 내의 사정(事情), 심정(心情)으로부터 생겨나 일본 내의 사정, 심정 속에서 해소되는 것이었다.

예를 들어 『당시』와 『벽암록』이 읽히는 것은 일본의 문학의식과 선(禪)의 세계 내의 일이지, 그것에 의해 당대(唐代)와 송대(宋代)의 중국을 알기 위해서가 아니다. 당과 송 사이에 있는 정치·사회상의 큰 변동은 사상(思想)에도 미치는데, 예를 들어 '천(天)'관(觀)에 대해서도 주재자(主宰者)적인 천으로부터 자연법칙적인 천으로의 전개가 보이고, 유종원(柳宗元)의 「천설(天說)」(『柳河東集』권16)도 그 전개를 보여주는 중요한 하나라고 하는 것 등은 『당시』애호자와는 관계없는 것이다. 이러한 소위 중국 없는 중국 읽기는 에도시대에 중국문화 섭취의 동기가 전적으로 일본 내의 사정에 기반한 극히 주체적인 것이며 그만큼 일본화의 정도도 컸다는 것 등에서 유래한다. 결국 고대와 중세 중국에 대한 관심이라는 것은 일본내화(日本內化)된 중국이라는 의미에서는 오히려 일본의 문화전통에 대한 관심 혹은 일본문화 전통으로부터 생겨난 관심이라고 해야만 했던 것이고, 그래서 그것은 근현대의 중국을 촉매로 삼을 필요성을 갖지 않았다.

2

이러한 일종의 문화혼효(文化混淆) 현상은 이문화(異文化)로서의 중국문화를 이해하는 데 있어서 한편으로는 친근감을 배양한 반면 한편으로는 이인식(異認識)을 방해하는 결과가 되어 결국에는 중국 없는 중국 읽기라는 전통—글자 뜻대로라면 중일사전(中日辭典)일 터인 저 한화사전(漢和辭典)이라는 일본어(?) 사전을 보라—의 형성을 보게 되었다.

이 때문에 일본의 중국학 속에는 소위 한학(漢學)의 흐름을 이어받은 이들 **중국 없는** 중국학이 특히 고대·중세의 영역에 계속 굳게 자리잡게 되고, **중국의 복권(復權)**을 목표로 한 전후 중국학과의 사이에 균열과 뒤틀림을 낳았다.

그리고 매우 유감스러운 것은—여기에는 국교 회복 후의 중국에도 절반의 책임이 있지만—중국에 대한 일반의 관심이 복권적 중국보다는 대체로 오히려 이 옛날의 일본내적(日本內的) 중국, 중국 없는 한화적(漢和的) 중국에 여전히 기울어 있고, 그것이 최근에는 매스미디어에 의해 비속한 형태로 증폭되기까지 한다.

중국에도 절반의 책임이 있다는 말은 문화대혁명 후의 소위 정상화—일본을 추수한다고 간주되는 현대화 노선—을 말하는 것인데, 이것에 의해 복권파, 곧 전후의 반(反)·중국멸시(中國蔑視)와 친(親)·중국혁명파 등 소위 양심적·자각적인 중국학자가 목표로 해온 동질동등(同質同等)

혹은 이질동등(異質同等)의 가치 정립은 적이 환영(幻影)이었던가 하는 기분이 들고, 그 결과 반멸시(反蔑視)와 친혁명(親革命)의 토대가 되었던 진화사관에도 반성과 비판이 일어나 시류에 예민한 비판자 중에는 구조주의 등의 영향도 있어서 진화라는 말을 듣는 것만으로도 거부반응을 보이기까지 한다.

환경은 복권중국학에 가혹하고 의외로 중국 없는 중국학에 도리어 계속 온기를 제공하고 있다.

그러나 이러한 환경의 도래는 일률적으로 환경의 변화에 의한 것만은 아니고, 복권중국학 쪽에도 그에 상응하는 책임이 있다. 하나는 그것이 '혁명'에 기대는 것이고, 다른 하나는 진화사관에 기대는 것이다. **기댄다**라는 표현이 일중(日中)관계를 포함한 전후 아시아의 엄혹한 국제관계의 추이를 아는 사람들에게는 너무나 일방적이고 차갑다고 생각될지 모르지만, 적어도 상황으로 인해 부득이한 것이었다고는 해도 '혁명'과 '진화'에 대한 '양심적·자각적'인 편들기와 경도 등에 의해 연구 시야와 대상 영역이 특정한 경로에 국한되어온 경향은 있었다.

이 때문에 앞서 말한 일중 국교회복 후의 비판과 반성은 이념론적·진화론적인, 따라서 종적(縱的)인 발전단계의 경로 탐구에 치우쳐온 지금까지의 방법론에까지 미치고, 그 대신 소위 사회사적인 방법에 의한, 전자와 대비해 말하자면 사실론적·의미론적인, 그 때문에 보다 많게는 횡적(橫的)인 관련 양상에 대한 탐구가 돌연 관심을 일으키기에 이르렀다. 이 변화는 전후 일본의 중국학에 좋든 싫든 부여된 모종의 사명감이, 아직 큰 성과는 없다고 해도, 달성되었음을 의미하고, 그래서 드디어 **자유로운** 중국학의 시작이라는 점에서 오히려 환영해야 할 변화라고 할 수 있다.

다만 여기 이 자유로운 중국학에 있어서의 문제는 다시 앞서 말한 중국 없는 중국학이다.

3

국교회복 후의 중국의 '정상'화는 저쪽의 것으로서, 그것과 병행하는 이쪽에 있어서의 최근의 문제는 전후 일본의 '정상'화라는 구호에 맞춘 전전(戰前) 내셔널리즘의 재등장이다. 이 일본적 내셔널리즘이 전전의 중국 없는 중국학과 결부되어 국수적인 대동아주의(大東亞主義)를 형성한 역사를 모르는 사람은 적지만, 그 역사로의 회귀지향(回歸志向)에 위기의식을 느끼는 사람 역시 많지 않다.

결론을 먼저 말하면, 나는 그와 같은 중국 없는 중국학(곧 일본한학)의 유해무익한 증식을 인정할 수 없고, 오히려 비판을 강화해야 한다고 생각하지만, 그것은 말할 것도 없이 앞으로의 자유로운 중국학의 자유도(自由度)에 제한을 가함으로써가 아니라, 오히려 자유도를 높임으로써 달성되는 것이다. 왜냐하면 여기서의 자유의 의미가 물론 탈(脫)'진화'를 포함한 방법론상의 자유의 확대폭을 가리킴과 동시에, 중국에서의―그들 자신의 복권을 목표로 한 그들의―목적을 자신의 학문의 목적의식으로 삼는 그러한 중국밀착적인 '목적'으로부터의 자유도 가리키고, 이러한 자유야말로 지금까지보다 더 중국을 객관적으로 대상화하는 보증이 되고, 이 객관적 대상화를 철저하게 하는 것이야말로 중국 없는 중국학에 대한 대단히 충분한 비판일 수 있다고 생각하기 때문이다.

다만 이 객관적 대상화는 중국에 밀착한 '목적'으로부터 자유롭게 됨으로써 보증되는 것이라고는 해도 우리의 중국학 자체의 목적까지 방기해도 좋다는 것은 아니다.

학문은 이념적으로 어떠한 목적의식으로부터도 자유로워야 한다는 사고방식도 있지만, 적어도 나는 그것이 단지 앎만을 추구하는 중국학으로 떨어진다면 당연히 그것에 만족할 수 없다. 나로서는 단지 앎만을 추구한다는 것은 결과적으로 중국의 이것저것을 아는 것만을 목적으로 한, 혹은 중국에의 몰입이 자기목적화한 그런 한에서 또 하나의 중국밀착의 중국학이고, 그렇지 않으면 자기의 개인적 목적의 소비에 시종한다고 하는 한에서 또 하나의 중국 없는 중국학이어서, 참으로 자유로운 중국학이라고는 말하기 어렵다.

진정 자유로운 중국학은 어떠한 양태이건 목적을 중국과 자기의 내부에 두지 않는, 결국 목적이 중국과 자기 내부로 해소되지 않는, 거꾸로 목적이 중국을 넘어선 중국학이어야 할 것이다. 그것은 바꿔 말하면 **중국을 방법으로 하는** 중국학이다. 말할 필요가 없는 것일지도 모르지만, 이것은 방법을 위한 방법—지금까지의 '목적'적인 방법에 반대한 나머지 목적 설정 자체를 부정하고, 무엇을 무엇 때문에 아는가보다는 **어떻게** 아는가가 우선하며, 예를 들어 이러저러한 방법론이 어떻게 이러저러한가, 또 그것을 어떻게 적용시키는가에 눈을 빼앗겨, 결과적으로 대상으로서의 중국이 사상(捨象)되는 경향—에 길을 터준다고 하는 것은 아니다.

4

중국을 방법으로 한다는 것은, 세계를 목적으로 한다는 것이다.

생각해보면 지금까지의—중국 없는 중국학은 이미 논외로 하고—중국 '목적'적인 중국학은 세계를 방법으로 하여 중국을 보고자 하는 것이었다. 그것은 세계를 향해 중국을 복권시키려고 한다는 그 의도로부터 좋든 싫든 나오는 것이었다. 세계를 향해 복권하기 위하여 세계를 목표로 하고 세계를 기준으로 하여 그 도달의 정도(到達度, 혹은 상위도相違度)가 측량된다. 결국 중국은 세계를 기준으로 계산되며 이 때문에 그 세계는 기준으로서 관념된 '세계', 기정(既定)의 방법으로서의 '세계'일 수밖에 없었다. 예를 들어 그것은 '세계'사적 보편법칙 등인데, 이와 같은 '세계'는 결국 유럽이고 따라서 중국 혁명의 '세계'사적 독자성도 결국은 마르크스형의 '세계'에 갇힐 수밖에 없었다. 세계가 중국에게 방법이었던 것은 세계가 유럽뿐이었다고 하는 것이고, 거꾸로 말하면 그래서 세계는 중국에게 방법일 수 있었다.

중국을 방법으로 하는 세계는 그와 같은 세계여서는 안 될 것이다.

중국을 방법으로 하는 세계란 중국을 구성요소의 하나로 하는, 바꿔 말하면 유럽도 그 구성요소의 하나로 한 다원적인 세계이다.

세계의 다원화라고 하는 것이 실재감을 가지고 사람들 사이에서 승인되게 된 것은 중소(中蘇) 대립과 미중(美中) 화해를 계기로 하여 동서의 이원구조가 붕괴되고 나서일까. 아니면 미국의 베트남 철수에서 보인 군사력 신화의 쇠락과 일본의 공업력 신장에서 보이는 경제의 시대로의 추향(趨向)에 의한 것일까. 아니 사람에 따라서는 제2차 세계대전 후의 아시아·아프리카 국가들의 독립에까지 한층 더 거슬러 올라가 말할지도 모를 그것이지만, 우리 중국 연구자들, 적어도 나에게 다원화는 문화대혁명 이래 중국을 떼어내어 보게 되고 나서부터이다.

거기에는 중국을 중국의 내부로부터 중국에 기초해서 보고 또 유럽원리와 상대적인 또 하나의, 예를 들어 중국원리(中國原理)라는 것을 발견하려고 해온 그때까지의 연구상의 축적도 있다.

아무튼 이 다원의 세계 속에서 중국은 이미 실질적으로도 '세계'를 목표로 할 필요는 없어지고, 좋든 싫든 자신도 그 하나인 자신의 세계를 세계에 향해 보여줄 뿐이게 되었다. 이런 일종의 급작스러운 변화는 아시아라는 세계의 존재감이—예를 들어 NICS상품전문취급점[1]의 출현이나 조용필 인기라는 일상감각 속에서—우리들 사이에 침투한 것과 무관하지 않을 것이다.

---

1) NICS, 즉 신흥공업경제국들에서 생산된 상품을 전문으로 취급하는 상점. 1988년 2월에 처음 등장하였다.-역자

지금은 우리가 원한다면 중국이라는 이 좋든 싫든 독자적인 세계를 통해 이른바 중국 렌즈로 유럽을 볼 수 있고, 그에 따라 종래의 '세계'에 대한 비판도 가능하게 되었다. 예를 들어, '자유'란 무엇인가, '국가'란 무엇인가, '법', '계약'이란 무엇인가 등 지금까지 보편적 원리로 간주되어온 것을 일단은 개별화하고 상대화할 수 있게 되었다. 중요한 것은 그것이 어디까지나 상대화이지, 소위 일본주의적인 일본 재발견, 동양 재발견이 아니라는 것이다. 상대화는 세계의 상대화이므로 당연히 자기의 세계에 미치는 것이기 때문이다.

우리의 중국학이 중국을 방법으로 한다고 하는 것은 이처럼 일본도 상대화하는 눈에 의해 중국을 상대화하고, 그 중국에 의해 다른 세계에 대한 다원적 인식을 충실하게 한다는 것이다. 또 세계를 목적으로 한다고 하는 것은 상대화된 다원적 원리 위에서 한층 고차원적인 세계상을 창출하려고 하는 것이다.

한 가지 예를 들면 국제법의 법원(法源)으로서의 국가주권 존재방식의 문제가 있다. 유럽에서 제2차 세계대전 후 나치즘에 대한 반성으로부터 네오토미즘의 입장에 선 예를 들어 하인리히 롬멘(Heinrich Rommen) 등의 자연법론이 출현한 것처럼, '법의 기초는 정의(正義)이다'라는 입장으로부터의 유럽식 국제법 다시보기에 응하여, 똑같이 도덕적 낙관주의에 근거한 중국의 청말(淸末)의 공법관(公法觀) · 공리관(公理觀) 역시 중국식 나름으로 충분히 방법으로서의 유효성을 가진다. 이 문제에서 유럽과 아시아는 공동으로 보다 고차원적인 세계질서를 추구할 수 있고, 적어도 국가주권의 절대시라는 지금까지의 국제질서관의 재검토가 여기서부터 시작된다. 그것은 또 법과 도덕 혹은 정치와 도덕의 관계를 다시보는 문제에도 미치는 것이다.

마지막으로 여기서 다시 복권중국학인데, 이와 같은 방법으로서의 중국이라는 관점에서 되돌아보면 복권중국학의 지금까지의 성과는 다음 단계에서의 중요한 발걸음임을 깨닫게 된다. 예를 들어 시대구분론의 경우로 말하자면, '중세'인가 '고대'인가 하는 '세계'사 단계로부터 일단 벗어나 지금까지의 성과를 바탕으로 중국에 기초하여 우선 변화의 단계를 어디어디에 둘 것인가에 대한 합의가 이루어지고, 그 중국적 단계에 의해 '세계'사 단계가 유럽적 단계로서 개별·상대화되고, 이러한 과정을 거쳐 중국적 세계가 분명해지는, 그리하여 다원적인 발전단계의 승인으로부터 새삼 인류에 있어서의 역사의 의미를 다시 물을 수 있다 등이다.

아무튼 '세계'에 의해 일원적으로 아시아를 검증하는 시대는 갔다. 상대(相對)의 장(場)이 합의되면 중국, 아시아에 의해 유럽을 측량해도 좋고, 그 역도 역시 좋으며, 그러한 교섭을 거쳐 새로운 세계상의 창출로 향하고 싶다.

돌이켜보면, 20세기는 유럽을 선진(先進)으로 하여 출발한 세기였다. 21세기는 아시아가 유럽과 병진하여 출발하는 세기라고 예측되는데, 그 병진은 선진과 겨루는 것이 아니라 선후라는 종적 원리를 병렬이라는 횡적 원리로 전환하는 것이지 않으면 안 된다. 결국 종래의 원리들에 대한 재검토와 다시보기는 새로운 원리의 모색과 창조에 그대로 연결되는 것이어야 한다.

중국을 방법으로 한다는 것은 세계의 창조 그것 자체이기도 한 바인 원리의 창조를 향하는 것이다.

제6장

쓰다(津田) 지나학과 지금부터의 중국학

1

서양문화='세계'문화를 척도로 하여 지나문화를 정체되어 전진하지 않는 문화로 간주하고, 한편으로는 '세계'적인 일본문화의 독자성을 지나문화와의 이별화(異別化)를 통해 명확히 하는 이러한 지나이별화(異別化), 실질은 멸시(蔑視)를 위한 지나학—이라는 것이 쓰다(소키치) 지나학에 대한 전후(戰後) 중국 연구자들의 일반적인 평가였다. 게다가 실증적 연구의 세밀화가 더욱 진전되는 가운데 그의 실증적 고대지나학에도 **흠**이 보인다든가, 또 전후의 중국 혁명과 아시아의 민족주의에 감응할 수 없었던 그 고루함으로 미루어 보아, 본래 사상사가로서의 세계관에서도 현대적 의의를 인정할 수 없다는 등의 견해가 더해져, 나를 포함해 중국 연구자 사이에서 쓰다의 지나학에 대한 평가는 전반적으로 낮았다.

하지만 **지금부터**의 중국학을 생각할 때, 나는 쓰다 지나학에 대한 평가를 거의 180도 전환한다.

쓰다 지나학이 변한 것은 아니다. **지금**의 시대환경에 대한 나의 인식과 그것에 수반한 중국학의 **지금부터**에 대한 생각에 변화가 생긴 데 지나지 않는다. 시대환경—문화대혁명 이후 중국의 노선 전환, 그 주위를 둘러싼 아시아의 관계구조 변화, 그것에 의해 촉발된 소위 '유교 르네상스' 등—에 대해서는 다른 장에서 다루기로 하고, 여기서는 오직 지금부터의 중국학의 과제라고 생각되는 데서 시작해 쓰다 지나학의 어떤 부분이 어떻게 재평가되고 계승될 수 있는지 또는 되어야 할지에 대해서 생각한다.

쓰다 지나학이 변한 것은 아니라고 말했는데, 아마도 전전·전중·전후를 통하여 이렇게 말할 수 있을 것이며, 내가 보는 바 예를 들어 도쿠토미 소호(德富蘇峰)를 시류주의자(時流主義者) 혹은 시류선취주의자(時流先取主義者)라고 한다면, 쓰다는 결국 원리주의자이고 그는 그 원리주의에 있어서 변하지 않았다. 그리고 문제는 아무래도 그 원리주의에 관계되어 있다고 생각한다.

그는 학문에 두 종류가 있다고 했는데, 하나는 **무엇**인가를 아는 것 또하나는 무엇을 어떻게 이루**어야 할** 것인가를 아는 것이라고 했다(「학문의 본질」). 그 자신의 지나학에 근거해서 말하면, 또 하나 **왜** 어떻게 하여 그렇게 있는가를 아는 것이 추가될 수 있다. 사실 그의 지나학의 특징은, 예를 들어 인간의 도덕·정치의 학(學)이었던 유교가 한대(漢代)에 왜 자연의 운행과 천변(天變)에 관계된 음양설(陰陽說)·재이설(災異說)과 섞일 수 있었던가, 그 음양설과 재이설은 또 원래 유교는 왜 어떻게 일어난 것인가, 왜 지나에서는 인격신(人格神)적인 종교가 발달하지 않은 것인가 등, 문화와 사상의 근저(根柢)에 관심이 닿아 있다는 점에 있다.

그의 이 근저에 대한 관심은 생각건대 그가 지나 사상·문화를 **지나의** 사상·문화로서 일본의 그것과는 이별(異別)하여 파악하려고 한 그 이별의식(異別意識)으로부터 나온 것이고, 그 의식은 특히 유교에 강하게 나타나 있다. 주지하듯이 그는 유교가 얼마나 '우리 국민사상(國民思想)'과 무연(無緣)하고, 그것이 얼마나 특수하게 지나적인 도덕·사상인가를 밝히는 것을 일본 연구의 모티프의 하나로 삼고 있는데, 이 때문에 그에게 유교는 어디까지나 **지나의** 유교이고, 그 유교 연구라는 것의 귀착점은 **유교**

에 드러난 지나적 특성의 연구에 다름 아니었다. 결국 그는 왜를 추구함으로써 유교라는 특이한 것을 낳은 지나라는 특이한 세계에 다가가고, 지나의 이별화를 두드러지게 하고 있는데, 여기서 간과해서는 안 될 것은 그 이별화가 단지 사상(事象)의 나열이라는 표층 차원의 비교에 그치지 않고, 원리적인 것의 추출에까지 이르고 있다는 것이다.

예를 들어, 그 하나의 예가 '왕도(王道)'관(觀)이다. 그는 '왕도'라는, 그의 말에 따르자면 허구의 이념에 지나지 않는 그 허구성을 밝히는 형태로, 천(天)-천명(天命)-제왕(帝王)-천덕(天德)-민심(民心)-천의(天意)-천(天)이라는 지나적인 지배의 순환원리 및 그것을 성립시킨 지나의 역사·사회·문화상의 특질을 추출하고, 또 그 천—곧 상제(上帝)로서의 권위, 자연적 이법(理法)으로서의 아 프리오리한 규범성, 그것을 배경으로 한 제왕(帝王)의 절대권력—을 축으로 한 지배의 구조가 예를 들어 송대(宋代)까지도 미친다는 연속성을 지나문화의 독자적(獨自的)인 정체적(停滯的) 특질로 삼았다.

다만 이 정체론적(停滯論的)인 인식에 대해서 한 마디 첨언해두자면, 위의 원리와 구조의 연속—정확히 말하면 계속 변화하는 연속(따라서 변화의 부분을 중시하고, 구조식構造式은 계승하면서 구성물질構成物質은 변화하는, 곧 계속 연속하는 변화·발전이라고 보는 견해도 있다)을 정체(停滯)라고 볼지 안정(安定)이라고 볼지(혹은 발전이라고 볼지)는 역사적인 관점의 문제이다. 또 만약 정체라고 본다고 해도 그것을 폄시(貶視)할지 하지 않을지는 가치판단의 문제로서, 이 둘은 원리와 구조의 당부(當否)와는 각기 다른 것이다. 결국 쓰다 소키치가 추출한 위의 원리와 구조의 당부(當否)는, 그가 그것을 정체라고 보고 또 그 결과 지나문화를 폄시·멸시했다는 것과 분리해서 보지 않으면 안 되고, 마찬가지로 그 정체론적 인식의 당부도 폄시·멸시와 분리해서 보지 않으면 안 된다.

지금까지 이 세 가지의 단층(斷層)이 뒤섞여 쓰다 지나학이라고 하면

'세계문화에 뒤처진' 중국이라는 저 유명한 한 구절에 지나치게 집약되어, 쓰다 고대지나학=정체관=지나멸시, 혹은 지나멸시='근대'주의=중국적 독자성의 무시라는 단순화된 총평을 종종 들어왔다. 그러나 실제로 그에 의해 추출된 앞의 원리와 구조는 전후에도 많은 사람들에 의해 계승되어왔고(예를 들어 니시 준조西順藏의 '천본天本'관觀을 보라), 나 자신도 관점상에서는 대립하지만, 이 원리와 구조에 대해서는 그것을 타당하다고 간주하고 있다.

2

그런데 이런 원리적인 것의 추출은 근저를 묻는 그 원리주의적이라고 해야 할 방법론으로부터 나오는 것이다.

무엇보다도 그에게는 도대체 자신이 왜 그것을 연구하는가라는 자기에 대한 물음이 있다. '세계의 갖가지 사상을 어떻게 취급해야 할까, 무엇을 취하고 무엇을 버려야 할까', '그것이 우리의 민족생활이 요구하는 바와 어떤 관계가 있는가', '인류 일반의 생활의 요구와의 관계'는 어떤가(「논어와 공자의 사상」결어)라고 하는 것이 그것이다. '무엇을 취하고 무엇을 버려야 할까'는 왜 그것을 취하는가와 표리(表裏)가 되는 질문인데, 그는 근거를 '민족생활의 요구'에 두고 있다. 그 '요구'란, 그의 경우 대략적으로는 일본이 '동양(東洋)'에 갇혀 있지 않고 '세계(世界)'에 참여하는 것인데, 좁게 왕도론(王道論)에 국한해서 말하면, '동양에는 하나의 통합된 동양의 문화, 동양의 정신 또는 동양의 도덕이라는 것이 있다고 하는 그런 속설이, 유교가 우리 국민의 도덕을 지배하고 있었다'라는 '상상(想像)'을 조장하지(「유교의 실천도덕」결어) 않도록 그 '속설'을 끝까지 비판하는 것이었다. 이 왕도비판(王道批判)은 다치바나 시라키(橘樸)가 주장하는 왕도가 동아연맹(東亞聯盟)의 지도원리로서 결국은 만주건국(滿洲建國)에 수렴된 것과 반대로, 결과적으로 중국침략 비판에 이어지게 되었는데, 그것은 어디까지나 결과이고, 그의 '요구'에 그 정도의 정치적 의도는 없었다(도리어 그는 정치에 너무 무관심한 것이 아닐까).

오히려 그 '요구'는 '인류 일반'과 관련되기 때문에 원리적인 것으로 기운다는 것이 그의 방법론의 두 번째 특색이다. 곧 그의 지나학에는 '인류의 사상으로서의 공통과 한 민족의 사상으로서의 특색'(「논어와 공자의 사상」 결어)이라는 인류적 보편에 대한 고려, 따라서 '지나문화를 (…) 세계문화라는 배경의 앞에 두고 본다'(「지나학에 관한 단상」)는 세계적 보편으로부터의 부감(俯瞰)이 있다. 이 때문에 그의 '요구'에는 한 민족, 한 시대의 개별·특수를 초월한, 다시 말해 당시의 정치적 요소를 벗어난 보편성, 원리성에 대한 지향이 있다.

그 결과 세 번째 특색으로서 그의 '소위 서양문화 즉 현대의 세계문화'의 '서양=세계'는 지리적, 민족적인 개별·특수한 그것이 아니라, 적어도 쓰다의 주관에 있어서는 추상화, 원리화된 문화개념이 된다. 구체적으로는 독립적 인격과 그것의 자유, 내셔널한 통합, 국민 전체로서의 생활의 충실과 발전, 과학적 정신 등은 그의 지나문화 비판의 언설로부터 역으로 분명한 것으로서, 그가 비판하는 '동양'이 항상 '서양문화라는 것에 **대립하는 의미에 있어서의**' 그것으로서 명시되는 것도 그것과 관계된다. 뒤집어 말하면, 그의 지나문화 비판은 원리적인 것의 추출로 나아간다.

그리고 이것에서 네 번째 특색인 그의 '세계'는 소위 유럽일원(一元)적인 그것이 아니라 아시아를 포함한 다원적인 것으로 향한다. 그가 '일본 지나학의 사명'의 네 번째로서 '여러 가지 문화과학에 참된 보편성을 갖게' 해야 한다고 한 '참된 보편성'의 탐색과 확정이 그것인데, 결국 서양의 '특수한 사회와 문화에 기초한' '편파적인' 학설이 마치 '보편적 가치가 있는 듯이 간주되고' 있는 것에 대해, 일본의 지나학 측에서 이러한 '유럽인의 견해를 수정해가는' 것이다(「일본에 있어서 지나학의 사명」). 쓰다의 이런 불충분하지만 다원지향적인 세계관이 전후 사적 유물론의 기계적 적용에 대한 반발의 토대가 되었던 것에 새삼 유의할 필요가 있다. 또 그것은 '정체성(停滯性)이 지나문화의 특징의 하나'라고 하면서도 다른 한편에서 '과거의 지나문화가 현대문화에 무엇을 공헌할 수 있는가, 세계 문화의 진보라든지 인류의 행복에 무엇을 기여할 수 있는가라는 것을 생각하는 것도 중요하고, 그것에 의해 과거 지나문화의 가치가 정해진다'(「일본에 있어서 지나학의 사명」)는 상대적인 가치관을 낳게 되었던 것이다.

또 한두 가지 특색을 생략하고 마지막으로 거론할 수 있는 것은 '연구의 결과로서 드러나는 견해, 즉 학설은 요컨대 하나의 가설에 지나지 않는다'(「학문의 본질」)는 창조적 정신이다. 이것은 사실 마르크스학설이 유행하는 전후(戰後) 풍조를 염두에 둔 발언인데, 그 근저에는 원래 역사학이 단순한 실증적 사실의 나열이 아니고, 실증적 구성 다시 말해 '민족'과 '인류'의 '요구'(지금의 표현으로 하자면 시대의 인류사적 요청)의 원리적인 창설을 포함한다는 그의 학문관이 있었던 것이다.

3

쓰다 지나학에 있어서 원리주의적인 이런저런 것들을 보고 나서 생각하지 않으면 안 되는 것은, 일반적으로 원리적인 것은 보편적 따라서 통시적인 것이지만, 한편으로는 원리라고는 해도 그것의 성립, 구성의 관점 또 적용의 방식 등에 관해 시대와 사회상의 제약을 벗어날 수 없다는 것이다.

앞의 왕도론에 대해 말하자면, '동양문화' 비판을 위하여 왕도가 문제시되었다는 그 성립의 특수성, 또 정체론적인 관점, 지나문화 멸시의 일익으로 간주된 그 적용 등은 대체로 당해(當該)의 시대·사회상에 의해 촉발되고 제약된 것이기 때문에, 그것을 비판할 때에는 비판자의 시대·사회상의 '요구'와의 연관이 자각되지 않으면 안 된다. 예를 들어 그의 지나 폄하는 '세계'적인 일본의 확립을 목표로 한 그 시대의 '요구'로부터 나온 것이고, 한편 그것을 비판한 전후 우리들의 반(反)지나멸시라기보다는 중국(원래의 혁명에 대한 생각이 어느새 중국 전체로 확대되어) 옹호론도 아시아의 민족 독립과 혁명의 앙양기(昂揚期)라는 시대적 산물일 뿐이라는 것이다. 나로서는 시대적 산물일 뿐이기에 일찍이 쓰다에 의해 비판된 '지나에 의지하는 마음을 가지거나 혹은 지나인의 언동을 전부 호의적으로 받아들이거나, 그 선전을 말 그대로 진실을 말하는 것이라고 해석하는'(「아시아는 하나가 아니다」) 등의 중국 추수와 예찬이 문혁에 대한 추수와 예찬으로서 결국 특수시대적으로 반(反)멸시의 이면(裏面)에서 발생했다고 보는 것이다.

그리고 **지금**이라는 시대는 중국 추수는 물론 옹호조차 이미 일중 국교 회복의 시점에서 무용하다고 간주되어서, 쓰다 지나학을 비판해야 한다는 우리들의 시대적 '요구'는 벌써 해소되어버린 것이다. 그렇기는커녕 중국에 있어서 인격의 독립·자유의 결여라는 쓰다의 지적은 오히려 **지금**의 중국 지식인에게 '인류'의 입장에서의 '요구'로서 스스로 제기해야 할 것으로 보이고, 지금은 문혁 비판, 곧 전근대적 요소 비판이란 입장에서 중국적 정체의 여부가 현지 중국인들 속에서는 논의되기까지 하고 있으니 지금 전후의 '요구'는 역전된 감이 없지 않다. 결국 쓰다 지나학에 대한 지금까지의 시대 '요구'적인 비판은 그것이 너무나 시대적이었기에 오히려 **지금**은 시대적 의미를 잃고 있다.

지금부터의 중국학은 이와 같은 한 시대적인 제약을 벗어나 원리 자체, 원리의 보편적인 장소로 되돌아가는 데서 시작하는 것이 좋다. 거기서부터 다시 쓰다 지나학을 읽어보면 거기에서 보이는 앞의 원리주의적인 방법론의 이모저모는 겸허히 계승하고 발전시켜야 할 것으로서 새삼 드러난다(단 그것들 중 쓰다의 소위 '세계' 개념이 원리적이라고는 해도 원리 추출을 위한 재료수집지가 거의 유럽에 국한되었고, 그래서 그것의 원리성과 다원성이 단조롭고 평범한 것이 되고 말았으며, 따라서 지나 폄하로 연결되었다는 것, 그 때문에 그에 대한 계승은 비판적 계승이지 않을 수 없다는 것 등은 여기서 말할 필요가 없겠다).

4

그런데 그 계승은 우리가 보는 바 결국 모두(冒頭)에서 언급한 이별화(異別化)에 집약된다. 왜냐하면 이 이별화야말로 1) 중국을 하나의 독자적 세계로서 일본으로부터 또 세계로부터 상대화하기 위한, 2) 반대로 또 일본이라는 것도 하나의 독자적인 세계를—일본인인 자신이 왜 중국을 연구의 대상으로 삼는가 자문(自問)함으로써—객관화하고, 중국, 더 나아가서는 세계로부터 상대화하기 위한, 3) 나아가 이러한 개개의 상대화를 통하여 다원적인 세계관 및 그 위에서 쓰다의 소위 '참된 보편성'을 수립하기 위한 중국학, 외국학의 표식이라고 생각되기 때문이다.

위의 1)~3)이 쓰다 지나학의 의도 속에 포함되어 있음은 이미 보았지만, 전후의 중국학이 이 의도를 비판적으로라도 계승 · 발전시켜왔는지는 참 말하기 어렵다.

그렇기는커녕 쓰다의 모처럼의 이별화의 시작도 지나멸시로서 억제되어 한학(漢學)에서 지나학으로 전환하는 이 획기적인 일보는 전진하는 일 없이 애석하게도 풍화(風化)에 내맡겨져 왔다.

정체론의 극복과 중국 혁명의 옹호 등 시대의 '요구'가 뿌리침과 차별화 · 대치(對峙)보다도 치켜세움과 연대(連帶)라는 이름의 휩쓸림을 우선시해왔다는 전후의 특수한 사정이 있기는 했지만, 이 때문에 전후의 중국 연구 특히 중국 사상 연구는 아이러니하게도 쓰다가 비판해 마지않았던 '지나를 사상사 또는 정신상의 조국'이라고 생각하는 한학적 토양을 본의 아니게 그 속에 '온존'시키고 말았다(「아시아는 하나가 아니다」).

그래서 이 '온존'과 관련하여 위의 1)~3)을 얘기해보자. 1) 중국적인 독자 세계의 해명을 저해하는 것으로는 '지나의 사회적 정치적 상태와 그 역사적 추이'에 무관심한 채 '유학으로 지나 전체를 알 수 있다는 듯 착각'(「일본에 있어서 지나학의 사명」)하고 있던 유교독존적인 경향이 있는데, 이것은 유교만이 아니라 도교와 불교 연구에서도 지금 대세를 이루고 있다. 이런 경향이란 일반적으로 (a) 대상 속에 몰입한다는 것뿐만 아니라, 나아가 (b) 대상을 권위로 삼고 (c) 대상에 권위를 부여함으로써 자신의 연구에 정체성(正體性)을 갖게 하는 등의 경향에서 나타난 것으로 외국문화 연구자 사이에 간혹 보이는 바이다.

다만 특히 유교(또는 도교, 불교) 연구에 많이 보이는 이 경향은 그대로 2)로 이어져 중국과 상대되는 일본적 독자성의 해명이라는 과제를 흘려보내게 된다. 예를 들어, 중국의 남송이라는 시대의 '사회적 정치적 상태'와는 분리할 수 없을 터인 주자학을 무매개적으로 일본의 에도기로 가지고 와서, 하야시 라잔(林羅山)이라면 하야시 라잔의 사상을 일본의 에도 초기의 '사회적 정치적 상태'에 뿌리를 내린 **일본사상사상**(思想史上)의 소산(所産)으로서가 아니라, **중국 주자학의 하나의 변태**(變態)로서밖에 보지 않는 지나사상 본가관(本家觀)이 중국 사상 연구자 사이에 아직도 뿌리 깊다. 전후의 일본 근세 사상사 연구의 충실함이 이와 같은 지나사상 본가관을 전대(前代)의 유물(遺物)로 간주해버리는 것은 이 때문이다.

사상을 각 민족에 고유한 역사와 사회의 소산이라고 보지 않는 사상연구상의 이와 같은 본가(本家, 즉 직계)·분가(分家, 즉 방계)관(觀)은 그 귀착점으로서 어떤 특정한 민족의 사상이나 문화를 본가시(本家視)하고 보편시하는 일원적인 세계관을 낳고 (3)의 형성을 저해한다.

쓰다가 '유럽 사상의 역사가 곧 세계 사상의 역사인 것처럼 생각한다'고

한 유럽 일원·보편적인 사고형태를, '유교라는 것'을 '보편의 진리인 것처럼 믿고 있던 옛날 유가의 사고방식'에 빗대어 비판하고 있는(「일본 사상 형성의 과정」) 것을 이 참에 유의(留意)해두고 싶다.

이것은 한 가지 그의 중국이별화(異別化)가 지금까지 논의되어온 것과 같은 '서양문화=세계문화'라는 '중국의 바깥쪽에 설정된', '보편적 규준을 척도로 하여' 이루어진 것[1]이 아니라, 오히려 역으로 개별의 **바깥**에 보편을 **설정**하는 것 자체에 반발해 형성된 것임을 시사한다. 그것은 '유럽의 사상에 적용시켜 지나사상을 해석하는 것은 잘못이다'(「지나사상 연구의 태도」)라는 그 자신의 종종 반복되는 말에 의해서도 방증되고 또 무엇보다도 그의 고대 지나사 연구의 실질이 그것을 보증한다.

그것보다도 또 한 가지 그의 이 반본가(反本家)·반일원보편(反一元普遍)에 의한 중국이별화가 '유교라는 것'의 이별화를 축으로 삼음으로써 일본의 이별화를 겸비하는 것이었다는 쓰다 지나학의 특징이 여기서는 중요시된다. 혹은 일본을 ('본가' 중국으로부터) 이별화하기 위하여 중국을 (일본으로부터) 이별화하였다고 하는 그의 지나학의 모티프상의 특징이 그렇게 만들었다고 말해야 할지도 모르지만, 어느 쪽이든 간에 그의 중국이별화는 당초부터 일본이별화를 겸비하는 상호 왕환(往還)적인 것이었다.

곧 그에게 중국을 독자(獨自)로 삼는다는 것은 **동시에** 일본을 독자로 삼는다는 것이었다. 본래 쓰다에게는 '세계는 하나다. 동시에 일본은 독자다'(「아시아는 하나가 아니다」), '세계화함으로써 (…) 민족적 특색은 짙어진다'(「학문의 본질」)라는 보편과 개별의 내재연관적인 파악방식이 있고, 그것이 그를 국학자(國學者)와 신도가(神道家)들의 '극단적인 자국본위(自國本位)의 주장'(「니혼(日本)인의 지성(知性)의 작용」)으로부터 분리시키는 요인이 되었는데, 그의 지나학이 동시에 일본의 상대적 독자성을 부각시키

---

1) 增淵龍夫, 「역사의식과 국제감각」(『사상』 1965년 8월호. 후에 『역사가의 동시대사적 고찰에 대하여』, 이와나미쇼텐).

기 위한 시점(視點, 사에키 쇼이치佐伯彰—가 체험적으로 말한 쓰다의 '이국인異國人에게도 그대로 통하는 역사적 퍼스펙티브'[2]가 그것이다)의 구축으로 이어졌다는 것은 전후의 특히 근대 중국 연구자에게 지금의 시점(時點)에서 새삼 다시 보게 해도 좋다. 다케우치 요시미(竹內好) 이래 중국을 매개로 한 일본 '근대' 비판이 때로는 '극단적인 중국본위(中國本位)의 주장'이 되는 뒤집힌 현상을 초래하지 않았는가라는 자성(自省)을 포함하여.

일찍이 가이즈카 시게키(貝塚茂樹)가 쓰다 지나학 등의 실증주의 사학을 사실 국학자의 낭만주의적인 내셔널리즘의 전통을 이어받은 반유교(反儒教)의 계몽주의 사학이라고 평가하고, 그것의 극복과 '참된 실증주의 사학'의 확립을 제창한[3] 배경에는 반유교라는 그 '계몽'이 지나에 대한 '높은 곳에서'의 '재판(裁判)', 곧 멸시로 귀결되었다는 반성이 있었다고 생각된다. 그러나 사정이 지금까지 보아온 대로라고 한다면, '계몽'을 버린 소위 '참된 실증'이, 오히려 중국을 해석하기 위한 실증, 내용적으로 말하면 실증을 위한 실증, 숲을 보지 못하고 나무에만 몰입하는, **왜** 없는 몰주체·몰목적인, 결국 한학적인 실증으로 떨어지고 있는 지금에 와서는 **지금부터** 참된 계몽을 다시 내세워서, 예를 들어 위의 1)~3)에 보이는 원리주의적인 방향을 올바로 계승하고 발전시키는 편이 바람직할 것이다.

원래 반'계몽'을 반지나멸시와 동의(同義)의 금기(錦旗)[4]로 삼아 쓰다 지나학을 '높은 곳에서' '재판'하는 것 자체가 '참된 실증'에 어울리지 않는 것이었다.

단지 이것은 참된 실증을 쓰다처럼 **왜**의 해명—곧 세계관의 '가설(假設)'적 창조—을 향한 발걸음이라고 간주하여야 비로소 말할 수 있는 것이지만.

---

2) 佐伯彰一, 「비평가와 문학사가」(『津田左右吉全集』, 이와나미쇼텐, 제2차판, 제4권 月報).

3) 貝塚茂樹, 「실증주의 사관의 극복」(『思想』 1958년 9월호).

4) 붉은 바탕에 해나 달이 그려진 천황의 깃발-역자

부록: 쓰다 소키치 『문학에 나타난 국민사상의 연구』

최근 소위 '유교 르네상스'에 대해 생각하는 바 있어 반(反)유교론자인 쓰다 소키치를 다시 읽게 되었다. 그중에 『문학에 나타난 국민사상의 연구』 제5권이 당초의 관심과는 다른 곳에서 인상에 남았기에 이 기회에 기록해두고 싶다. 이 메이지유신 부분은 쓰다 사망 2년 뒤인 쇼와 38년에 미완성 원고를 모아 전집 제8권으로 출간한 것인데, 논문으로서 생기가 없음은 부인할 수 없지만, 거칠기 때문에 저자의 의도는 오히려 분명하여 알기 쉽다.

그중에서도 인상적인 것은 '패자와 승자의 관계에 의해 권력의 소재(所在)가 정해지고, 그리하여 그것이 소위 순역론(順逆論)이 되고 관(官)과 적(賊)의 대립이 되어 정치상에서 시비선악(是非善惡)의 가치를 역전시키게 되었다', '도덕의 기준은 정권 장악자의 변동에 의해 갑자기 바뀌었다' 등, 요컨대 정치·도덕상의 가치관이 당시의 권력에 의해 조작된다는 그의 역사관이다. 그는 한쪽은, '저 흉악(凶惡)의 한계를 다하고' '폭력과 권모술수와 갖가지 악랄한 선전과 위세를 가지고 궁정을 움직'인 '지사(志士)'라는 이름의 '폭도(暴徒)'에 대하여, 한쪽은 통상조약의 체결, 개항, 네덜란드 교사 초빙에 의한 해군전습(海軍傳習), 간린마루(咸臨丸)의 미국 파견, 국립학교인 양서조소(洋書調所)의 개설, 유학생의 유럽 파견, 에조치(蝦夷地)의 개척, 오가사와라섬(小笠原島)의 귀속 등, '국가를 위하여 개국의 국책을 정하여 백년의 장기계획을 세운' 막신(幕臣)들이 너무나 부당하게 평가되고 있다고 생각했는데, 그의 이 역사관의 뿌리에는 반(反)사쓰마(薩摩)조슈(長州)론적인 분만(憤懣)이 가득했다고 보인다. 그러나 그러한 개인적인 것보다도 일종의 반(反)권력적인 이 역사관이 그의 일본 상대사(日本上代史)·중국 고대사상사(中國古代思想史)에 있어 기성의 시대통념(時代通念) 타파로 일관하고 있었다는 데 주목하고 싶다.

그리고 또 하나 인상적인 것은, 이 결과로서인지 그의 메이지유신관은 막번체제(幕藩體制)—왕정복고(王政復古)—근대적 통일국가라는 정체체제상의 기준이 아니라, 개국(開國)—서양문명 도입—'세계' 속의 독자(獨自) 일본이라는 소위 문명사관적(文明史觀的)인 기준에 기반하고 있다는 것이다. 그 문명사관이 그의 지나멸시를 초래했다고 비판받기도 하지만, 그렇다고 해서 문명사관 자체까지 부정될 이유는 없다. 중국 근대사는 오랫동안 변법(變法)—혁명(革命)이라는 정치사관을 거의 중심으로 삼아왔다. 서양문명과의 충돌이라는, 아시아에 일찍이 없었던 기이한 국면을 소위 '서양의 충격'이라는 단기적이고 피동적인 시점(視點)이 아니라, 21세기의 유럽과 아시아의 문명사적 위상관계를 조망(眺望)하는 장기적이고 상호적인 시점에서 다시 파악하는 것이 오히려 필요하다. 이 점에서 쓰다의 문명사관은 다시 한 번 살펴보는 것이 좋다.

또한 이 제5권은 그가 수년간 주장했던 '충(忠)'은 군신(君臣) 간의 '사적(私的) 관계'이고, '공적(公的) 의미'의 국민 일반에는 미치지 않는다(이 관점으로부터 그가 교육칙어教育勅語를 비판하고 있는 것에 유의), 또 초혼사(招魂社, 즉 야스쿠니 신사靖國神社)로의 합사(合祀)에 관해 '소위 관군(官軍)의 전사자(戰死者)'만을 제사지내고, '무인도덕(武人道德)'을 지켜 '사지(死地)로 몰린 아이즈인(會津人)[5]'들은 제외한 메이지 정부의 '관'벌적('官'閥的) 조치에 대한 비판 등, '유교 르네상스'가 안이하게 일본에 이르렀을 때 문제가 될 수 있는 그런 것이 비판하는 측으로부터 논해지고 있기에 겸해서 소개해둔다.

---

5) 1868년 메이지 신정부와 구막부세력 간의 전쟁인 보신전쟁(戊辰戰爭)에 동원된 아이즈 번(會津藩) 출신의 병사들을 말한다.-역자

부기

이 글을 쓴 뒤 비토 마사히데(尾藤正英)의 거의 같은 시각에서 나온 평가가 먼저 공표되었음을 알았는데, 완전히 같은 것은 아니기 때문에 여기에 수록했다. 尾藤, 「津田左右吉の明治維新觀」(『津田左右吉全集』 제2차판, 제8권 월보) 참조.

제7장

프랑스 지나학과
일본 한학(漢學)과 중국 철학

죠치(上智)대학 아시아문화연구소 주최로 열린 국제세미나 「유교와 아시아 사회」(1988년 9월 28일~10월 1일. 또 다음 장의 「유교와 근대 및 현대」를 참조)는 두 가지 점에서 독특했다. 하나는 일본, 조선, 중국 외에 베트남을 대상에 넣어, 각국 유교의 모습이 어떻게 다른지를 검토하려고 한 것이고, 또 하나는 각각의 유교를 그 나라의 정치·경제 혹은 사회의 시스템과 연관시켜 파악하려고 한 것이다.

지금까지 적어도 일본의 중국 유교연구는 주로 중국철학과, 약칭 중철(中哲)이라고 명명되는 학과의 졸업생이 맡아왔다. 예를 들어, 송학(宋學) 이래로 말하자면 리(理)라든가, 기(氣), 심(心), 성(性) 등의 철학개념에 대해 많은 연구가 이루어져왔고, 이것에 대해서는 상당한 성과가 거론되고 있지만, 반면에 그것들이 당해(當該) 시대의 정치·경제 및 사회의 움직임과 어떻게 연관되었는가 하는 면에서는 극소수의 사람만이 고찰을 진행해왔다. 정치·경제 및 사회 쪽은 주로 동양사학과라고 불리는 학과의 졸업생이 맡아왔고, 송·명·청을 대상으로 하는 중철(中哲)과 동양사 사람들 사이의 연구 교류는 극히 적은 것이 최근까지의 실상이다.

이번 세미나는 그러한 일종의 폐쇄상황을 특히 전통의 벽이 두터운 유교연구의 장에서 타파하려고 하여 성공한 예로서, 역사학, 정치학, 법학, 철학 분야의 사람들이 한 곳에 모여서 공통의 장소에서 유교에 대해 함께 논할 수 있었다. 이것의 의의를 강조한 바, 프랑스에서 참가한 자크 제르네는 정치와 경제와 사회를 시야에 넣지 않고서 중국의 유교를 생각하는 것이 가능한 것일까라고 이상하게 여겼다. 그래서 새삼스럽게 프랑스 지나학과 일본 한학의 역사의 차이에 대해 생각이 미쳤다.

1

고토 스에오(後藤末雄)의 『중국 사상의 프랑스 서점(西漸)』(平凡社, 東洋文庫)에 의하면 프랑스인으로서 최초로 중국의 사정을 보고한 것은 루이 9세가 13세기에 몽고에 파견한 프란치스코파 승려로서, 그의 견문록이 파리에서 간행된 것은 1626년의 일이었다고 한다. 그 이래로 데카르트, 파스칼, 몰리에르, 라 퐁테느 등 프랑스의 대표적인 지식인들은 선교사의 보고서를 바탕으로 중국에 상당한 관심을 보였고, 프랑스 지나학이라는 것을 구축해왔다.

관심의 대상은 황제제(皇帝制), 과거관료제, 가족제 등으로, 유교사상에 대한 관심에도 그것들을 이해하는 실마리로서의 의미가 보다 많이 포함되어 있었다.

결국 프랑스 지나학은 이문명세계(異文明世界)로서의 중국을 총체적으로 관심의 대상에 두고 있었다. 게다가 그 중국은 17세기 이래의 청조(淸朝) 중국 곧 그들과 동시대의 중국이고, 그것은 근대가 되면 근대 중국, 현대가 되면 현대 중국과 연속되었다. 다시 말하면, 프랑스 지나학에서 청조 중국에 대한 관심은 근현대 중국과 연속되어 있고, 근현대 중국에 대한 관심은 각각의 전사(前史)인 청조 중국과 연속되어 있으며, 송대(宋代)와 명대(明代)에 대해서도 똑같이 말할 수 있다.

예를 들어, 그들에게 송학(宋學)과 명학(明學)은 송대 사회와 명대 사회의 모습과 이어진 것이기 때문에, 종족(宗族)과 향약(鄕約, 향촌의 일종의 공동체규약) 등과 분리되지 않으며, 종족과 향약은 또 청대부터 더 나아가 근대까지 연속되고 있기 때문에, 결국 송학과 명학에 대한 그들의 관심은 근현대 중국의 모습과 분명하게든 암묵적이든 이어지게 된다. 바꿔 말하면, 그들의 송학연구와 명학연구는 쉽게 중국론이 되고 중국문화론이 되고 중국문명론이 되는 형태를 갖는 것이다. 그들은 13세기부터 17세기에 걸쳐서 중국에서 전개된 주자학파와 양명학파의 이기론(理氣論)과 심성론(心性論)의 국부(局部)에—특히 일본의 연구자처럼 미세하게—헤치고 들어가지 않는 대신, 그러한 논의를 낳은 중국이라는 나라의 특질, 중국문화의 특질이라는 것을 바깥에서 투박하지만 파악할 수 있었다.

이국(異國), 이문화(異文化), 이문명(異文明)의 세계를 그 자체로 대상화하고 이해한다는 것은 반대로 자국(自國), 자문화(自文化), 자문명(自文明)의 세계를 대자적(對自的)으로 대상화하고 이해하는 것과 표리(表裏)를 이루는 것이기 때문에, 프랑스 지나학에서는 중국을 앎으로써 유럽을 대상화하고 다시 그것을 통해 세계인식의 구조에 대한 검토에 이르는 것임을 방법론적으로 예측할 수 있다. 마찬가지로 이 세미나에서 프랑스에서 참가한 레옹 방데르메르시가 자신의 저서 『아시아문화권의 시대』(福鎌忠恕 譯, 大修館書店)의 「일본어판 서문」에서 "서구인의 문화권과는 이질적인 한자문화권(漢字文化圈)이 가진 활력에 대해 본서는 근본적이고 전면적으로 재평가하고, 서구사회의 초개인주의가 담고 있는 유해한 편향을 적발함으로써 서구인의 자각과 반성을 추구하는 것을 목적으로 한다"고 쓴 것도 그런 예측을 뒷받침할 한 가지 예다.

방법론적으로 프랑스 지나학은 상대화된 자기의 세계에 대한 물음을 갖고 있으며, 그것과 관련해서 왜 지금 지나학인가라고 하는 학문의 목적에

대한 혹은 학문의 존재이유에 대한 물음이 거기에는 있다. 결국 학문으로
서의 근거가 있다고 생각된다.

2

일본한학의 경우는 어떤가.

에도시대 일본인이 동시대 청조 중국에 대한 관심을 갖고 있지 않았다
고는 물론 말할 수 없지만, 한학자(漢學者) 혹은 유자(儒者)가 프랑스인이
보여준 것과 같은 '이(異)'로서의 중국 세계에 대한 호기심을 갖고 있었는
가 하면 그것은 없었다고 말하지 않으면 안 될 것이다. 오히려 유자를 비
판해 마지않은 모토오리 노리나가(本居宣長)의 언설에서 보이는 것처럼,
당시의 시대풍조에서는 어떻게 자기의 세계를 중국으로부터 변별하고, 자
립적으로 자기인식하는가 하는 쪽에 관심의 비중이 많이 놓여 있었으며,
그런 의미에서는 중국으로 향하기보다는 중국으로부터 분리하는 쪽이 과
제로서 더 중요했다고 생각할 수 있다.[1]

뒤집어 말하면, 당시의 일본은 중국을 '이(異)'로서 대상화할 수 있을 정
도의 자기의 세계를 아직 확립하고 있지 않았다. 이것을 유학에 대해서 말
하자면, 대상화보다는 차라리 수용이 선행하고 있었다.

단지 에도 초기의 유학 수용은 동시대 곧 명말청초기의, 예를 들어 이탁
오(李卓吾)의 욕망긍정적인 이관(理觀)이라든가, 황종희(黃宗羲)의 군주제

---

1) 이 문제에 대해 탈고 후 구로즈미 마코토(黑住眞)의 「유교의 일본화를 둘러싸고(儒教の
日本化をめぐって)」(『日本學』 제12호, 名著刊行會, 1988)로부터 향후에 대해 많은 시사
를 얻었다. 구로즈미 마코토에 의하면, 고학(古學)이건 국학(國學)이건 거기에서 볼 수
있는 일본화 현상은 주자학이라는 학문의 체계가 가지는 큰 임팩트에 대한 반응이라는
면으로부터도 파악할 수 있다고 생각된다. 앞으로 이 지적에 입각해 고찰하고 싶지만, 지
금은 이대로 둔다.

비판 등 전환기의 일종의 창세적(創世的)인 사상에는 오히려 반응하지 않고, 4세기도 더 전의 주자학을 가져왔다는 점에서는 확실히 선택적이고 의도적이며, 그만큼 수용은 자립적이었다고 일단 말할 수 있다. 그러나 그것이 아무리 자립적 혹은 주체적으로 이루어졌다고 하더라도, 필경 수용은 수용이며 그것은 중국을 '이(異)'로서 대상화하는 것과는 반대 방향이다. '이(異)'라는 것을 말하자면, 차라리 그들은 주체적인 만큼, '이(異)'를 잘라버리고 혹은 변용(變容)시키고, 그것을 자기에게 동화(同化)시키는 데 힘쓴 것이니, 예를 들어 소위 고학파(古學派)의 유학이 그것이다.

아니 변용과 동화라고 하기보다는 차라리 중국 유학은 자기의 세계를 현시하기 위한 단순한 제반 설비에 지나지 않는 경우조차 있었다. 양명학에 기운 것으로 보인 요시다 쇼인(吉田松陰)이 "그러나 내가 전적으로 양명학을 수학(修學)한 것이 아니라, 단지 그 학문이 참되어서 왕왕 내가 참(眞)과 만날 뿐"이라고 말했다는 것이 그 좋은 예일 것이다. 그에게 양명학은, 극단적으로 말하자면 자기의 세계를 언설화하기 위한 용어집(用語集)일 뿐이었다고 할 수 있다. 일본 한학의 특징은 프랑스 지나학과 대비해 말하자면, 우선 중국과 일본이라는 두 개의 '이(異)'세계를 상호 대상화하고 상대화하는 프랑스 지나학적인 길과는 정반대로, '이(異)' 없는 '우리' 세계, 결국 '이(異)'를 사상(捨象)하고 자기를 소우주(小宇宙)로 한 세계를 구축하려고 한 점에서 찾을 수 있다.

그것은 중화세계(中華世界)의 한 귀퉁이에 서열 지어져 편입되어온 일본이 자신을 거기서 분리해내어 독자적인 세계를 확립하기 위해 취한 필연적인 길이었을 것이다. 일본 한학이 놓여 있던 역사적 · 지리적 조건 자체가 멀리 떨어진 곳에서 애초에 중국과는 다른 또 하나의 세계를 갖고 있던 프랑스 지나학과는 달랐던 것이다.

일본 한학에서 중국은 말하자면 자기내(自己內)의 '세계'(5장에서 말한 '중국 없는 중국')였던 것이다(이것은 여기서는 언급하지 않은 한학자 가운데 중국

숭배주의자의 경우도 말할 수 있는데, 그들은 주체주의자와는 반대로 스스로 중국에 동화되는 것을 추구하는 방향에서 마찬가지로 중국을 '이異'세계로 인정하려 하지 않았다). 그러므로 일본 한학은 물론 외국학일 수 없고, 본질적으로 일본학일 따름이다. 단 여기서 말하는 일본학이란 일본을 대상으로 한 학문이라는 의미의 그것이 아니라, 일본을 자기주장하는, 말하자면 상대(相對)가 없는 학문이다. 결국 일본 한학의 학문으로서의 근거라고 하면 주아적(主我的)으로 일본을 자기주장하는 것에 있고, 그것은 자기 세계의 상대화와는 무릇 대척적(對蹠的)인 것이었다. 학(學)으로서 말할 때, 그 근저는 필시 즉자적(卽自的)이고 동시에 몰보편적(沒普遍的)이었다고 말할 수밖에 없다.

3

그러나 그래도 일본 한학은 주아적이건 즉자적이건 일본학으로서의 근저는 있었다. 그러면 단숨에 뛰어넘어 전후 일본의 중국 철학 연구, 나의 분야로 말하자면 송학·명학 연구의 경우 그 근거는 어떻게 되어 있는 것일까?

전후까지는 국가주의, 일본주의, 국수주의, 대동아주의라는 것이 사회를 풍미하고 있었기 때문에, 일본 한학이 지나학이나 지나철학으로 명칭을 변경하고 유럽 철학의 분석구조를 적용한다든가, 실증적인 방법을 도입한다든가 하는 변화가 있었음에도 불구하고 그 학문의 근저에 있는 일본의(혹은 대동아의) 자기주장이라는 취지에 커다란 변화는 없었다. 그보다 그 자기주장은 유럽화 근대라는 대노선(大路線) 속에서 오히려 보호하고 지켜야 할 일본정신(日本精神), 동양도덕(東洋道德)으로서 내부를 향해 공고해지고, 한편으로 대동아주의(大東亞主義)에 의해 중국은 '이(異)'는커녕 '동문동종(同文同種)'임이 강조되었기 때문에, 일본 한학의 전통은 오히려 발전적으로 확대되어 증폭되었다고 해야 할지도 모른다. 쓰다 소키치(津田左右吉)는 입만 열면 일본 한학을 비판했는데, 이는 충분히 이해할 수 있는 일이다.

그러나 이런 상황은 전후에 크게 변하게 되었다. 국수주의와 대동아주의는 서구 인문주의와 아시아 민족주의로 대체되었고, 1949년에는 혁명중국마저 탄생하였다. 이러한 변화를 선취(先取)하고 있었던 듯, 전후 일찍이 전혀 새로운 송명학 연구가 출현하였다. 시마다 겐지(島田虔次)와 니시 준조(西順藏)의 그것이다. 두 사람은 아시아적 정체론(停滯論)의 극복이라는 과제를 각각의 학문의 근저로 삼았다.

국수주의나 대동아주의의 내향적·배타적인 방법에 근거하지 않고, 예를 들어 시마다 겐지는 서구 인문주의의 입장에서, 니시 준조는 아시아 민족주의의 입장에서 각각 연구를 진행했다. 아시아적 정체론은 아시아에 유럽형의 근대가 없다는 것을 하나의 기둥으로 삼은 논의였기 때문에, 두 사람도 자연히 중국의 근대를 시야에 넣은 송명학 연구가 되었다. 시마다의 경우는 유럽형 근대의 전개가—설령 '좌절'했다고 하더라도—중국에도 있었다는 입장에서, 다시 말하면 서구 인문주의를 인류사적 보편으로 삼는 입장에서, 송명사상 속에서 인문주의적 '근대'를 발견하려고 했다. 한편 니시 준조의 경우는 유럽으로부터 '몰(沒)'근대라고 간주된 그 '몰' 속에서 오히려 아시아의 주체를 발견하려고 하는, 말하자면 아시아 민족주의적인 입장에서 시마다와는 반대로, 예를 들어 송명학의 부정을 통해 중국의 재생을 도모하려고 한 청말(淸末)의 혁명적 지식인 속에서 중국의 있어야 할 '근대'를 발견하고자 했다.

송명학에 대해서 방향은 정반대였지만, 그 근저에 있는 유럽 세계에 대한 아시아 세계의 자기주장은 나의 공감을 불렀다. 왜냐하면 그 자기주장에는 일본 한학의 전통에는 없는 유럽이라는 '이(異)'(또는 '동同')의 세계 혹은 유럽에서 본 아시아라는 '이(異)'(또는 '동同')의 세계에 대한 인식이 있고, 각각의 '이(異)'(또는 '동同')에 관통할 터인 보편성에 대한 확신이 있다고 생각되었기 때문이다.

다만 굳이 말하자면 두 사람의 경우는 유럽으로부터 차별된 근대의 아시아가 실은 17세기경의 그것과는 달리 멸시의 대상으로서의 아시아였기 때문에, 이에 대한 반발로 너무 지나치게 자기주장으로 내달아서 쿨하게 아시아의 세계를 또 하나의 세계로서 이별화(異別化)하는 결국 참된 보편에 도달하는 필수 전제로서 대자적(對自的) 혹은 상대적(相對的)으로 아시아의 '이(異)'를 대상화(對象化)하는 작업이 결과적으로 방기되고 말았다. 그래도 두 사람의 연구에는 전후의 송명학 연구가 본받아야 할 외국학으로서의 새로운 방향 정립이 있다.

4

문제는 두 사람이 암시한 방향을 후진(後進)으로서 어떻게 계승하고 발전시킬까 하는 것이다.

우선 현상황인데, 그게 반드시 밝지는 않다. 우선 가장 좋지 않은 것은 송학·명학을 청대와 연관짓고 근현대와 연관지어 부감(俯瞰)하는 연구자는 젊은이들 가운데에도 극히 적다는 것이다. 이것은 송학·명학을 송대, 명대의 정치·사회와 연관시켜 파악하려는 시도가 아직까지도 극히 적은 것과 평행을 이룬다.

한학적인 토양이 아직 뿌리깊게 남아서 장벽이 되고 있다는 것이 그 원인의 하나이다. 전후의 중국 사상사 연구는 주로 중국 혁명의 원류로서, 결국 아편전쟁 이래 식민지화에 저항한 근대 중국의 저항-변혁-혁명의 코스를 좇는 것을 과제로 삼았다. 그 때문에 그 시좌(視座)는 청조의 황제제 및 그것을 떠받친 종법봉건체제(宗法封建體制) 또 그 이데올로기로서의 삼강오상(三綱五常)적인 유교 등을 하나로 묶어 '구(舊)'로 비판하는 데 고정되었다. 한편 전근대 사상 연구, 여기서는 송명학에 대해서 말하면, 첨예한 시대의식을 가진 근현대 연구자의 문제관심이 미치지 않던 차에, 오히려 나아가 '혁명'의 근현대로부터 분리된 곳에 스스로의 연구의 장(場)을 두어왔다. 근대 사상 연구의 동향으로부터 분리되었기 때문에 송명학 연구는 근현대 중국을 시야에 넣을 필요에서 벗어나 일본 한학 이래의 중국 없는 중국학 전통의(단 '중국 없는 중국학'으로부터 일본정신·동양도덕 등의 '주관主觀'만을 없애고, 객관·실증주의를 표방하는) 장을 보존할 수 있었다. 그 속에서 이기론, 심성론이 중국'철학'이라는 이름하에 현대식으로 분장을 하고 성행하였으며, 불교나 도교와 관련짓기도 정치하게 진행되어 송명학 연구자 사이에서는 자부심도 생겼다. 이 자부심의 배후에는 전후에 나란히 진행되고 있던 혁명중국의 송명학 연구가 너무나 불모(不毛)하게도 유물론(唯物論)·유심론(唯心論)의 기계적인 적용에 시종(始終)했던 것이 있었다. 그에 비하면 일본 측의 연구는 분명 실증적이고 면밀하였던 것이다. 문화대혁명 후인 지금 중국의 연구 상황은 크게 변화하고 있지만 낙후되어 있음은 부인할 수 없고, 그들 가운데에서는 일본의 송명학 연구에서 모범을 찾는 사람도 있기 때문에, 일본 측에서는 자신들의 연구가 국제적으로 인지되었다고 생각하고 자부심도 점점 더 커지는 것이다.

이 때문에 뒤에 다시 서술하겠지만, 중국을 하나의 '이(異)'로서 결국 유럽과의 대비(對比)에서는 물론 일본과의 대비에서도 상대적으로 독자적인 세계로서 파악하는 시각은 그 속에서는 끝내 생기지 않았다. 여기서 독자적인 세계란 정치와 사회의 구조도 포함하고 있는 것인데, 이 사람들은 그것은 중'철(哲)'의 일이 아니라 동양'사(史)'의 일이라고 완전히 분리해왔다. 그렇게 완전히 분리되어버리는 조건이 위에서 서술한 국내와 중국의 상황 속에서 온존되고 있었던 것이다.

두 번째 원인은, 이처럼 '철학'이나 사상의 연구가 사회와 정치로부터 분리되어도 이상하다고 간주되지조차 않는 현상의 요인으로서 메이지 이래의 학과제도가 거론된다. 예를 들어, 한학과(漢學科)는 그후 철학, 문학, 어학의 세 과(科)로 분리되어 현재에 이르고 있는데, 이 세 과에 있는 것은 주로 그 세 과 사이의 내밀한 교섭뿐이고, 그 바깥으로 나와서 역사학과 법학, 정치학, 경제학 등의 분야와 연구 면에서 교류하는 일은 오랫동안 없었다고 해도 틀리지 않는다. 더 나아가 이러한 몰교섭을 조장하는 것으로 학회의 편성도 있을 것이다. 예를 들어 중철 등 위의 세 과는 전후에 옛 한학과로 되돌아가듯 하나의 학회로 정리되고, 동양사는 서양사·일본사와 함께 역사학계의 학회에, 중국법제사(中國法制史)라면 법학 계열의 학회로… 식으로 영역마다 편성되어 있고, 각각의 학회 사이의 교류는 소수의 개인 간의 교류를 제외하면 거의 없다고 할 것이다.

마지막으로 세 번째가 가장 큰 원인인데, 외국학으로서의 송명학 연구라는 자각이 희박하다는 것이다.

먼저 유럽이라는 '이(異)'와, 유럽으로부터 본 아시아라는 '이(異)'에 대해서 이야기하자면, 사실 송명학 연구에 있어서는 그 기반이라고도 해야 할 아시아 간(間) 서로의 '이(異)'의 문제가 크게 존재한다. 구체적으로는 일본, 조선, 중국 사이의 '이(異)'이다. 주자학이 조선과 일본에 전파되고, 각각의 나라에서 한 시기 주자학자라고 불리는 학자를 배출하였다는 사실이 상호 간의 '이(異)' 의식을 희박하게 해왔다. 중국, 조선, 일본의 주자학이 똑같이 주자학이라고 하면서도 많은 국면에서 다르다는 것은 송명학 연구자 누구나 인정하지만, 그러나 일반적으로 말해지고 있는 그 차이는 단지 양적 수준의 것이지 질적 수준까지 눈이 미치고 있다고 나는 생각하지 않는다. 여기서 양이라고 하는 것은 철학사상의 수준만을 비교한 것이고, 질이라고 하는 것은 사회, 정치, 경제 등의 시스템을 포함한 비교를 말한다.

이기론, 심성론 속에서 비교하고 있는 한, 같은 용어를 사용하고 있기 때문에 차이는 양적으로밖에 보이지 않는다. 예를 들어 당해(當該) 시기 일본과 중국의 정치와 사회 시스템을 보면, 앞서 다른 곳에서도 서술하였듯이 황제제(皇帝制)와 막번제(幕藩制), 과거관료제(科擧官僚制)와 세습번록제(世襲藩祿制), 균분상속(均分相續)과 장자상속(長子相續), 혈통중시(血統重視)와 가독중시(家督重視), 종족제(宗族制)와 본가분가제(本家分家制), 토지의 자유매매와 매매금지, 둔전제(屯田制)·향촌자위(鄕村自衛, 즉 保甲制)와 병농분리(兵農分離) 등이다. 이―주지의 것이면서 누구도 체계적으로는 논하지 않은―차이는 일본과 유럽의 차이보다도 오히려 더 크게 보이기조차 한다. 이 질적 차이를 시야에 넣고 양명학까지의 흐름을 포함하여 중국의 주자학을 본다면, 당연히 황제제, 과거제, 종족, 이갑제(里甲制), 향약, 보갑 등 송~명 사이의 정치·사회 전체 시스템 구석구석에 관계된 것으로서의 중국 송명학이 보이고, 그것은 막번체제 내의 일부에 모자이크처럼 박혀 있을 뿐인 일본 주자학자(朱子學者)나 단순히 개별적 사상가로서 존재하고 있었을 따름인 일본 양명학자(陽明學者)들의 존재양태와는 완전히 '이(異)'질적인 것임을 바로 알아차릴 수 있다.

그러나 유감스럽게도 일본의 송명학 연구자들 다수는 좀체 여기에 뜻을 두려고 하지 않는다. 만약 이 사람들이 중국은 '이(異)'국(國)이고, 중국의 송명학은 일본인에게 '이(異)'의 사상(思想)이라고 하는 데서, 예를 들어 프랑스 지나학자가 그렇게 할 듯한 데서 출발한다면, 프랑스 지나학자의 눈이 닿지 않는 심오한 곳까지 눈이 닿을 조건이 있음에도 불구하고, 또 결국 일본인에게도 송학·명학의 전파가 있었다는 그 사실이 역으로 비교의 눈을 섬세하게 만드는 유리한 조건이 있음에도 불구하고, 이것에는 눈을 돌리지 않고 오히려 일본에 송학과 명학이 있었다는 그 사실에 기대어 '이(異)'에 대한 눈을 스스로 막아버리고 있다. 그리고 예를 들어 양명학이라고 하면, 심학(心學), 심(心)의 철학, 내면주의(內面主義)의 학, 실천(實踐)의 학이라는 식으로 중국 양명학의 사회적 존재양태와는 분리되어, 말하자면 본체로부터 분리된 현상(現象)의 일부만을 꺼내어 그 '현상' 속에서 양적 비교가 이루어지고 있는 것이다. 확실히 해두기 위한 것이지만, 심학 운운하는 해석 자체를 이러쿵저러쿵 말하려고 하는 것도 아니고 또 '현상'의 비교 자체가 무의미하다는 식으로 말하려고 하는 것도 물론 아니다. 그것은 그것으로 충분히 의미가 있기 때문이다. 단 여기서 '현상'은 어디까지나 '본체(本體)'인 '현상'이라는 당연한 것을 강조하고 있을 따름이다.

이상에서 외국학으로서의 송명학 연구가 성장해가는 현상에 관하여 한학(漢學)의 토양, 학과의 편성, 연구자의 의식을 원인의 세 가지로 들어보았다.

5

그런데 이상의 현상을 근거로 한 뒤 어떻게 해야 할까?

우선 그렇게 깨닫기만 하면 가장 손쉽게 할 수 있는 일은 학회(學會)의 재편성 또는 신편성이다. 이런 생각에서 우리들은 종래의 철학·문학·어학만의 세 과의 학회를 개조하여, 철학, 문학 외에 역사학, 사회학, 법학, 정치학, 경제학, 법제사, 교육학, 문화인류학 등을 시작으로, 미학, 미술사, 연극사 등에서 과학사, 건축사와 의학에 이르는, 인문·사회·자연의 제(諸)과학에 걸친 넓은 영역의 중국학 학회를 5년 전에 성립시켰다. 이를테면 매년 열리는 심포지엄도 제1회「중국은 어디로 가는가」(1985년)부터 제2회「중국 봉건상의 재검토」(1986년), 제3회「중국의 법과 사회」(1987년), 제4회「일본·조선·중국—유교와 근대」(1988년), 제5회「중국의 지식인」(1989년 있을 예정)으로 계속되고 있으며, 넓은 영역에서의 검토는 유형무형으로 상당한 효과를 계속 낳고 있다.

다음으로 이것도 다루려고만 하면 가능한 것으로서, 학과의 틀을 우선 운용 면에서 제거하는 것인데, 여기서는 생략한다.

세 번째로 외국학으로서라고 하는 것인데, 여기에서는 우선 외국학의 원점으로 되돌아가는 것이 필요하다. 외국학으로서라는 것은 원래 자국에 대한 객관적 인식을 전제로 하고 또 결과로 삼는다고 하는 것이 그 원점이라고 생각하는데, 이런 생각에 따른다면 일본의 송명학 연구자는 적어도 에도기의 저작과 에도기에 관한 논문들을 기초적으로 읽는 것이 바람직하다. 그 경우 에도기의 저작은 주자학과 양명학에 관한 것에 그치지 않고, 정담류(政談類)로부터 일기(日記)·서간(書簡)까지, 또 유자라고 일컬어진 인물의 것에 제한되지 않고, 국학(國學)과 신도(神道)의 인물들의 것, 나아가 사상관계만이 아니라 소설·희곡류까지 가능한 한 폭넓게 읽고서 일본의 에도시대라는 하나의 시대상의 이미지를 갖는 것이다. 한편으로는 마찬가지로 논문 쪽도 유학 관련 논문만이 아니라 정치와 경제와 법제 등과 관련된 논문들에서 적어도 학계에서 문제가 되는 것은 가능한 한 읽고서 일본연구의 대강의 동향을 포착하여두는 것이다.

우선 불충분하게라도 이것들을 기초로 하여, 예를 들어 주자(朱子)의 상주문(上奏文)과 왕양명(王陽明)의 공이(公移, 공문서류) 등을 허심(虛心)하게 읽으면, 거기서 제기되고 있는 문제의 '이(異)'의 측면을 실감할 수 있게 된다. 거기서 그 '이(異)'를 본보기로 하여, 예를 들어 이기론(理氣論)을 보면, 일본에서는 그만큼 좋은 의미에서는 사용되고 있지 않은 이 이(理)라는 말이 왜 중국에서는 이 정도로까지 높은 차원의 말이 될 수 있는가라는 가장 초보적인 곳에서 의문이 생긴다. 결국 이(理)라는 말 자체의 '이(異)'가 보이는 것이다.

그렇게 하면, 그럼 이(理)란 중국에서 도대체 무엇이었는가, 왜 북송부터 남송에 걸쳐 이런 이기론이 형성되고, 왜 그것이 청대 중엽 이후가 되면 점점 논의조차 안 되는가라는 대략적인 문제의식이 생기고, 이 시각에서 그렇다면 고대에는 이기론이 아니라 무엇에 의해 세계(자연계, 인간계)를 설명하고 또 청대 중엽 이래 근대에는 무엇을 틀로 삼아 세계관을 구축하고 있었는가 등의 의문이 생기며, 이 고대와 근대의 연관들로부터 송~명대에 있어 이(理)의 존재양태의 특질이라는 것이 전망(展望)될 것이다. 그 아웃라인이 떠오르면, 다시 일본으로 돌아와 예를 들어 하야시 라잔(林羅山)에 대해서 보면, 그 소위 주자학적인 이(理)가 어떻게 일본적으로 '이(異)'인가가 막번체제(幕藩體制)에 곁들여져 보이게 되고, 그 배경을 이루는 전국(戰國) 말기부터 에도 초기에 걸친 무가(武家)의 정치적·윤리적 세계의 특질을 알고자 하게 되고, 그리하여 파악된 일본적인 독자성은 전보다 한층 상대적이고 입체적이게 된다. 결국 정치와 사회 시스템의 차이가 가장 기본적인 것으로서, 양국의 주자학이라면 주자학의 배후에서 드러나 보이는 것이다.

앞에서 차이가 양적인 수준에서밖에 보이지 않는다고 말한 것은, 필시 지금까지는 비교라고 하면 송명학 안에서만으로, 예를 들어 중국 주자학의 철학 부분과 하야시 라잔의 주자학적인 언설의 부분만을 이른바 자의적(恣意的)으로 잘라내어 비교하고 있었을 뿐, 각각의 배경까지 포함한 전체상은 비교될 수가 없었고, 하물며 중국과 일본의 정치와 사회의 구조에까지는 도저히 들어가지 않았기 때문일 것이다.

이렇게 말하면, 이상의 것은 사상상(思想上)의 것이고 철학은 철학으로서의 사유구조를 문제로 삼는 것이기 때문에 본래 정치와 사회의 구조 등과는 별개의 것이라고 말할지도 모른다. 그렇다면 다시 중국 철학을 철학으로서 거론해보면 어떻게 될까.

궁극적으로는 천(天)과 신(神)의 차이에 존재한다고 생각되는 중국과 유럽의 사유구조의 차이는 지금까지 충분히 명료하지 않다. 그러기는커녕, 중국에서 기계적으로 적용되어온 유물·유심의 범주는 틀림없이 '신(神)'으로부터 나오는 유럽의 범주에 다름 아니고, 같은 뿌리에서 나오는 존재와 인식이라는 이원론 역시 유럽의 독자적인 것임에도 불구하고 그것을 '이(異)'라고도 하지 않으며, 이 존재인식의 구조를 무매개적으로 중국 철학의 분석구조로서 받아들이고 있는 사람이 간간히 보인다. (이와 관련하여 이번 세미나에서 발표된 한국 김용옥의 철학론은 유럽 근대철학 특히 칸트의 철학을 '이異'로서 펼쳐 보여주면서 중국 철학의 '이異'에 내포된 특히 현재적인 의미를 제시한 것이었다).

생각해보면 송명학 연구의 장에 이러한 '이(異)'에 대한 공통된 관념이 없기 때문에 중국 **철학**의 연구조차―일부 사람들의 연구를 제외하면―만족스럽게 성장하지 않았다. 이기론, 심성론의 해석(解析)은 더없이 정치(精緻)하게 깊어졌지만, 다른 한편으로 그렇다면 그것이 어떻게 **중국** 철학인가, 예를 들어 '이(理)'란 도대체 세계와 인간을('신'과는 다른) 어떤 원리에서 체계 짓고, 그것들의 본질을 무엇으로서 사유한 것인가, 유럽의 철학체계와 그것은 어떻게 대비되고, 그 대비에 의해 유럽 철학에 어떻게 공헌할 수 있고, 거기서부터 어떠한 새로운 세계관과 인간관을 창출할 수 있는가, 그것들이 가지는 현재적인 의의는 무엇인가―그러한 예를 들어 이슬람학의 이즈쓰 도시히코(井筒俊彦)와 그리스 철학의 후지사와 노리오(藤澤令夫)가 '이(異)' 인식을 토대로 시도한 **철학 본래**의 연구는 적어도 '이(異)' 인식을 갖지 않은 지금까지의 송명학 연구의 토양에서는 충분히 싹을 틔우지 못했다. 앞으로 중국철학에 대해서 본래의 철학을 생각하려고 하는 사람들은 유감스럽게도 이 토양 만들기부터 시작하지 않으면 안 될 것이다.

제8장

유교 르네상스에 즈음하여

지금 유교 르네상스를 어떻게 생각할까

요즘 구미(歐美)에서의 유교 재평가가 화제다. 그 배경에는 동아시아 세계 특히 일본, 한국, 타이완의 급속한 경제성장에 대한 구미 측의 주목과 오리엔탈리즘 논쟁[1], 그리고 코헨의 『지(知)의 제국주의』[2]에 보이는 유럽의 자기상대화—아시아에 대한 우월의식에 대한 자기비판이 있다. 전자의 흐름에 서 있는, 예를 들어 프랑스의 레옹 방데르메르시[3]는 동아시아에서 공통적인 일종의 공동체(게마인샤프트)적 사회관계의 전통—일본의 번속적(藩屬的) 집단주의, 한국의 양반(문벌)적 가부장주의, 타이완의 동향(同鄕)·종족적(宗族的) 대가족주의 등—에 주목하고, 여기에서 결합 유대로서의 유교 윤리가 낳은 유상(遺像)을 보려고 하며, 후자의 흐름에 서 있

---

1) 「バーナードルイスおよびエドワドサイのオリエッタリズム論爭」 1・2 및 리처드H마이니어 「オリエッタリズムと日本硏究」(『みすず』 1982년 12월호, 1983년 2월호, 3월호) 참조.

2) Paul A. Cohen, *Discovering History in China*, 1984. 일역본은 『知の帝國主義』(佐藤愼一譯, 平凡社, 1988년).

3) L.ブァッデルメールシュ, 『アジア文化圈の時代』(福鎌忠恕譯, 大修館書店, 1987년). 본서 제2장의 주 21) 참조.

는, 예를 들어 미국의 윌리엄 시어도어 드 베리[4]는 유럽의 근대 원리, 개인주의라든가 자유주의를 그들이 아시아적 원리라고 본 유교 윤리에 비추어서 재검증하려고 하는데, 이런 움직임을 반영한 것인지 일본에서도 지금 '유교문화권'의 시대라든가 '유교 르네상스'라든가 하는 말이 등장하고 있다.

한편 이것과 호응하듯 유교의 본가인 중국에서도 근래 유교 재평가의 움직임이 아주 뚜렷한데, 필자도 바로 최근에 샤먼(廈門, 아모이)에서 열린 국제 주자학회의(1988년 12월)에 참석하여 몸소 실감하고 왔다. 특히 경제특구인 아모이는 유교 부활을 인상짓기에 아주 좋은 무대였던 듯한데, 종전 직후의 암시장을 연상케 하는 그 거리는 여자아이에게 노래를 부르게 하는 호궁(胡弓) 연주와 도로에 직접 물건을 늘어놓은 노점상 등에서 운행률을 높일 수 있는 간선도로를 고속으로 달리는 사영(私營)의 소형 버스까지 '돈벌기'에 열광하고 있고, '노동은 **재부(財富)**의 아버지, 토지는 **재부(財富)**의 어머니'라는 '재부'주의적 슬로건도 생생하게 보인다. 1988년 10월 25일 중국공산당 13차 전당대회에서 현재의 상황을 '금후 백년은 계속 사회주의의 초급단계'라고 규정하고, 빈곤으로부터의 탈출을 향해 '생산력의 발전을 모든 활동의 중심'에 놓고 '각고분투(刻苦奮鬪)'할 것을 호소한 자오쯔양(趙紫陽) 보고서는 결국 이 '재부'의 권유였다고 이해할 수 있다. 재부의 어머니인 '토지'란 아모이에서는 농지가 아니라, 연줄을 사용하여 땅을 빌려 점포를 짓기 위한 '자본'이라고도 생각되고, 이러한 자본에 관계된 연줄과 상호부조야말로 동향·종족적 공동체의 본령임을 함께 고려하면, 그것의 유대(紐帶)로서의 유교 윤리의 부활도 도리어 '생산력 발전'의 윤활유라고까지 생각할 수 있다. 실제 곳곳에서 신축 중인 가사(家祠)와 종묘(宗廟) 같은 것이 눈에 띄었는데, 애초에 백 년간의 '초급단계'란

---

4) Wm. Theodore de Bary, *The Liberal Tradition in China*, 1983. 일역본은 『朱子學と自由の傳統』(山口久和譯, 平凡社選書, 1987년).

다시 읽으면 사회주의의 질서규범은 백년 후까지 유보한다는 것이기 때문에, 그 사이의 일상규범이라고 하면 중국대륙에서도 자연히 유교에 기초한 인(仁)·의(義)·신(信) 등의 개인윤리(個人倫理)일 것이다.

이것은 민중에만 한정되지 않는다. 이미 일찍이 류사오치(劉少奇)가 「공산당원의 수양을 논함」에서 삼성(三省,『논어論語』)과 '선우후락(先憂後樂)'(범중엄范仲淹)과, '부귀도 음(淫)하게 할 수 없고, 빈천도 그 행동을 바꾸게 할 수 없다'(『맹자孟子』)라는 '간고분투(艱苦奮鬪)'의 '혁명적 기질'을 제창하고 있듯이, 지금 연줄의 **핵심**이고 '관도(官倒, 관료의 오직汚職)'의 중심이기도 한 공산당 간부의 유교적 '수양(修養)'이야말로 초미(焦眉)의 일일지도 모른다. 한편 이런 상황을 근거로 해서인지 국제 주자학회의에서 나타난 중국인 학자의 방종(放縱)이라고도 할 만한 백가쟁명(百家爭鳴)의 태도는, 문자 그대로의 '르네상스', 적어도 마르크스주의 교조로부터의 사상해방의 숨결을 느끼게 하는 것이 있었다. 유교를 긍정하건 부정하건, 아무튼 그것을 정치의 문제가 아니라 사상의 장(場)의 것으로서 자유롭게 토론할 수 있는 것 자체가 지금은 귀중한 것일 터이다.

그러나 중국(대륙)에 대해서 내가 말하고 싶은 것은 이런 언론해방의 '르네상스'의 가부(可否)가 아니다. 여기서 말하고 싶은 것은 이 '르네상스'가 구미에서의 움직임과도 관계없이 그들 내부의 요인에서 일어난 이른바 그들만의 것이며, 그러므로 원래 일본과 관계없는 것이라는 점이다. 자본주의적 공업화와 유교의 관계에 관하여 논의가 계속 왕성하게 일고 있는 타이완과 홍콩 등에 대해서도 똑같이 말할 수 있는데, 이것에 대해서는 지금은 생략한다.

구미도 중국(대륙, 타이완, 홍콩)도 '유교 르네상스'에 대해서는 각기 독자적인 요인과 독자적인 유용성을 가지는 것이어서 그것은 그것으로 된 것이다.

반대로 일본은 어떤가?

전전(戰前)적 국가주의로의 회귀(回歸)의 바람이 유교 부활의 토양이 되었다. 이 유교는 메이지 이후 특히 순화(純化)된 **특수일본적인 번(국)속적 [藩(國)屬的] '충(忠)'**의 유교이다. 그것이 '르네상스'에 의해 촉발되어 '유교문화권'의 경제적 자부(自負)로부터 전전적 국가주의의 적자(嫡子)인 GNP적 국가주의의 기초이념으로서 어느덧 국제적으로 시민권을 얻었다는 착각이 친(親)아시아의 선의의 국민들 사이에서 확대되고, 국가(=기업) 이기(利己)에 예속된 '충(忠)'으로서 일상화되는 것은 아닐까.

실은 그렇게 될지도 모를 요인이 우리들 학계 내부에 일부 정치적 경향으로서가 아니라 널리 일반적으로 존재한다.

여기서 전후의 중국 사상 연구를 회고할 여유는 없지만, 유교에 관해서 말한다면 적어도 우리 **중국** 사상 연구자는 그것을 유교 일반으로서가 아니라, 예를 들어 주자학이라면 그것을 **중국의** 남송의 사상으로서 그 시대와 사회와의 관련하에 파악하는 등 어디까지나 중국의 사상으로서 다루고, 요컨대 중국적 세계의 특질을 해명하는 하나의 수단으로 간주해왔다. 이 관점에 서는 한 일본적 유교는 그 상대적 독자성에 의해 중국 유교로부터 변별되고, 더구나 동아시아 각국의 정치, 경제, 사회상의 '이(異)'구조(構造) 없는, 단지 유교가 있었다고 하는 공통항만의 '유교문화권'이라는 기묘한 동항화(同項化)에 미혹될 리도 없다.

그러나 중국철학 학계에서의 다수는, 확실히 전후에는 방법론상으로는 객관실증적이 되었지만, 그 관점에 있어서는 전전과 마찬가지로 일본도 중국도 없이 '유교권'에 매몰된 채로 있다. 주자학에 대해서 말하자면, 우선 주자학이 있었고, 왜 중국에 이것이 생겨났는가라는 외부로부터의 의문이 없는 채로 그 속에 몰입하기 때문에 객관 실증도 결국은 주자학의 해석과 조술(祖述)에 시종할 뿐이고, 일본 주자학도 일본의 사상으로서 상대화되는 일이 없었다. 난처한 것은 대타의식(對他意識)을 가지지 않기로는 일인자격인 중화(中華)의 나라에서도 조선과 일본의 유교를 자신들의 분가(分家)처럼 생각하지 않아서(중국에서는 일본과 하물며 조선의 근세 사상사 연구는 아직 착수단계일 뿐이다), 이것이 오히려 위의 일본 연구자의 매몰을 안에서 받쳐주는 구도가 되었다. 거기에 갑작스러운 '르네상스'를 맞고, 게다가 구미가 거기에 가세하고 있는 것이다.

구미와 중국의 유교 르네상스가 일종의 자기비판, 자기초극 혹은 자기발견이라는 자율적인 계기를 내포하고 있음에 반해, 그것을 가지지 않은 채 타율적인 '르네상스'를 받아들인 일본에서 본래는 그것에 이성적인 제어장치를 걸어야 할 우리 학계가 이에 대응하지 못하는 사이에 '유교문화권'이 어느덧 '대동아신흥공업국문화권(大東亞新興工業國文化圈)'을 대신하고 있다고 하는 것으로 되지 않으면 좋겠지만.

현시점에서 우리의 과제는 차라리 '르네상스'를 외화(外化)하고, 구미의 독자성에 대항할 수 있는 독자성, 곧 일본 자본주의의 마구잡이식 발전이 갖고 있는 반도덕성(예를 들어 동남아시아의 삼림난벌) 등을 어떻게 올바르게 자기검토할까 하는 것이다. 구미 추수(追隨)를 뒤집은 것인 '유교문화' 자존(自尊)의 '르네상스' 등은 이때 사절하고 싶다.

일본의 송명학 연구와 중국의 송명학 연구

문화대혁명 이후, 특히 80년대에 들어선 이후 중국의 송명학 연구도 방법론상에서 유물 · 유심의 족쇄를 벗어 아주 다양해지고, 일중(日中) 연구자 사이의 교류도 왕성해졌다.

나도 최근 중국의 저명한 송명학 연구자 장리원(張立文)과 직접 연구교류를 할 기회를 얻어 왜 지금 유학인가 하는 문제가 현재의 중국에서는 현대화와 전통의 문제의 일환으로서 특별히 현재적 과제임을 실감할 수 있었다. 많은 청년들이 중국의 전통에 대해서 부정적이고, 개방정책에 의해 외국 숭배와 배금주의의 풍조마저 현저하다는 장리원의 우려 섞인 표현은 나에게 『권학편(勸學篇)』에 보이는 장지동(張之洞)의 민족적 아이덴티티에 대한 위기의식을 상기시켰다.

사회주의적 윤리의 확립에 실패하고, 비림비공(批林批孔)과 유법투쟁(儒法鬪爭) 등 전통사상 부정(否定)의 상처도 아물지 않은 상태에서 외국 문물이 마구 쏟아져 들어오고, 정신 차려보니 주변의 '네 마리 작은 용'(한국, 타이완, 홍콩, 싱가포르)에게조차 뒤처지게 되어 중화의 자부심도 땅에 떨어진 현재의 상황은 전통의 올바른 발굴을 급선무로 삼게 했다.

중국에서 전통사상, 전통윤리라고 하면 첫째가 유교이고, 현재도 다양한 형태로 살아 있는 그것들의 조형(祖型)이 송명학이기 때문에 유교 부활에 찬성하든 반대하든 그들 중국인 자신의 전통사상의 올바른 이해를 위해서라도 학자들은 송명학의 올바른 해명을 서두르고 있다. 게다가 그것은 지금까지 유심론·유물론이라는 외래의 분석구조에 의해 정치적으로 처리되어왔을 뿐이니, 그들 사이에서 지금이야말로 객관적·실증적으로 올바르게 분석될 필요가 있다. 결국 송명학 연구는 중국에서는 현대와 직접적으로 관련된 사상과제로서의 현재적 의의를 가지고 있다고 장리원과의 교류를 통해 이해할 수 있었다.

뒤집어서 현대의 일본에서는 어떤가?

일본 한학이 일익을 맡아온 일본인의 전통사상과 전통윤리의 유지와 해명이라면, 일본의 에도기의 유학을 직접 대상으로 삼으면 되는 것이고, 특별히 중국의 송명학을 가지고 나올 필요는 없다.

유교 르네상스라든가 유교 자본주의라고 해도 일본에서는 주로 NIES(신흥공업경제지역)의 현재 상황에 대한 분석을 염두에 둔 것이지, 현재 일본의 자본주의가 유교에 뿌리를 두고 있다든가, 지금부터의 기업활동을 위해 유교를 연구하지 않으면 안 된다고 진짜로 생각하고 있는 사람이 많이 있다고 볼 수는 없다.

쓰다 소키치가 서술하고 있듯이, 일본의 민간습속과 민간윤리 속에 유교의 그림자가 짙다고 인정하는 것은 도저히 불가능하다. 일본 내에서 송명학을 문제로 삼지 않으면 안 되는 현재적 과제는 없으며, 근거도 의의도 없다.

반면에 동아시아, 특히 NIES의 대두에 수반하는 새로운 관계구조의 설정은 일본의 급선무이고, 우리의 분야로 말하자면 중국(대륙, 타이완, 홍콩)이라는 이 아직 많이 모르는 부분이 남아 있는 나라를 보다 다각적으로 아는 것은 그 급선무의 일부이다. 특히 근대중국 연구와 전근대중국 연구의 제휴가 불충분하여, 예를 들어 유교의 정치사상과 중국 혁명의 관련 등 중요한 것이 테마로서 화제가 되지도 않은 채 방치되어온 현재 상황에서, 근현대중국을 올바로 알기 위해서도 송명학 연구는 서둘러야 하는 일의 하나이다.

곧 **외국학으로서의** 송명학 연구는 일본 내부에 그에 상응하는 근거를 갖고 있다. 이 외국학으로서의 송명학 연구는 유럽을 시야에 넣음으로써 학문으로서의 근거를 두텁게 하는데, 지금은 그것에 대해서는 언급하지 않기로 한다.

문제는 송명학 연구에서 중국과 일본 각각의 근거가 전혀 다르다는 것을 쌍방이 어디까지 인식하고 있는가이다.

중국인의 경우는 송명학을, 예를 들어 철학사상의 면에서만 대상화하더라도, 전술하였듯이 그것은 그대로 현재적인 의미를 가질 수 있지만, 일본인의 경우는 그것을 통해 중국을 아는 것으로 이어지지 않는 한 실제로 그 의미는 완료되지 않는다.

이러한 학문의 근거라는 것의 차이가 쌍방에 어느 정도 자각되고 있는가 하면, 유감스럽게도 쌍방 모두 그것은 거의라고도 해도 좋을 만큼 자각되고 있지 않다.

우선 중국 측에 대해서 말하자면, 그들은 송명학을 **중국을 본가로 한** 동아시아 공통의 학문으로 인식하고, 그러한 공통성을 암묵적 전제로 하여 일본의 연구자와의 교류에 임하고 있다. 한편 일본 측에서는 본래의 송명학 연구자는 예전의 한학자가 그랬듯이 송명학만이 관심 대상의 전부이고, 그것을 통해 **외국으로서의** 중국을 안다고 하는 관심의 확대가 없기 때문에 바로 중국인의 송명학 연구에 동화(同化)할 수 있다는 체질이 몸에 배어 있다.

중국인 측에서 생각하면, 자신들의 목적에 동화한 기특한—'선진적이고' '우월한' 저 훌륭한 일본인이 아니라 겸허하고 우호적인—일본인이 되고, 양자의 관계는 최근 빈번히 이루어지는 이런저런 다른 중국(대륙)의 국제적인 학회에서 특히 금슬상화(琴瑟相和)하는 관계에 있다고 해도 좋다. 서로가 서로를 칭찬하고, 그것이 공히 '국제'적 평가라고 서로 믿으며, 어떻든 간에 상호의 근거의 차이를 말하는 적은 없다. 이 때문에 결과적으로 그 '국제(國際)'는 각국의 독자성에 대한 고찰을 결여한 이른바 중화 코스모폴리타니즘일 뿐이다.

중국 쪽의 자각되지 않는 대국주의(大國主義)도 물론이거니와, 이 점에 대한 일본의 송명학 연구자들의 그 '국제'적인 동화의 태도는 현재 중국에서의 유교의 존재양태에 관한 일본 측의 냉정한 고찰의 눈을 오히려 저해하는 것이 될지도 모른다.

일본의 송명학 연구자들이 최근 중국의 유학 부활을 자신들의 시대의 도래처럼 간주하고 있는 것을 보는 일은 그들과 아주 가까운 곳에 있는 한 사람으로서 보고 있기 괴로운 일이다.

우리 일본의 송명학 연구자는 그 학문이 동아시아 일대(一帶)의 것인 만큼 동아시아의 관계구조의 주체적인 이해를 위해서도 더욱이 현재 일본에 있어서 그것의, 즉 외국학으로서의 근거에 대한 자각이 없어서는 안 된다. 왜냐하면 동아시아의 관계는 각국의 독자성의 상호승인을 전제로 하기 때문이다.

　그것이 외국학인 이상 중국인이 목적으로 삼을 수 있는 것이 일본인에게는 방법밖에 안 되는 것이 있다. 중국인은 송명철학에만 집중해도 되지만, 중국을 아는 것을 제1단계의 목적으로 할 수밖에 없는 외국 학자의 경우는 송대와 명대의 정치와 사회를 포함해 송명학을 고찰하지 않으면 안 되고, 좀 더 말하자면 비교의 눈을 기르기 위해 일본과 유럽의 것도 고찰하지 않으면 안 된다.

　거기에 우리 외국 연구자의 존재이유가 있으며, 중국인 측에서의 참된 이점도 있다. 중국의 송명학 연구가 정치의 개입에 의해 낙후되는 바가 있고, 그만큼 일본의 송명학 연구의 성과가 존중된다는 것은 일단은 훌륭한 것이라고 말하지 않을 수 없지만, 그것은 단지 일시적인 것일 뿐이며, 그렇게 멀지 않은 시기에 중국인의 송명학 연구가 낙후를 극복하고 실증과 면밀함으로 일본을 능가할 때가 오면(그때가 이미 도래했음을 지금 장리원의 연구실적이 보여주고 있다), 지금까지 일본의 근거가 확실치 않은, 송명학 연구를 위한 송명학 연구는 나팔꽃이 시들듯이 그 존재이유를 끝내지 않으면 안 될 것이다.

　중국인 측도 존대(尊大)한 본가의식(本家意識)을 버리고, 외국인의 중국 연구의 입장이 단지 중국 편들기와 중국 심취에 의거하는 것만이 아니라 오히려 때로는 가장 냉정한 관계자이고 나아가서는 비판자이기도 하다는 것을 겸허하게 알아야 할 것이다.

　한편 우리 외국학으로서의 송명학 연구자는 중국인 연구자에 비해 훨씬 다면적이고 다각적이지 않으면 안 된다. 중국어로 말하면 '신쿠(辛苦)'라고 하는 것인데, 그것은 외국연구의 숙명 같은 것이며 또 외국인 연구자인 것의 특권이기도 하다고 생각하지 않으면 안 된다.

유교와 근대 및 현대

죠치(上智)대학 아시아문화연구소 주최 '유교와 아시아 사회'라고 하는 제목의 국제세미나는 '유교와 아시아 제(諸)사회의 특질', '유교와 근대'라는 소위 가로와 세로의 구성을 축으로 하고 또 동서문화의 비교 및 동서문명의 융화라는 테마를 배경에 두고서 토론을 진행했다.

애초에 나는 토론에서 개념상의 어긋남이 없도록 미리 유교(유교냐 유학이냐도 문제가 된 것이다)를 1)예제(禮制) 2)철학사상 3)정치·경제사상 4)지도층의 책임이념 5)학문론·교육론·수양론·도덕론 6)민간 윤리 7)공동체 윤리 8)개인 윤리라는 8개의 측면으로 나누어 생각할 것을 제의하였으나, 베트남 유교에는 이 가운데 2)철학사상이 없다, 그것은 왜인가라는 츠보이 요시하루(坪井善明) 보고서에서 발단하여 소위 유교문화권이 **아시아의 내부**에서 문제시되었다. 아시아 내부에서라는 것은 바꿔 말하면, 정치, 경제, 문화 등의, 유교에 의거하여 말하자면 특히 문화면에서의 **가로로 엮인 관계성**을 바탕으로 하는 것이다.

본래 우리는 유교문화권이라고 불리는 문화영역이, 예를 들어 그리스도교문화권(특히 서구 국가들)처럼 하나의 가로로 엮인 영역으로서 실재하고 있다고는 생각하지 않았다. 유교는 각각의 나라를 중국과 맺어주는 날실이지, 각각의 사이의 **상호왕복적인 문화**의 씨실이 아니다.

그러나 베트남 대표의 참가를 통해 같은 인도차이나 반도에서도 라오스와 캄보디아에는 유교는 없다고 해도 좋고, 태국도 그렇고, 하물며 인도네시아, 필리핀에 있어서야라고 하는 것에서 우리는 유교가 중국과 그 주변국 내부 특히 중국과 책봉(冊封)·조공(朝貢)의 종속관계를 가진 나라만의 단선적·일방통행적인 날실에 불과하며, 그것은 아시아 전체 속의 특수한 일부라는 강한 인식을 갖기에 이르렀다.

이러한 씨실 부재의 관계는 각국 근세의 정치·경제시스템을 고절적(孤絶的)일 정도로 분화시키고(중국의 황제관료제와 일본의 막번체제幕藩體制를 보라), 그 차이는 바로 각국의 유교의 차이가 될 것이지만, 지금은 그것을 언급하지 않겠다. 여기서는 이러한 일종의 문화단절을 '유교와 근대' 및 '유교와 현대'의 문제와 묶어서 언급해두고 싶다.

나는 지난 몇 년간 중국에서는 16세기 말부터 중국 독자적인 근대과정의 전개가 나타나고, 현대 중국도 그것의 연장으로서 그 후의 규정을 피하지 못한다는 것을 주장해오고 있는데, 이번에는 그것을 '자생적 근대'라는 말로 일반화하는 한편, 주지(周知)하는 19세기 서구의 침입을 '외래적 근대'라고 불러보았다.

이 두 개의 '근대'를 유교에 관해서 보면, 예를 들어 중국에서는 3)의 정치·경제사상 속의 유교적 '균' 사상이 '만물일체(萬物一體)의 인(仁)-대동주의(大同主義)-삼민주의(三民主義)-사회주의적 공동주의'로서 결국 '자생적 근대' 사상의 핵이 되는 한편, 1)의 예제 7)의 공동체 윤리(종족적인 가부장 윤리 등)는 '외래적 근대'의 방해자(루쉰魯迅이 말한 '사람을 잡아먹는 예교')로서 타도의 대상으로 간주된 것에 반해, 조선에서는 유교적 지식인이 4)의 책임이념에 계속 의거하면서, '외래적 근대'에 대해서는 7), 8)의 공동체 윤리(양반적인 가부장 윤리)와 개인 윤리(인의仁義 등 이른바 동양도덕)에 의거해 대체로 민족적인(다른 측면에서 그것은 봉건적인) 유제(遺制)의 방위와 유지(維持)로 향했다. 또 베트남에서도 4)의 책임 윤리는 '외래적 근대' 곧 피식민지화에 대한 민족적 저항의 정신적 지주라고 간주되었다.

다른 한편 일본에서는 유교적인 정치사상(요코이 쇼난橫井小楠, 사이고 다카모리西鄉隆盛)은 '외래적 근대' 속에서 해소되는 한편, 7), 8)의 공동체 윤리(천황제적인 국가윤리)와 개인 윤리(충효)는 '외래적 근대'를 내측으로부터 보강하는 데 사용되는(「교육칙어(敎育勅語)」) 등 나라마다 달랐다.

결국 유교는 '외래문화'에 대한 대응만을 보더라도 이것에 대한 방해자(중국), 저항자(조선·베트남), 보완자(일본) 등 역할은 다양하며, 이 차이는 그대로 '유교와 현대'에 계승되지 않을 수 없다.

최근 유교 자본주의라는 활자를 보지만, '유교와 근대'가 위에서처럼 나라마다 다를 때 이것들을 동아시아 각국의 자본주의와 일률적으로 묶는 것은 가능하지 않을 것이다.

만약 '유교와 현대'를 자본주의와 관련짓는다고 한다면, 단적으로 유교 윤리를 공업화의 추진에 어떻게 도움이 되게 할 것인가, 혹은 그것과는 반대로 도덕주의, 조화주의로 회귀함으로써 어떻게 공업화를 억제·조정할 것인가라는 두 개의 입장 중 어느 쪽에 설 것인지를 먼저 묻지 않으면 안 된다.

중국(대륙)에서 참가한 경윈즈(耿雲志)가 '현대화'=공업화 추진의 입장에서 유교의 부활에 반대한 것—나는 오히려 경윈즈는 정치와 사회관계의 민주화 추진의 입장에서 그래야 했을 것이라고 생각하지만—에 대해, 프랑스의 제르네가 도덕 없는 공업화인가라고 물은 것에서 선진국과 발전도상국 사이의 어긋남도 포함해 이 문제의 복잡함이 바로 간취된다.

논의의 목적이 동서문명의 보다 고차적인 융화에 있다고 한다면 더욱 그러한 것이다.

유교 자본주의와 유교 사회주의

어떤 사람이 "영국의 자본주의를 신교(新敎) 자본주의라고 할 수 있다면, 일본의 자본주의는 유교 자본주의라고 말할 수 있다"[5]고 쓴 것을 받아서, 다른 한 사람은 이것을 중국 유교에까지 부연하여 "청교도주의와 돈벌이의 합체가 가능하다면, 근세유교(송학)의 금욕주의와 돈벌이가 합체할 수 없지는 않을 것이다. 나는 유교 자본주의설은 결국엔 납득될 것이라고 생각하고 있다"[6]라고 문제를 보다 일반화하여 내세우고 있다.

나는 원래 이렇게 단편적인 발언을 문제 삼는 것을 좋아하지 않지만, 발언자는 저명한 분이고 발언의 장(場)도 일류라고 간주되는 서지(書誌)인 이상, 이런 단편적인 발언 쪽이 오히려 요즘의 '유교 르네상스'인가 뭔가 하는 풍조에 올라타기 쉽고 혹은 그것을 조장하기 쉽다고 생각하기 때문에 굳이 문제로서 거론하는 것이다.

일본의 자본주의를 유교 자본주의라고 하는 것은, 앞의 필자에 의하면 유교의 충(忠)·효(孝)·신(信)·경(敬)의 덕목이 일본형 연공서열제(年功序列制)와 종신고용제의 기초가 되었다는 판단에서 온 것 같은데, 그 판단이 현상적(現象的)인 면만을 본 것이라는 코멘트가 붙어 있다면 일단은 수용해도 좋다.

그러나 이것을 금욕(禁欲)으로 좁히고, 게다가 송학을 자본주의와 결부시킨다면 고개를 갸웃하지 않을 수 없다.

이런 주장의 배경에는 말할 것도 없이 막스 베버의 『프로테스탄티즘의 윤리와 자본주의 정신』이 있는데, 그가 이 둘을 결부시킨 것에 대해 고려하지 않으면 안 될 중요한 포인트가 둘 있을 터이다. 하나는, 지금까지 카

---

5) 森嶋通夫, 『續イギリスと日本』(岩波新書, 1978년).
6) 島田虔次, 「現代における儒教哲學」(『思想』 1988년 8월호).

톨릭주의에서는 세속(世俗) 밖의 수도생활이야말로 신의 사명을 수행해야 할 성직이라고 간주되어온 것에 반해, 청교도주의에서는 세속의 직업 자체가 성직이라고 간주되게 되었다는 것, 결국 직업의 신성시, 직업에 대한 사명감의 확립이다. 다음으로 또 하나는—이것은 『유교와 도교』(제8장)에 서술된 것인데—청교도주의에서 혈연공동체에 대한 윤리적 공동체의 우월성이 확립된 것, 경제 면으로 말하자면 상거래의 신용이 혈연적인 연줄보다 세속의 직업생활을 통해 드러나는 개인의 윤리적 자질에 두어지게 된 것, 결국 혈연적 유대보다 우위에 있는 직업인으로서의 개인 윤리의 확립이다.

이 둘을 일본의 에도기에 적용시켜보면, 전자는 무사와 쵸닌(町人)에게서 가'직'(家'職')을 잇는다는 형태로 내용은 다르지만 존재하고 있었고, 후자 역시 예를 들어 혈연관계보다도 주종관계 혹은 인정(人情)보다는 의리(義理), 나(私)의 의리보다는 공(公)의 의리를 각각 첫째로 친다는 형태로, 대략적으로 말해 혈연적 유대를 뛰어넘은 사회적 의리관계 위에 윤리적 세계가 놓여 있다는 형식적 유사성을 갖고 존재하고 있었다. 의리관계로서의 윤리라는 것은 개인 윤리의 확립과는 실제로는 서로 용납되지 않을 테지만, 혈연적 유대를 뛰어넘어 '사회'생활을 첫째로 친다는 점에서는 공통되고, 게다가 이 '사회'가 일본에서는 몰개적(沒個的) 집단(번藩, 주인집, 뒤에는 국가, 회사)이라는 점에서 오히려 일본형 자본주의를 서구의 그것과 비교하여 현격히 '맹렬하게' 한 것은 본 대로다.

결국 일본 자본주의는 베버에 기대어 생각하는 한 유교가 아니라 일본의 전근대사회의 특질과 결부지어 고찰해야 할 것이다.

이러한 것을 근거로 삼은 위에서 그렇다면 중국은 어떤 것인가?

송학을 근거로 하여 중국 유교 속에 직업의 단순한 윤리감만이 아니라, 직업의 신성시와 직업에 대한 사명감이라는 것이 보이느냐고 묻는다면, 물론 No다. 하물며 베버의 소위 '자본주의 정신', 곧 '정당한 이윤을 사명(곧 직업)으로서 조직적이며 동시에 합리적으로 추구한다는 정신적 태도(『프로테스탄티즘의 윤리와 자본주의 정신』제1장, 岩波文庫, 上卷, 72쪽)가 있는가라고 한다면, 이것은 이미 묻기조차 어리석은 일이라고 해야 할 것이다. 유교가 농업을 본부(本富), 상공업을 말부(末富)라고 하고, 공리(功利)보다 도덕(道德)을 첫째로 본 것을 하나의 큰 특질로 삼은 것은 거의 주지(周知)의 사실이 아닐까.

혈연적 유대보다 우위에 있는 윤리세계에 대해서는 어떤가? 이것은 구체적으로는 효제(孝悌)를 넘어서 그것보다 우위에 있는 윤리세계가 따로 있었다는 것인데, 유감스럽게도 중국에서는 특히 송대 이래로 효 윤리(孝倫理)는 유교 윤리의 근본적인 기둥의 하나가 되었다. 주자학이 민간층으로 한층 더 침투한 것인 양명학에서 그것은 보다 더 강해지고, 또 왕양명에 의해 창도되고 청대에는 향촌의 구석구석까지 보급된 향약(향촌 공동체의 유대로서의 윤리규약)에 이르러서는 참으로 효제윤리의 결정이라고 하기에 걸맞으며, 게다가 지주층의 종족적(宗族的) 결합이 향촌에 확대되게 된 청대 중기 이후는 더 말할 것도 없다.

청말의 개량파 지식인 풍계분(馮桂芬)은 다음과 같이, 즉 "대개 군(君)과 민(民)은 인합(人合, 의리義理·인위人爲의 결합)임에 반해, 종족(宗族)은 천합(天合, 혈연·자연의 결합)이다. 그러므로 인합인 것은 천합에 의거해서야 비로소 그 '합'이 공고해진다"(「종법을 다시 논함(復宗法議)」)라고 말했다. 이것은 황제권력이라고 해도 민(지주층)의 종족적 결합에 의거하지 않고는 안녕과 태평은 없다, 결국 효 윤리(혈연)를 넘어선 곳에 따로 충(忠) 윤리(의리)가 있는 일 따위는 전혀 있을 수 없다고 서술한 것이다.

중국에서 상공업은 이런 혈연적, 보다 일반적으로 말해 지연 등을 포함한 사적 인연의 유대를 네트워크로 하여 전개되었다는 것이 실태(實態)이고, 이 네트워크가 양무파(洋務派)의 공업진흥책에 깊숙이 파고들어가 관영이건 민영이건 좌우간 자본주의의 자율적인 발전의 저해요인이 된 것은, 예를 들어 장지동(張之洞)이 문집에서 상인(商人)의 원견(遠見) 없음을 이를 갈면서 기술하고 있는 대로다.

쑨원(孫文)식으로 말하면, 중국인은 뿔뿔이 흩어진 모래이고 또 개인주의적·이기주의적이 되는데, 이 개인주의와 이기주의는 요컨대 국가와 정부를 안중에 두지 않고 오로지 혈연, 지연, 연줄, 결국 사적 인연의 네트워크만을 세계의 전부로 보는 것이고, 이런 경향은 사회주의 중국인 현재에도 아직 면면히 계속되고 있다.

중국 유교 속에는 청교도주의에서 직업인으로서의 개인 윤리는 물론이고, 일본에서 보이는 귀속집단(번, 회사)에 대한 몰사적(沒私的)인 충성도 역사적으로는 양성되지 않았다.

중국 유교의 금욕주의를 바로 자본주의와 연관시키는 것은 논리적으로는 지나치게 단순화한 것이라고 할 수밖에 없다. 또 최근에 간행된 위잉스(余英時)의『중국 근세 종교윤리와 상인정신』[7]은 베버의 앞의 책에 입각하여 근세 중국의 상인 윤리 속에서 유교 윤리를 인지하려고 한 것으로, 그것은 그것대로 검토할 만하지만, 그러나 근세 상인의 존재양태가 그대로 자본주의로 전개된 것이 아니라[8]는 자명한 사실을 말해두고, 여기서는 상인 윤리로서의 유교 윤리는 민간 윤리의 하나로서 당연히 있었다고 확인해두는 것으로 그친다.

내가 보는 바로는 만약 결부(結付)시킨다면 중국 유교는 차라리 중국 사회주의와 결합한다. 단 이를 주장하기 위해서는 단서가 한두 개 필요하다.

우선 첫 번째 단서로서, 여기서 말하는 유교란 앞 절에서 서술한 중국

---

7) 余英時,『中國近世宗敎倫理與商人精神』(臺灣, 聯經出版事業公司, 1987년).

8) 이것에 대해서는 杜念中·楊君實 編,『儒家倫理與經濟發展』(臺灣, 允晨文化公司, 1988년 재판)에 수록된 논문들이 중국자본주의와 베버의 기독교 윤리감각 등에 관해 고찰을 행하고 있다.

유교의 여덟 개의 상(相, aspect) 가운데 정치경제사상으로서의 그것을 가리킨다. 중국 유교를 일본과 조선의 유교와 가르는 특질은 그것이 천의 사상, 곧 천을 만물의 근거로 간주하고, 천에서 만물생성의 조리성(條理性)을 인지하며, 인간의 도덕을 천의 조리성과 관통시킨다고 하는 천본사상에 기반하고 있다는 점에 있다.

이 천본사상이 정치·경제사상으로서 구체화된 것이, 만물이 자리를 얻는다고 하는 데서 오는 "천하는 천하인(天下人)의 천하"라는 '공(公)' 천하주의 및 "고르게 할 수 없음을 걱정하는" '균(均)'주의이다.

'공' 천하주의는 단순히 왕조의 역성혁명사상(易姓革命思想)에 머물지 않고, 청말에는 왕조의 존재 이유 자체를 부정하는 공화혁명사상으로 발전하고, '균'주의는 16, 17세기의 토지분배론의 흐름을 받아들여 청말에는 토지공유론으로 전개되고, 이것들은 청말의 혁명적 지식인의 논의를 거친 후 마오쩌둥의 인민공사운동(人民公社運動)으로 계승되었다. 결국 이 정치경제사상으로서의 유교적 '공''균'사상(쑨원의 말을 빌리자면 '공자의 대동주의大同主義')이야말로 중국 사회주의 사상의 토대가 된 것이다.

이를테면 이 '공'·'균' 사상은 청말의 유가 관료 사이에서도 퍼져 있었다. 예를 들어 광둥성(廣東省)의 어느 현(縣)의 지사(知事)인 서(徐)아무개가 '만물일체(萬物一體)의 인(仁)'에 의해 '전리(專利)'(곧 자본주의적 기계공업화)에 반대하였고(9장 참조), 또 초대 주영(駐英)부대사로서 런던에 부임한 어느 관료가 기계의 대량인쇄보다는 수작업의 인쇄로 더 다수의 직공에게 임금을 나누어주어야 하지 않을까라고 제언한(10장 참조) 것처럼, 이 근대사 분야에서는 보수고루파라고 간주되어온 관료들도 포함해 보수·혁명, 관(官)·신(紳)의 구별 없이 그들 지식인 사이에 폭넓게 침투해 있었음을 엿볼 수 있다.

이처럼 보수·혁명, 관·신의 구별 없이 공통적으로 '공'·'균'사상이 침투해 있었다고 하는 것에서 사회주의적인 전체주의 사상과 토지공유론이 나오고, 이윽고 그것이 마오쩌둥혁명에 의해 인민공사운동으로 전개되고 있다고 하는 추이를 볼 때, 중국 사회주의가 좋건 싫건 얼마나 유교사상의 전통에 뿌리를 두고 있고, 또 그 때문에 그것에 의해 제약받고 있는가에 생각이 미치지 않을 수가 없다.

아니, 민국혁명(民國革命) 이래 문화대혁명까지 유교타도(儒教打倒)는 문화운동상의 중심과제가 아니었는가라고 말할 수 있다. 하지만 그 경우의 유교는 내가 말한 여덟 개의 상(相) 가운데 공동체 윤리(종족적 가부장윤리)와 개인 윤리(효제윤리, 오륜 등)로서의 그것을 말하는 것이지, 정치경제사상으로서의 그것을 말하는 것이 아니다.

정치경제사상의 면에서 말하자면, 가부장 윤리와 효제 윤리가 전복되었음에도 불구하고, 그 위에 구축되어야 할 **개인의** 정치적인 민주적 권리의 확립과 사권(私權)의 존중을 기초로 한 **시민적인** 사회주의라는 것에 대한 전망은 얻지 못한 채, 중국은 도리어 문혁기의 개사부정(個私否定)의 '공'·'균'지상주의(至上主義)로 돌진해버렸다.

그래서 두 번째 단서인데, 중국 유교가 상술한 것처럼 정치경제사상이라는 면에서 중국 사회주의와 결합한다고 할 때의 중국 사회주의란 자본주의를 경과하지 않은, 또 의회제민주주의를 경유하지 않은, 따라서 사권·개인권의 확립을 거치지 않은 이른바 토지균분적·대공산적인 농업사회주의로서 특징지어지는 것이다. 정치면에서 말하자면, '인인(人人)' 총체의 민주는 확립하였지만, 개인의 시민적 자유는 미확립이라는 것이다.[9] 이 때문에 개인의 능력과 권리보다도 연줄이 우위에 있고, 예를 들어 부모가 간부이면 자식은 무능해도 출세할 수 있다는 상황이 '인민' 중국에 아직 횡행하고 있다.

현재 중국에서는 유교의 부흥을 말하는 사람들과 그것에 반대하는 사

---

9) 졸고, 「中國の'公·私'」下(『文學』, 1988년 10월호) 및 吉澤南, 『個と共同性』(東京大學出版會, 1978년) 참조.

람들 사이에서 논쟁이 계속 일어나고 있지만, 내가 보는 바로는 전자의 사람들은 오로지 여덟 개의 상(相) 가운데의 철학사상이나 지도층의 책임윤리를 말하고, 후자의 사람들은 사적 인연의 네트워크로서 잔존하고 있는 공동체 윤리의 면을 주로 말하는 등 분명히 엇갈리고 있다.

반대하는 사람들 사이에서도 공업화 추진을 지상과제로 보는 입장과 정치·사회의 민주화 추진을 지상과제로 하는 입장 사이에 차이가 보인다.

우리가 외부에서 참견할 일은 아니지만, 중국에서는 유교 자본주의 운운(云云)보다는 유교 사회주의야말로 문제가 되는 것이고, 그 문제란 단적으로 공동취사식의 전체형 사회주의로부터 개인협업형 사회주의, 유교적 사회주의로부터 민주적 사회주의로, 대체로 개인의 능력과 권리가 첫 번째로 기초되는 사회주의로 얼마나 일찍 전화(轉化)해가는가 하는 것이라는 점만은 말해두고 싶다.

부기

본고의 원고 단계에서 일본경제조사협의회가 주최한 「동아시아지식인회의」(1988년 1월 5일~8일)에서 이것과 거의 같은 취지의 발표를 행하였는데, 우연히도 홍콩 중문대학(中文大學)의 천치난(陳其南) 교수의 보고도 거의 같은 취지의 것이었다. 이 논문들은 뒤에 타이완의 합지문화공사(合志文化公司)가 간행한 『當代』(제34기, 1989년 2월)에 함께 게재되었다(溝口雄三,「儒教與資本主義掛鉤?」와 陳其南,「東亞社會的家庭意理(ideology)與企業競爭倫理」). 천치난씨는 이 밖에도 「儒家文化與傳統商人的職業倫理」(『當代』 제10·11기, 1987년)를 발표했는데, 아직 보지 못했다.

3부

방법
으로서의
종국

제9장

근대 중국상은 왜곡되지 않았는가?

양무와 민권, 그리고 중체서용과 유교

해설

이 논문을 읽게 될, 전문가가 아닌 분들을 위해 해설을 약간 덧붙인다. 전후(戰後) 오랫동안 중국의 근대화 과정은 '양무(洋務)-변법(變法)-혁명'이라는 단계론적 시각에서 조망되었다. 양무운동은 중체서용론(中體西用論)을 이데올로기로 삼은 것인데, 이 중체서용은 보통 아주 좁은 의미로 제한되어서, '중체'는 왕조체제와 그것의 이데올로기 즉 삼강오상(三綱五常)의 봉건질서, '서용'은 유럽의 근대기술과 공업을 일컫는 것이었다. 양무운동은 결국 유럽의 침입을 용인하면서 스스로 그 공업을 도입함으로써 구체제를 보강하여 그것의 온존을 도모하고자 하는, 본질적으로는 반동적이자 매국(賣國)적인 운동이라고 간주되었다. 이 양무파의 중심 인물은 이홍장(李鴻章)으로, 그가 태평천국(太平天國)군의 반란을 회군(淮軍, 뒤에 위안스카이袁世凱 치하의 북양군이 된다)으로 진압한 사실도 덧붙어 양무운동은 더욱 반(反)인민·반(反)혁명적인 운동으로 인식되었다. 이 회군은, 증국번(曾國藩)이 향리(鄕里)인 후난성(湖南省, 湘 지방)에서 지주제(地主制)하의 질서(종족제 등)와 인맥을 기반으로 결성한 상군(湘軍)과 나란히, 이홍장이 역시 향리인 안후이성(安徽省)과 세력하에 있던 장쑤성(江蘇省, 모두 淮 지방)을 기반으로 편성한, 소위 지방이 비용을 부담한 군대로서, 뒤의 군벌(軍閥)의 모체가 되었다.

이 양무운동은 종래의 주류적인 시각으로는 청일전쟁의 패배로 좌절하고 대신 중체의 변혁, 구체적으로는 입헌군주제를 기도한 캉유웨이(康有爲)·량치차오(梁啓超) 등의 이른바 변법파가 대두해 소위 무술(戊戌)의 신정(新政)을 시도했으나, 서태후의 쿠데타(무술정변)에 의해 100일 만에 실패(이에 백일신정이라고도 부른다)하고, 결국 만주왕조를 타도하는 것 외에 다른 길은 없다는 장빙린(章炳麟)·탕차이창(唐才常)·쩌우룽(鄒容)·쑨원(孫文) 등의 혁명파에게 제압당했다는 것이 서두의 단계론의 대강으로서, 요컨대 보수반동에서 진보로의 단계론이다. 이 단계론에 다시 자본주의화의 성패 문제가 뒤얽혀(양무파는 이것에도 실패했다고 간주된다), 양무파가 의거했던 왕조=지주체제하의 것(종족제와 향촌자위를 위한 보갑保甲조직 등)은 모두 부정적으로 평가되었다.

이 글은 이제까지의 그러한 시각에 대한 비판적인 검토다.

서론

표제의 이 논문은 1983년에 발표한 것이다.[1] 원래 그때까지 명청 사상사를 전공해온 내가 근대의, 게다가 사회경제사와 관련된 이러한 논문을 쓴 데는 이유가 있다.

계기는 양무파 대관(大官)으로 유명한 장지동(張之洞, 1833~1909)에 관한 한 석사논문을 읽은 것이었다. 그 논문은 모처럼 장지동의 진실한 인간성을 언급하면서도 양무파에 대해서 부정적이었던 당시의 통념에 얽매여

---

1) 「근대중국상은 왜곡되지 않았는가」(『역사와 사회』 제2호, リブロポ-ト社, 1983).

한 걸음도 나가지 못하는 것이 읽는 이에게 답답함을 느끼게 했다. 그래서 내 스스로 직접 장지동의 문집을 읽어야겠다고 마음먹게 되었고, 대작의 글을 읽고 난 뒤 묵직하게 가슴을 누르는 것이 그의 양무의 고투에는 감동까지 느꼈다. 그런 것 치고는 이 사람은 현재까지의 근대 사상 연구의 장에서 너무 나쁘게 거론되고 있었던 것이다.

한편 명청 사상사의 흐름을 추구하는 이의 눈으로 보면 이홍장(1823~1901), 장지동 등의 양무파의 고투는 청조 중국의 자존을 건 고투로서, 그 자체가 나쁘게 거론될 이유는 없다. 도대체 어떤 견지에서 그렇게 나쁘게 언급되는가. 그래서 지금까지 발표된 일본에서의 양무파에 관한 많은 논문을 읽었지만, 납득이 되기는커녕 읽으면 읽을수록 의문만 늘어날 뿐이어서 결국 이 논문을 쓰게 되었다. 즉 첫째, 명청 사상사와 근대사상사의 연결을 나름대로 확인하기 위해 둘째, 원래 근대 중국이란 어떤 역사시대였던가를 알기 위해 셋째, 양무파 비판의 주박(呪縛)에서 젊은이들을 해방하기 위해서이다.

그런데 당시 문화대혁명 뒤의 중국에서도 양무파에 대한 재평가가 시작되고 있었고, 그래서 세 번째의 의도는 결과적으로 허사로 끝났다. 문외한인 내가 미숙한 말참견을 할 것까지도 없이 지금 양무파를 비판하는 사람은 일본에서는 거의 찾아보기 어렵게 되었다. 그래서 양무파 비판을 문제로 삼는 이 논문도 세 번째에 관한 한 시대에 뒤떨어진 것이 되었다.

그런데도 여기에 과감히 수록한 것은 첫째, 앞의 두 가지 시각에서의 재검토는 지금도 의미를 잃지 않고 있다고 생각하기 때문인데, 그래도 그 이상으로 뒤의 세 번째가 시대에 뒤떨어지기보다 중국의 양무파 재평가의 동기에 우리 일본인들이 그대로 편승해도 좋은지 구애(拘礙)되는 바가 있기 때문이다.

현재 앞의 두 가지에 관해서도, 이 견지에서의 나의 양무파에 대한 재평가는 양무파 그 자체보다도 중국 근대 자체에 대한 재평가를 주요한 동기로 삼고 있다. 인민혁명을 역사의 도달점으로 삼고 거기서 **회고한다**고 할 뿐인 근대가 아니라, 그 앞의 시대에서 그것의 전개로서 바라보는, 그리고 또 그 시대의 내부에서도 비춰지는 근대, 그것은 또 그 자신이 하나의 역사시대, 하나의 세계이기도 한 근대이다. 이에 반해 중국의 양무파 재평가는 한마디로 '현대화'를 위한 것이며, 이것도 또 하나의 **회고된** 근대이고, 기탄없이 말한다면 일찍이 혁명으로부터 회고된 근대가 그러했던 것처럼 현대의 시대적 요청, 현대의 정치 과제를 위해 필요부분만을 잘라내고 혹은 확대하는, 현대를 위해 재편된, 소위 '혁명'이 '현대화'에 뒤집혔을 뿐인 또 하나의 왜곡된 근대이다.

게다가 그 '현대화'의 현대는 필경 **중국의** 현대이며 그래서 그 요청도 과제도 그들 중국인의 현대의 것이지 우리 일본인의 것이 아니다. 우리로서는 그들의 현대 속에서 동기를 가진 그들의 양무파 재평가를 그대로 일본에 들여와 우리의 양무파 평가로 대체시킬 수는 없는 것이다.

우리에게는 전후(戰後) 중국 근대 연구에 대한 재검토와 그것을 통한 우리의 '아시아의 근대'관 재검토가 양무파 문제와 연관된 동기를 이룬다. 따라서 우리의 경우는 양무파의 재평가이든 복권이든 결과적으로는 아무튼 그것 자체가 목적은 결코 아니다. 우리의 목적은 하나의 역사시대, 하나의 세계로서의 중국 근대상의 재검토이며, 그 근대상을 소재로 한 '아시아의 근대' 세계의 재편성, 그것을 통한 세계의 근대상의 재검토, 그리고 그것들로부터 **부여된** 과제의 확인이다. 현재의 과제에서 역사를 잘라내는 것이 아니라 역사에서 지금부터의 과제를 추측한다는 것이다.

더욱이 여기서 기술하는 의도는 옛 원고 집필의 단계에서는 필시 명확하지 않았고, 그 시점에서는 양무파를 위해 변호한다는 기분이 강했지만, 시각으로서는 상술한 앞의 두 가지의 그것에 입각해 있었기 때문에 이 옛 원고를 앞에서 서술한 의도에 따라서 여기에 수록하게 된 것이다.

그런데 이 옛 원고는 당시 간행된 두 권의 신간을 집어 들고 거기서 문제점을 추측해서 논술한 것으로, 옛 원고에서는 그 두 권을 다음과 같이 소개했다.

이홍장에 관해서 최근에 나온 한 저서(이하, A書라고 부른다)의 평가[2]를 빌리면, 우선 그 회군은 '반동적 · 후진적이며 강고한 혈연성과 종족성, 게다가 사적 주종성(主從性)'을 유대로 삼고 동시에 그것을 '서양식으로 편제 · 훈련한 반(半)사병적 봉건 반혁명군단'이며, 봉건적이라고 말할 수 있는 지방할거성을 특질로 하며 그것과 관련해서 창설된 군사공업 및 관련기업은 '외국침략자의 추천 · 지도 아래 기계 · 원연료까지 외국에 의존하고, 청조 정부와 양무파의 국내인민 탄압과 봉건 지배의 재강화에만 봉사케 한' 다음 그들의 사적인 '집단의 명맥 · 정치자본'으로써 장악되었으며, 그 때문에 그것은 민족부르주아의 정상적인 발전을 억압하는 것에 지나지 않았고, 총괄해서 그러한 양무운동은 '대외의존=매판성과 봉건성 · 할거성'을 특질로 하는 반(反)진보 · 반(反)혁명의 운동이라고 할 수 있다.

장지동에 관해서도 근간된 한 저서(이하, B書라고 부른다)의 평가[3]를 빌리면, 그의 '중학(中學)=성교(聖敎)=삼강오륜의 옹호'는 '삼강오륜의 실

---

2) 시바하라 다쿠지(芝原拓自), 『일본 근대화의 세계사적 위치(日本近代化の世界史的位置)』 (岩波書店, 1981) 제3편, 제5장 「양무운동의 배경과 국내정책」 365-366쪽. 다쿠지는 일본사연구 분야에서 유명한 분인데, 그것을 여기서 굳이 문제로 삼은 것은 첫째, 앞의 제5장이 종래의 양무파 연구에 전적으로 입각한 것으로, 반대로 말하면 이 장에는 종래의 양무파 연구의 성과의 주요한 부분이 모두 포함되어 있다는 점이고, 둘째, 그는 일찍이 양무파의 적극적인 면을 보고자 했던 도야마 시게키(遠山茂樹)와 소위 도야마 · 다쿠지 논쟁을 전개하고, 이 책에서 볼 수 있는 것처럼 부정적 측면을 강조했는데, 이 관점은 종래의 양무파 연구에 일정한 영향을 주었다는 점, 이 두 가지 이유에 기인한다.

3) 곤도 쿠니야스(近藤邦康), 『중국 근대 사상사 연구(勁草書房, 1981) 제1장, 제1절 「장지동의 중체서용론」. 곤도는 주로 청말민초의 혁명사상가들에 대한 연구에서 탁월한 성과를 내었는데, 그것을 차치하고 그의 연구에서 소위 비전공인 양무파에 대한 언급만을 뽑아서 비판하는 것은 사실 부당하다. 하지만 이제까지 근대중국사상의 분야에서 양무파는 거의 무시되거나 몇 마디로 부정적으로 정리되어온 것에 반해 그의 책만이 그 나름대로 정면에서 다루고 있기 때문에, 여기서 감히 부당하게 대한 점 양해를 구한다.

제를 검토하는 것이 아니라 그것을 초역사적인 규범으로서, 도그마로서 절대화한' 것이며, '민권의 설이 제창되자 우민(愚民)은 반드시 기뻐하고 난민(亂民)은 반드시 발생한다'라는 등의 반(反)민권의 언설은 '민(民)의 바깥에서 조정의 법률과 삼강오륜의 차별적인 도덕을 천자의 교화와 권력에 의해 위로부터 부여하고, 민에게 그것을 지키고 복종하게 함으로서 난을 방지하고 질서를 세우려고' 한 것이다. 요약하면 그 중체서용론은 '옛 청조 통치체제의 옹호라는 입장에서', '중체서용(中體西用)의 양무운동이 실패하고 그 비판자로서의 변법파가 등장하던 바로 그때에 위기에 직면한 자신의 입장을 지키기 위해 자신의 원칙을 노골적으로' 내세운, 소위 부정적 가치의 '사상사적 의의를 가진' 것이라고 할 수 있다.

이리하여 두 권에서 도출한 논점을 근거로 하여 양무파에 관해 옛 원고에서 검토한 문제점은 1) 양무운동이 중국 근대화 특히 자본주의적 공업화에 행한 역할, 2) 증국번(1811~1872), 이홍장 등이 창설에 관계하고 뒤에 군벌의 모체가 된 상군·회군의 역사적 역할, 3) 양무파, 특히 장지동의 반(反)민권의 언론 및 그 관권(官權)·국권의 주장, 4) 장지동이 주창하고 이것이야말로 양무파의 보수성을 드러내는 것이라고 간주되어온 중체서용론의 실태, 이 네 가지이며, 이 가운데 1)과 2)는 A서에서, 3)과 4)는 B서에서 촉발된 것이다.

이 네 가지는 상호 연관되는 것으로, 특히 사회경제사에서는 1)을 **주축**으로 해서 상호 연관된 것이라고 볼 수 있기 때문에 이 옛 원고를 수록한 이상 이 네 가지에 걸친 전부를 수록하는 것이 타당하겠지만, 이번에 검토한 결과, 결론적으로 그 주축의 첫 번째에 관해서는 의론을 철회하는 편이 좋다고 판단했다.

다만 가만히 철회하면 이것을 **주축**이라고 생각하는 이들이 미심쩍게 여길 듯하고, 또 이 첫 번째에서 제기된 서갱폐(徐賡陛)의 이름은 본서의 다른 곳에서도 나오기 때문에 서갱폐의 이름을 남기면서 아울러 나의 철회의 이유를 기록하는 방법을 찾지 않으면 안 된다.

다행이라고 해야 할지 모르겠으나, 때마침 이 옛 원고에 대해 경제사 쪽에서 두 가지의 반(反)비판이 덧붙여져 함께 서갱폐를 언급하고 있으며, 그리고 이 반비판이야말로 내게 철회를 생각게 한 것이기도 하기 때문에, 그곳의 사정을 기록한다면 그것이 그대로 철회의 이유에 대한 설명도 될 것이다.

원래 이 첫 번째에는 세 가지 사례, 즉 서갱폐에 의한 민간공장의 억압외에 이홍장이 창설한 상하이직포국(上海織布局)에서 특권·전리(專利, 이 '전리'도 본서의 다른 곳에서 다룬다)의 인가요청, 그리고 또 하나는 양무파관료에 의한 상선업(商船業)의 독점이란 세 가지 사례가 포함되어 있지만, 이 세 가지는 요약하면 양무파 관료의 기업독점과 민간산업에 대한 배타적 억압, 다시 말해 그들이 중국에서 자본주의적 발전을 억압하고 공업을 양무파 집단의 봉건적 지배 아래 예속시키고자 한 사례로서, A서가 의거한 제 연구에 의해 공통으로 묶여왔던 것이기 때문에 사실관계를 다투는 것이 아닌 한, 결국 관점과 방법론을 다투는 것인 한, 한 가지 사례를 든다면 그것으로 충분한 것이다.

하지만 옛 원고는 내 쪽에서 사실관계의 오인을 바로잡는 형태로, 이 첫 번째는 논의를 시작했기 때문에 각 사례마다 사실관계를 둘러싼 반비판을 받게 되었다. 그러나 원래 관점·방법론상에서 차이는 있는 것이기 때문에 사실 그 자체보다 사실을 선택하는 방식, 조직하는 방식, 시각의 차이를 다투게 되고 이것으로는 평행선을 달리지 않을 수 없다. 그래서 이기회에 철회해서 악순환을 끝내고 차라리 단적으로 관점·방법론의 차이를 분명하게 하자고 생각했다.

이상의 순서로 첫 번째에 관해서는 아래에 A서의 인용에 의거해 서갱폐의 사례를 소개해서, 이것을 둘러싼 관점, 방법상의 차이를 기록하는 것으로 하고 동시에 그것을 철회의 이유에 대한 설명으로 대신하고자 한다.

먼저 A서의 인용:

광둥성(廣東省) 난하이현(南海縣)에서 1872년 상인 진계원(陳啓元)에 의해 최초의 근대적 제사공장 계창융소사창(繼昌隆繰絲廠)이 설립되고, 몇년만에 같은 지방의 민간 근대공장이 열을 넘을 정도가 되었다고 한다. (…) 이러한 근대공장이 1881년 경쟁에서 패배해온 종래의 매뉴팩처·소영업주와 '기공(機工)'들의 습격을 받아 파괴되었을 때, 양무파 대관(大官)인 양광(兩廣) 총독 유곤일(劉坤一)·장수성(張樹聲) 등의 지휘하에 있던 난하이현 지사 서갱폐(徐賡陛)는, 한편으로 3천여 명의 폭동을 진압함과 동시에 다른 한편으로는 이러한 근대공장의 폐쇄를 명령했다. 그 폐쇄명령의 논리는 사실 '연해의 각 성에서 기계를 제조·사용하는 것은 모두 관(官)이 국(局)을 설치하고, 상주(上奏)해서 처리하는 것이니 평민이 마음대로 (기계를) 매입하여 설치할 수 없다'라고 한 데 있었다. 양무=기계사용의 국가독점과 질서유지의 명분으로, 여기서 양무파는 국민적인 신생산력의 창조와 수출진흥·식산흥업에 분명히 반대하고 있었다. 이 공장폐쇄 자체는 3년 뒤에 해제된 듯하고, 광둥 주변에는 그 뒤 제사공장이 수십 곳에 달했고, 상하이에도 제사공장의 설립이 잇따랐다고 한다. 하지만 산업진흥에 필요한 생산신용·무역금융 등을 포함한 자본주의 육성사업은 거의 볼 수 없었고, (…) 곧 일본에 뒤처지고 말았다. 양무파가 말한 자강(自强)·구부(求富)는 실제로 봉건 반혁명군단=양무파 관료와 그것에 기반한 청조 지배의 재편·강화 및 대내적 이익독점을 의미했던 것이다.[4]

---

4) A書, 378쪽.

이 A서에 대한 나의 의견은 적어도 이 사례에서 양무파의 민간공장 억압 및 자파의 대내 이익독점이라는 결론이 바로 나올 수 없다는 것인데, 예를 들어 서갱폐가 공장 폐쇄에 관해 표방한 호호(豪戶)의 전리(專利)를 억누른다는 그 이유는 '만물일체의 인(仁)'에 근거한 전통적인 유가 관료의 발상에서 나온 것으로, 이것을 곧장 양무파의 노선으로 볼 수 없다라든지, 또 서갱폐와 장수성(1824~1884)의 관계는 당시의 관제(官制)에서 볼 때 양무파로서 하나의 지휘계통하에 있었다고 말할 수 없다라든지, 장수성의 뒤를 이은 '3년 뒤' 재개(再開) 때의 양광총독 장지동이 장수성 이상으로 양무파의 대관이었던 점을 어떻게 설명할 것인지 등을 그 반증으로 삼은 것이다.

이에 대해 앞에서도 언급한 두 가지의 반론은, 하나는 장과 서의 관계는 어떤 것이며, 장수성이 상사로서 폐쇄를 용인했다는 거기에 양무파의 민간공장 억압 노선을 파악할 수 있지 않냐는 것이고, 또 다른 하나는 장과 서의 관계 그리고 서갱폐의 사상적 입장이 주요한 문제가 아니라, 공장 폐쇄라는 사실에서 드러난 사태의 본질, 즉 양무파에게 '자본주의 체제 창출을 위한 정책체계의 결여'야말로 문제라는 것이다.[5]

이러한 반론을 접하고서 내가 무엇보다도 이상하게 생각한 것은 이 논자들이 '3천여 명'의 폭동에 나타난 당시의 중국의 혼란스러운 사회상황에 대한 어떠한 고려도 하지 않는다는 것이었다. 예를 들어, 난하이현의 이 사례는 낡은 생산관계 위에서 그 성숙을 기다리지 않고 오히려 그것을 압

---

5) 전자는 ①鈴木智夫, 「중국에서 근대공업의 형성과 양무파」(『역사학연구』 540호, 1985) ②「근대산업의 이식과 이홍장」(『菊池貴晴先生追悼論集』, 1985), 후자는 ③久保田文次, 「근대중국상은 왜곡되고 있는가」(『史潮』 신16호, 1985). 또 ④는 이홍장이 재래의 견직물업에 대한 압박을 고려해서 근대적 견직물 공장의 개설을 인가하지 않았던 사례를 역시 이홍장의 공업정책의 '부분·한정·소극'성을 드러내는 사례라고 결론 내린 것이지만, 이것도 내가 보기에는 후술한 3천여 명의 폭동과 똑같이 양무의 곤란함을 드러내는 사례에 다름 아니다.

살하는 것처럼 갑자기 밖에서 새로운 생산관계가 들씌워진다는, 여기서 볼 수 있는 안의 구(舊)와 밖의 신(新)과의 알력을 드러내는 것일 터이다. 이외에도 광둥성에는 당시 일상적으로 빈발했던 '계투(械鬪)'(종족 동료의 집단무력충돌)에 보이는 치안의 악화, 관헌의 무력한 통제 능력이 있었다. 이를테면 서갱폐 자신은 인상(刃傷)사건으로 체포된 한 '호종신비(豪宗臣匪)'의 아들을 그 아버지인 '계투의 거수(巨魁)'(모두 서갱폐의 말)가 도당을 조직해 꺼내려 했던 그 사건의 잘못으로 인해 임기 겨우 1년 만에 난하이현 지사에서 파면당했던[6] 것이다. 게다가 광둥성에서는 그리스도교 신자가 되어 서양인의 비호 아래 들어가서 향촌공동체 내의 금전부담 의무로부터 이탈을 도모한 농민과 그것에 대립하는 농민 간의 싸움이 자주 발생하는 등 향촌의 사회관계가 동요되고 불안해졌다.

이러한 사회상황 속에서 발생한 이 폭동에 대해 행정책임자라기보다는 치안책임자였던 현지사 서갱폐가 폭동의 진압, 주모자의 처형과 함께 폭동의 원인 제거, 곧 공장의 폐쇄처분이라는 조치를 내린 것은 치안의 회복과 인심(재래 수공업자의 반항)의 수습을 도모한 것으로서 극히 상식적으로 타당한 것이었다고 할 수 있다. 동일하게 이 조치를 추인한 상사 장수성에게도 그렇게 말할 수 있는데, 중앙으로부터의 강한 지시라도 없는 한 폭동 재발의 위험을 무릅쓰면서까지 공장의 재개를 명하는 일 따위는 우선 생각할 수 없다. 더구나 중앙의 반(反)양무세력을 고려한다면 장수성이 근대공업화의 추진파였다고 하더라도, 아니 추진파라면 더욱더 공장을 폐쇄하고 사태가 진정되어 머지않아 상황이 호전되기를 기다리려고 했을 것은 쉽게 추측할 수 있다.

이렇게 보면 상식적인 이해를 제외하고, 결국 양무파가 직면해 있다기보다는 당시의 중국이 안고 있는 일본과는 달랐던 근대공업화를 추진하

---

6) 徐賡陞, 『不自慊齋漫存』(近代中國資料叢刊, 제78집, 제773권, 7「上張香濤督部第1-第3書」).

는 데 있어서의 정치적 · 경제적 · 사회적 제 부정적 조건을 고려하지 않고서 갑자기 양무파의 '정책체계의 결여'로 몰아가는 것이 내게는 납득할 수 없는 것이다.

왜냐하면 '정책체계의 결여'를 말하는 것이라면, 그것은 한 양무'파'의 일이 아니라, 청조 중앙정부의 일이며, 일본과 달리 근대 공업화의 국가적 추진체제를 갖지 못한 **중국의 것**이라고 나는 생각하기 때문이다.

이 한 가지 사례로부터 오히려 청말 중국의 그러한 복잡하고 다국(多局)적인 상황으로 고찰이 확대되어야 하는데도 그렇게 되는 것이 아니라, 오로지 한 양무파에 관한 '자본주의 체제 창출'의 성패에 논점이 묶인 것은 왜일까라고 질문해보니, 결국 그것은 어떤 테마, 여기서 말하자면 양무운동에서 자본주의화의 성패라는 테마를 사전의 척도로서 역사를 **검증**한다는 그 방법론에 기인한다고 생각된다.

여기서는 어떤 역사의 여러 사실 속에서 역사의 이미지와 테마가 추출되는 것이 아니라, 반대로 사전에 준비된 이미지와 테마에 따라서 역사의 여러 사실을 **음미**하는 방법이 사용되고 있다. 예를 들어, 중국의 자본주의화라는 테마에 붙여 양무파는 어느 정도의 역할을 맡았고 어떤 점이 결여되고 또 부족했던가 하는 것이 검증되고 **평가**받는 것이다.

여기서는 '결여'되었던 반면, 그 결여를 초래한 **본래의 '기체(基體)'**는 무엇인지, 자본주의화를 저해하고 그 다리를 잡아끄는 혹은 그것과 어울리지 않는 중국 고유의 여러 조건이 거꾸로 **중국적인** 사회주의화를 초래한 조건일지도 모르고, 일반적으로 B를 반(反)A로서 A의 편에서만 보는 것이 아니라, 때로는 비(非)A, 무(無)A로서 B의 편에서 본다는 등의 사실에 파고드는 시좌의 이동은 고려되지 않는다.

왜냐하면 이 방법론에서는 테마에 따른 음미, 검증, 평가가 목적이기 때문에 테마를 떠나서 사실 속에 자유롭게 들어가고 자유롭게 돌아다니는 것은 목적으로부터의 일탈에 지나지 않기 때문이다.

나는 앞에서 말한 첫 번째의 자본주의화의 문제에 관해 물러나기로 했던 것은 무엇보다도 이러한 방법론 사이에서는 대화가 성립하지 않을 것이라고 생각했기 때문이다.

아무튼 나는 양무파가 하나의 정리된 조직집단이라고 생각하지도 않고, '체제창출'이 가능한 주체적 권력기구라고도 생각하지 않는다. 그렇지만 양무의 의지를 가진 것만이 공통점인 개개의 관료와 지식인이 각자의 자질과 판단으로 중국이란 끝도 없는 커다란 늪 속에서 여기저기 말뚝박기를 시도하고 있다는 점이 양무운동하의 공업근대화에 관한 나의 이미지다.

나는 그 말뚝박기의 장으로서 늪 쪽의 상태가 어떠했던가, 어떤 말뚝을 지지하고, 어떤 말뚝을 끌어들이며 혹은 어떤 말뚝을 거꾸려뜨렸던 것인가에 많은 관심을 갖고 있지, 말뚝을 박은 사람의 말뚝박기의 솜씨라든지 성공도를 (근무)평가하는 데에는 관심이 없다. 나의 경우는 솜씨를 평가하기 이전에 아무튼 늪에 말뚝을 박는다는 그 작업의 곤란함 쪽에 눈이 끌리고 있고, 그래서 양무'파'에 관해서는 물론 중국에 관해서도 '자본주의 체제 창출을 위한 정책체계'가 마땅히 있을 거라는 테마 우선의 전제는 원래 내게 없었다.

이상 방법론 혹은 시각이라는 것의 차이가 첫 번째에 관한 진정한 문제점이었던 것이고, 그것이 내가 물러난 이유이기도 하다.

이어서 상군(湘軍)·회군(淮軍) 등의 두 번째 이하와 관련해서는 차이라는 것이 사실 여기에도 잠재되어 있지만, 다만 2)~4) 세 가지는 첫 번째와 비교한다면 문제의 성격상 논술의 비중이 보다 많고, 늪의 상태와 작업의 어려움과 관련되어 있기 때문에, 앞에서 서술한 이유도 있어서 옛 원고대로 수록하는 것으로 했다.

아래는 그 옛 원고의 제2절 이후부터다.

이제부터 두 번째의 양무파, 특히 회군 및 북양해군과 관련해서 거론되는 봉건성, 지방할거성을 세 번째의 민권운동과 연관해서 고찰해보자.

우선 회군이 상군과 함께 봉건적 사병집단이라고 불리는 이유는 첫째, 그것이 태평천국 진압을 위해 창설된 것이며, 둘째, 그것이 단련(團練, 지주 주도의 향촌의 자위조직)과 종족적 결합(지주제적·가부장제적인 결합)을 기반으로 한 것이고, 또 북양해군에 관해서는 예를 들어 그것이 중불(中佛) 전쟁 때에 푸젠(福建)의 해군(南洋海軍)이 전멸하는데도 전혀 움직이려고 하지 않았던 것이 지방할거적이라고 거론되는 것 등이다.

전자의 기반을 이루는 문제는 민권운동과 관련이 있으니 뒤에 서술하도록 하고, 먼저 북양해군의 문제를 언급한다면 여기에는 청조의 그때까지의 군사·행정제도가 있음을 먼저 이해하지 않으면 안된다.

중국의 군대에는 조정직할의 팔기군(八旗軍, 정통의 중앙군)과 독무(督撫) 등 지방관 관할의 녹영군(綠營軍, 치안유지를 위한 지방군)이 있는데, 녹영군의 경우는 총독·순무 등 문관(文官)계의 관할(출병권)과 관련된 것과, 제독(提督)·총병(總兵) 등 무관(武官)계의 관할(지휘권)과 관련된 것이 있다. 한편 그 문관계의 임면(任免)권자는 중앙의 이부(吏部), 무관은 똑같이 병부(兵部)의 임면에 의한다는 식으로 일원화되어 있지 않았고, 말단에도 문·무의 직분이 지극히 애매모호했다. 이것에 덧붙여 도시(成市)와 향촌에는 민간의 민장(民壯)과 단련 등의 보갑(保甲)조직(민간의 무장자위조직)이 당해지(當該地)의 치안 유지를 맡고, 그것이 주현(州縣) 지방관의 관리하에 있으며, 이것과 똑같이 지방의 치안유지를 맡는 녹영군과의 직분 관계 또한 애매모호했다. 다른 한편 이부도 병부도 그 직무는 임관전형(任官銓衡) 등의 행정사무에 전념하고 있어서 군사·행정상의 명령권은 갖지 않았다. 또 이외에 옹정(擁正)년간 변경으로의 출병을 계기로 군기처(軍機

處)가 만들어졌는데, 이곳의 대신은 내각의 대학사(大學士, 재상급의 대신으로 복수複數였다)와 대신의 겸직이 대부분으로 이것도 군사통솔권과는 관계가 없었다. 요약하면 청조에는 군사 방면에 관한 중앙통할기구가 없고, 문무(文武)가 뒤섞인 채 황제가 독재적으로 군을 통괄하는 형태로 되어 있었다.[7] 상군, 회군, 북양해군은 이런 가운데서 팔기·녹영의 약화를 보완해야 했고, 대체로 앞의 보갑조직을 기반으로 탄생했다. 그리고 태평천국군 진압의 과정에서 분명하게 드러난 것처럼, 회군의 경우 이 군대의 출병권·지휘권은 총독인 이홍장이 장악하고 있었다.

그런데 이 총독은 재정 방면을 사실상 장악하였는데, 역으로 말한다면 국고의 재원에 책임을 지고 그 권한과 책임의 범위에서 지방행정을 담당하여 명목적인 급료는 있으나 실제로 그것은 없는 것과 같았고, 지방재정상의 총독 이하 지방관의 공사(公私)의 변별 또한 애매모호했다.[8] 회군, 북양함대는 이와 같은 애매모호함 속에서 향신(鄕紳)·상인 등의 기부금, 특히 당시 이홍장의 관할하에 있던 상하이의 세관수입 및 중앙에서 승인한 차관, 국고금 등을 기반으로 주로 이홍장의 식견과 수완에 의해 건설된[9] 지방주도형의 군대이다.

같은 경위로 그 이전에 좌종당(左宗棠, 1812~1885)이 창설한 푸젠(福建)해군과의 유기적인 연결은 제도적으로 보장된 것이 아니었다. 이러한 역사적인 배경을 빼버리고 그것을 사병적·봉건할거적이라고 본다면 무의미하다. 그것이 하나다.

이제부터 중불전쟁 당시에 관해서 말한다면, 당시의 양광총독 장지동이

---

7) 『淸國行政法』(汲古書院, 1972년 영인) 제1권, 2-3-3, 및 楢木野宣, 『淸代重要職官의 연구』(風間書房, 1975) 付編 「淸代綠旗兵制의 연구」 참조.

8) 安部健夫, 『청대사의 연구』(創文社, 1961) 제7장 「耗羨提解의 연구」 참조.

9) 상군·회군에 관해서는 坂野良吉, 「湘軍의 성격을 둘러싸고」(『靜岡大學敎育學部硏究報告』 인문사회과학편, 1971), 小野信爾의 「李鴻章의 등장」(『동양사연구』 16-2, 1957)와 「淮軍의 기본적 성격을 둘러싸고」(『역사학연구』 245호, 1960) 참조.

이러한 정황하에서 북양해군의 함선(艦船)이 구원(救援)해주도록 총리아문(總理衙門)에 요청했지만, 그것에 응하지 않았던 이홍장 측의 이유는 주로 북양함대조차 약체라는 전술적인 판단이었다.[10] 뒤에 청일전쟁에 극히 소극적이라기보다는 반대에 가까웠던 그의 전망은 곧 함선의 공격력·수비력 등의 성능에 대한 냉정한 전망—당시의 중앙·지방의 고관(高官)이

10) 1884년 8월 23일(광서10년 7월 3일), 馬尾砲台와 福州船政局을 포함한 푸젠(福建)함대 전멸 전후의 긴박한 정황은 그 시기의 이홍장과 장지동 각자의 상주(上奏), 전주(電奏), 전고(電稿), 전독(電牘) 등을 통해서도 엿볼 수 있다. 이 시기의 장지동은 눈앞의 프랑스군 함대의, 예를 들어 민간선박 80척을 한번에 불태워버리는 방약무인(傍若無人)함에 분노하고, 남양과 북양 두 함대에 의한 대항과 연해포대의 급정비에 기대를 걸고 특히 북양함대의 원조를 절실히 바랐다. 그러나, 이홍장 측은 피아의 함대의 장비, 즉 배의 속도, 철판의 두께, 포의 착탄거리, 발포간격의 장단, 탄의 파괴력 등 및 자군 함대의 지휘자 부족, 병사의 훈련부족 및 지휘계통의 미정비 등 판단이 장지동에 비해서 종합적이었다. 오히려 그는 필패의 해전보다도 프랑스군이 "상륙하기를" 기다렸다가 잠복해서 공격하는 것이 낫다고 여겼고, 다만 후방에서의 포격이 이것에 가담함으로써 "비로소 승리할 수 있다"(『李文忠公全集』 電稿3, 寄譯署, 광서 10년 7월 10일)고 말하는 등 지상전이 유리하다고 보았다. 또 그는 구식 군함을 대신해 신식함대의 도입 등 북양해군을 충실히 하자고 이 이전부터 종종 상주문을 올려 청원했으나 청 조정은 거의 고려하지 않았고, 오히려 이홍장의 낭비 혹은 개인적 야심으로 간주하여 이것에 반대하는 의견 쪽이 강했다. 이 사태는 청일전쟁 때까지 변하지 않았다. 예를 들어 이것을 청일전쟁에 관해서 본다면, "우리 해군은 선박이 부족하고, 훈련이 충분하지 않다"(『大淸實錄』 권344, 1894년 8월 7일(광서 20년 7월 7일), "북양해군 중 사용할 수 있는 것은 단지 진원(鎭遠)과 정원(定遠) 두 척뿐이다. (…) 승부는 아직 알 수 없다. (…) 다만 발해(勃海) 안팎을 순찰하면서, 맹호(猛虎)가 산에 있는 형세를 이룰 뿐"(『李文忠公全集』 奏稿78, 「覆奏海軍統將摺」 광서 20년 7월 29일)이라고 분석하였다. 또 황해해전(9월 17일) 직후에는 "몇 달 전부터 아침에 일어나고 저녁에 생각하며, 침식을 모두 폐하였다. (…) 초조하고 분하여 무어라 해야 할지 모르는" 심정으로, 조정 안팎에 "북양이라는 한 모퉁이의 힘을 가지고 왜인의 전국의 군대와 싸우는 것은 불가능함을 스스로 알고 있다"(「據實陳奏軍情摺」 같은 해 9월 19일[8월 20일])고 경고하고, 그 "적을 가벼이 여기는 마음"을 검토하도록 촉구하고, 또 서전(緖戰)에 패배한 상황에서, 지구전 전략을 취할 것을 주장하였다. "많은 군량을 준비하고, 정예군을 많이 훈련시키며, 내외(內外)가 힘을 합하고, 남북이 세를 합쳐, 모든 힘을 기울여 장기간 유지해가면서, 단기간에 효과를 거두라고 독촉하지 않으면, 속전으로 승리하기를 바라는 저들의 계략에 말려들지는 않을 것이다"라고, 일본군의 '속전속결' 전략을 간파하였다.

하는 거의 일본군을 문제로 여기지 않았던 가운데—은 당연히 프랑스 해군에 대해서도 통찰이 미쳤을 터이고, 그래서 그는 필시 패전에 임하기보다는 병력의 온존을 도모했다고 볼 수 있다. 따라서 이 문제는 당시의 중앙과 지방의 상황 그리고 군제(軍制)와 장비와 전략 문제 각 방면에서 검토해야만 하고, 이러한 검토 없이 가볍게 결론을 내려서는 안 된다.

그럼 상군·회군의 창설 기반인데, 본 절의 서두에서 기술한 것처럼 이것을 민권운동과 연관지어 보는 것은 이제까지의 상식으로는 대단히 엉뚱하게 보이지만, 실제로는 그렇지 않다.

우선 갑자기 미안하지만, 반(反)만청혁명가로서 유명한 장빙린(章炳麟, 1868~1936)의 다음 문장을 보자.

상, 회군이 일어나자 주방(駐防, 각성에 설치된 주방팔기군)이 쇠락하고, 만주인 또한 병권(兵權)을 잡지 못했다. (…) 이로부터 50년, 로권(虜權, 만청조정을 가리킴)은 날로 쇠락하고 이홍장, 유곤일, 장지동 무리들이 때로는 대명(大命)에 항거하고 높이 환(桓)·문(文)—제齊의 환공桓公, 진晉의 문공文公 모두 춘추오패春秋五霸의 하나—으로서 자처했다. 순방군(巡防軍, 녹영 등을 재편한 군대)이 쇠락하고 뒤이어 육군이 이를 이었다. 그 병사들은 모두 한종(漢種)이다. 여기서 무창창의(武昌倡義)가 일어났고 (…) 청(淸)의 명이 다했다. 그 실마리는 (증)국번에서 시작되었다.[11]

이 단락은 장빙린류의 만한(滿漢)의 변별의식을 드러내는 것이지만, 그것을 고려하고서 여기서 읽어낼 수 있는 대강은 청조의 군대가 붕괴하고 상군과 회군, 즉 혈연·지연을 유대로 하고 **지방이 비용을 부담한 군대가**

---

11) 『制言』 반월간, 제15기(1936), 書曾刻船山遺書後.

그것을 대신했다는 것,[12] 그리고 그 군권이 사실상 독무층의 손으로 이동했다는 것이다. 만약 지방이 독무로부터 군권을 탈취하든가 동조자로 만들어서 일치단결하여 중앙에 항명했다면, 중앙에는 이미 그것을 억누를 수 있는 힘이 없었는데, 사실 청조의 명맥은 무창의 봉기 즉 후베이(湖北)의 반란을 계기로 중국 본토 18성 가운데 15성의 독립선언이 한창인 때, 청조 최후의 거점인 북양군의 실질적인 통솔자 위안스카이(袁世凱)의 이반으로 종말을 고했다. 이 전체적인 국면을 장빙린은 자신의 독특한 표현으로 회고한 것이다.

이것을 염두에 두고서 우선 지방의 양상에 눈을 돌려보자. 약간 길지만 다음 단락은 후난(湖南)의 민권운동의 모태가 된 남학회(南學會)에서 황쭌셴(黃遵憲, 1848~1905)이 행한 강연(1897)의 일부분이다.

본지인이 본지의 관리가 되지 못하는 것은 한대(漢代)부터 이미 삼호(三互)의 법[13]이 있었던 것인데, 오늘날의 회피제(回避制)와 같습니다. (…) 부임하는 관리가 수천 리를 이동하니, 지역의 풍기에 익숙하지 않고, 산천에 익숙하지 않으며, 모든 풍속과 금기에 어둡습니다. (…) 이것은 익숙하지 않은 데서 오는 폐단입니다. (…) 또 하나는 오래 근무하지 못하는 것의 폐단입니다. 지금의 관제는 3년이 임기입니다. (…) 주현(州縣)의 각 관원은 (…) 하고 싶어 하는 바가 있어도 이곳을 버리고 다른 곳으

---

12) 명말에도 명조 붕괴 직전 숭정 17년에 산시(山西) 출신의 대학사가 향리를 이자성(李自成)군으로부터 지키고자 하여, 사재를 들여 자비 부담의 군대를 편성하고자 주청하고, 황제도 이를 기꺼이 받아들인 예(『明史』 권253, 李建泰傳)와, 이보다 먼저 '도시의 교활한 자'가 같은 주청을 했을 때에는 내란의 단서가 된다고 받아들이지 않았던 예(동 권 251, 何如寵傳)가 있다. 이미 당시 지주들의 잠재역량을 드러낸 것이지만, 아직 개별적·산발적이었다. 이 명말에서 청말을 조망한다면 상군·회군의 청조체제 내에서의 비중의 크기를 또 다른 시각에서 파악할 수 있는 것이 아닐까.

13) *東漢 桓帝때에 생긴 관리 임용상의 회피규정.-역자

로 가야 합니다. (…) 그렇다면 어찌 해야 좋을까요? 여러분에게 바라는 바는, 몸을 스스로 다스리고, 고향을 스스로 다스리라는 것뿐입니다. 어떤 영리활동은 일으켜야 하고, 어떤 폐단은 개혁해야 합니다. 학교를 바꾸어야 하고, 수리사업(水利事業)을 계획해야 합니다. 상업을 일으켜야 하고, 농사를 실행해야 합니다. 공업을 권해야 하고, 도둑 잡기를 강구해야 합니다. 기독교 반대로 소동을 피워 화(禍)를 키우는 이를 집안의 근심거리로 여겨야 하며, 도적떼를 모아 무리를 짓는 이를 자신의 걱정거리로 여겨야 합니다. 일이 일어나기 전에는 계획하여야 하고, 일에 임하여서는 빈틈이 없어야 합니다. 이는 모두 여러분의 일입니다. (…) 고정림(顧亭林)이 이렇게 말했습니다. "풍교(風俗)의 일은 필부가 함께 하는 것이다." (…) 여러분. 이 일에 임할 수 있으면 관민상하(官民上下)가 같은 마음과 같은 신념을 가지고, 연합된 힘으로써 집단적 협의의 이익을 얻습니다. 이 고향에 태어났으니, 익숙하지 못하다거나 오래 부임해 있지 못한다거나 하는 걱정은 없습니다. 봉건세가(封建世家)의 이로움을 얻고 군현전정(郡縣專政)의 폐단을 제거하는 것입니다. 부(府)와 현(縣)으로부터 성(省)으로 확대하고, 성으로부터 천하로 확대하면, 공화(共和)의 큰 다스림을 좇을 수 있고, 대동(大同)의 성궤(盛軌)에 이를 수 있습니다. 저의 말은 대략 이와 같습니다.[14]

황쭌셴은 이보다 먼저 재일본청국공사관의 서기관으로서 재일(在日)하여, 사쿠마 쇼잔(佐久間象山)과 요시다 쇼인(吉田松陰)을 찬양한 「근세애국지사가(近世愛國志士歌)」 등을 짓고, 또 나카에 초민(中江兆民)이 번역한 루소의 『민약론(民約論)』을 언급하며, 귀국 후에는 장지동(張之洞)의 지기(知己)가 되어 그 밑에서 강녕양무국(江寧洋務局)의 주임을 맡았고, 또 이 강

---

14) 『湘報類纂』(臺灣大通書局印行, 1969) 제1권, 乙上, 「黃公度廉訪第一次暨第二次講義」.

연을 할 때는 후난성(湖南省)에서 염법도(塩法道)라는 관(官) 및 안찰사(按察使)의 대리(代理)가 되어 있었다.[15] 그 상사(上司)인 후난순무(湖南巡撫)는 뒤에 나올 진보잠(陳寶箴)이며, 또 그 상사가 후광총독(湖廣總督) 장지동으로, 진보잠은 장지동과 함께 후난의 개발, 개명화에 힘썼다.

그렇다면 앞의 강연에서 먼저 유의해야 할 것은 '회피'의 문제이다. 회피라는 것은 지방관의 임관이 본인의 출신지를 피해서 이루어지는 것을 말한다.

그것을 비판한다는 것은 뒤집어서 말하면, 지방관의 현지인 임명을 말하는 것이며, 이것에 빨리 앞서갔던 이가 명말청초의 고염무(1613~1682)였다(3장 참고). 그리고 그 흐름의 도달점으로서 이 회피비판은 청말에 커다란 여론이 되어 글자 그대로 청말의 1906, 1907년에 각지의 지방관이 올린 행정제도에 관한 상주문 대부분이 회피제를 비판했는데, 그 안에는 지방관의 공선(公選)을 많이 제의(提議)하고, '입헌을 말한다면 반드시 지방관의 자치에서 시작하여 지방의회의 조직을 완밀(完密)하게 해야 한다'[16]라고 하는 등, 지방자치에 관해서는 압도적 다수가 이를 주장하고 있다.

다음에 앞의 논의에서 유의해야 할 것은, 지방자치의 내용으로 학교, 수리, 상무, 농사, 공업 및 포도(捕盜, 도둑을 잡음)를 들고 있는 점인데, 지금 하나하나 예를 들 여유가 없지만 이것들은 모두 장지동이 그의 각 임지에서 가장 열심히 수행하고자 했던 것이다. 즉 지방의 개발, 개명화 및 충실이라는 이 한 가지 점에 관한 한 이 단계에서는 양무ㆍ변법이 한걸음 한걸음 완전히 일치하고 있는 것으로, 이것에 관해서는 또 뒤에서 언급한다.

이어서 유의해야 할 것은 이 지방자치가 회비(會匪)에 대한 경계와 반

---

15) 麥若鵬,『黃遵憲傳』(古典文學出版社, 1957)에 의함.

16)『淸末籌備立憲檔案史料』(中華書局, 1979) 상, 제1편, 3,「御史趙炳麟奏立憲有大臣陵君郡縣專橫之弊幷擬預備立憲六事摺」, 1960.

(反)그리스도교도 소동에 대한 비판과 결합하고 있는 점인데, 이것은 황쭌셴 한 사람의 특징이 아니라 이 남학회(南學會)의 중요한 구성원인 탄쓰통(譚嗣同, 1865~1898), 탕차이창(唐才常, 1867~1900) 등 변법좌파라고 할 수 있는 이들 역시 같다. 이것은 '민권을 일으키고자 한다면 마땅히 먼저 신권(紳權)을 일으켜야 한다. 신권을 일으키려고 한다면 당연히 학회(學會)로서 이것이 기점이 되어야만 한다'[17]라고 했던 같은 변법파의 기수 량치차오(梁啓超)의 말로 대표되는 것처럼, 지방자치의 담당자가 신(紳) 곧 향신(鄕紳, 관료경험자로서 출신지에 영향력을 가진 지방의 명망 있는 이. 지주계급에 속하고 종족의 유력자) 중심으로 고려되었다는 점과 무관하지 않다.

그리고 마지막으로 주의할 것은 여기서 기술되고 있는 포도야말로 보갑(保甲)조직의 주된 임무이며, 여기에 단련(團練)의 문제가 얽혀든다. 즉 탄쓰통·탕차이창 등이 남학회와 병행해서 조직한 것이, 이 보갑조직을 정비한 보위국(保衛局)이었다. 지금 이 남학회에서 간행한 『상보(湘報)』 속의 문답집(問答集)을 보자. 공법문답삼칙(公法問答三則), 민주설문답일칙(民主說問答一則)과 나란히 보위국문답삼칙(保衛局問答三則), 단련문답삼칙(團練問答三則)이 있고, '보위국은 치국(治國)의 본원이다', '동남 여러 성에서는 회비(會匪)가 아주 많고, 급히 안에서 난치병을 치료하지 않으면 안 된다. (…) 단련(團練)이란 예전의 (녹영綠營의) 소집병(召募兵)을 대신한 것으로, (…) 연병(練兵)의 원뜻(始意)를 논한다면 본래 향리(鄕里)를 보전한다는 관점에 입각해야만 한다', '단련은 향(鄕)에 있고, 보위는 성(省)에 있으며, 성(省)에는 성신(省紳)이 있고, 향(鄕)에는 향신(鄕紳)이 있고 또 일은 먼저 의원(議員)에 맡기고, 타당성을 검토(총괄)한 뒤에 대표자가 그것을 실행한다' 등의 의론이 있다. 그리고 민주설문답에서는 '민(民)의 정(政)'의 예로서 답변자 자신이 관계하는 보갑조직의 예를 들고, 그것이 일찍이

---

17) 『飮冰室文集』 권3, 「論湖南應弁之事」, 1898.

도총(都總, 말단행정단위 '도都'의 우두머리) 한 사람의 관할하에 있었는데, 청일전쟁 뒤 도적이 횡행함에 따라 현재는 각 도에서 22인의 대표를 모으고 도총 5인을 공거(公擧)해서 대사(大事)를 맡기고 있다고 설명하는 것을 볼 수 있다.[18]

여기서 무엇보다 주목할 것은 보갑조직으로서의 보위국이 성(省) 차원의 조직이며, 성 차원의 향신(鄕紳) 즉 성신(省紳)이 등장하고 있다는 점, 반대로 말하면 성신(省紳)의 등장이 성(省) 차원의 보위국을 민간인의 손으로 만들어내고 있다는 점이다. 이것은 입헌의 목소리에 눌린 청조가 1909년에 타협적으로 각 성에서 만든 자의국(諮議局)이 성신(省紳)을 의원으로 삼고 있는 것, 무창기의(武昌起義)에 앞서 철도 국유화에 반대해서 일어난 소위 쓰촨(四川)폭동은 쓰촨총독(四川總督)에 의한 자의국 의장, 즉 성신(省紳) 중의 성신의 체포에서 발단된 것이라는 점 등을 상기시키는 것이다. 신해혁명의 국면에서의 성신층(省紳層)과 그것을 기반으로 한 보갑조직, 그리고 독무층(督撫層)의 장악하에 있는 군대의 동향을 간과해서는 안 된다.

여기서 앞의 황쭌셴의 강연 가운데 '봉건'과 '공화'가 손을 잡고 있다는 말의 기묘함을 상기해보면 좋다. 거기서 공화의 기초라고 간주되고 있는 봉건은 지방자치며, 앞에서 서술한 행정제도에 관한 여러 상주문에서 '이른바 지방자치는 곧 민권의 설이다'[19]라고 그럴싸하게 언급되는 것처럼, 신권(紳權)에 의한 봉건=지방자치야말로 초기의 민권운동이 목표로 하는 바였다고 생각할 수 있다.

'보위국은 다만 모든 정사(政事)의 기점(起點)이며, 지방을 다스리는 대권(大權)이다. 주현관(州縣官)이 일을 독려하지 않기 때문에 보갑국(保甲

---

18) 『湘報類纂』 제2권, 丙集下, 問團練三則, 問民主之說一則 참조.

19) 『淸末籌備立憲檔案使料』 제2편, 1, 「御史胡思敬奏官制未可偏信一二留學生剿襲日本成法輕議更張摺」 1911년 정월.

局)이 설치되었으나, 그 지방을 다스리는 권한은 오히려 주현관보다 무겁다. 지금의 소위 보위는 곧 옛날의 이른바 보갑이고, 단지 관권(官權)인가 신권(紳權)인가의 차이가 있을 뿐이다'[20]라고 탄쓰퉁은 태연하게 말하고 있지만, 이 지방치권(地方治權)에서 관권인가 신권인가의 분리는 청조의 명맥을 가르는 것이었다.

그리고 사실 명말에 태동한 이 지방분권으로의 움직임은 청조 3백년을 통해서 착실히 진전되었는데, 가까이는 예를 들어 「평균편(平均篇)」의 저자로 유명한 공자진(龔自珍, 1792~1841)의 종법제와 보갑에 대한 제언, 혹은 더 가까이는 한편으로 의원(議院)을 논하고 다른 한편으로는 봉건의(封建議)·종법의(宗法議)를 논한 진규(陳虬, 1851~1903)의 의론 또는 같은 의원의 개설을 주장한 정관잉(鄭觀應, 1842~1931)의 단련(團練)보강의 의론 등 이러한 종족과 관련된 종법 및 단련과 관련된 봉건의 의론은 사실 뜻밖에도 지방자치=민권의 방패의 다른 일면인 것이다.

이제까지 종족과 단련이 부정적으로 간주되어온 가장 큰 이유는, 마오쩌둥(1893~1976)의 예를 들어 '종법봉건적인 토호열신(土豪劣紳)과 불법(不法) 지주계급이야말로 수천 년 전제정치의 기초다'라고 「후난농민운동고찰보고(湖南農民運動考察報告)」에서, 다시 말해 중국 혁명의 타도목표가 비로소 명확해진 시점에서 내린 규정에 있다. 종법제와 단련이 '토호열신'과 '불법지주계급'의 권력의 기초가 되었고, 이것이야말로 '제국주의, 군벌(軍閥), 오직(汚職)관리의 발판', 즉 반(半)봉건·반(半)식민지적인 중국 정권의 발판이라고 그는 그 구조를 분명하게 하고, '국민혁명의 진정한 목표'가 어디에 있는지를 지적했다. 청조 붕괴 후 겨우 10여 년 뒤인 1927년의 일이며, 그리고 그가 농민혁명 코스를 목표로 설정한 한에서의 혁명전략상의 올바름이 그 뒤의 역사에 의해 입증되었다.

---

20) 『湘報類纂』 권1, 甲下, 「記官紳集議保衛局事」.

이로 인해 혁명 후의 중국에서는 상군(湘軍)과 회군(淮軍)을 부정적으로 보는 것은 물론 앞의 보위국에 관해서도, 예를 들어 그 단련과의 관계에 관해서는 무시하든지 또는 그 관계 때문에 부정적으로 비치고, 혹은 이것과 관련된 탄쓰퉁과 탕차이창의 사상성의 한계가 지적되든지 해서 그것이 일본의 중국 근대사 연구자에게도 영향을 주었다.

그럼, 노파심에서 장지동에게 가장 집요한 비판을 퍼부은 개명적인 부르주아 민권론자 허치(何啓, 1859~1914)의 발언을 들어보자.

> 오늘날의 관리는… 민을 다스린다(治民), 민을 살린다(活民)[21]라고 말하지 않는 이가 없다. 그러나 비적(匪賊)이 오면 단련(團練)에 맡겨버리는데, 단련이라는 것은 신기부로(紳耆父老)가 가르치고 훈련시킨 용감한 장정(壯丁)이다. 비적을 잡다 보면 공국(公局)이 이루어지게 될 수밖에 없는데, 공국이라는 것은 신기부로가 모여서 의논하는 공적인 일(庭事)이다. (…) 그렇다면 관(官)이라는 것은 국가를 위해 돈과 재물을 거두어들일 뿐이고, 민을 다스리는 일의 실질은 신기부로가 하니, 신기부로는 관이라는 이름은 없지만 관의 실질을 가지고 있다. 그러므로 족치(族治)의 법은 (…) 신정(新政, 의원제議院制를 말한다)은 (…) 신정을 향읍(鄕邑)에 행하면 국가를 보존하는 방법을 얻게 된다. (…) 신정을 종족(宗族)에 행하면, 민을 부유하게 하는 방법을 얻게 된다.

관권(官權)에 대한 민권(民權)이 여기서도 단련(團練)과 종족(宗族)을 기초로 형상화되고 있음을 알 수 있다. 쑨원(孫文, 1866~1925)이 뒤에 종족적 결합을 유대로 한 '국족(國族)'적 통합을 국민적 통일의 구체상으로서 삼

---

21) 원서에서 治民이라고 한 것은 잘못이다.-역자

은[22] 것은 사실 자연스러운 일이었다. 아니 마오쩌둥 자신이 후베이성(湖北省) 공안현(公安縣)의 농민협회 41인의 공산당원 가운데 '결국 39인까지가 토호열신(土豪劣紳)의 이해와 일치하는 분자(分子)였다'고 분개하여 보고하고 있는[23] 것처럼, 공산당에서조차 그것은 섞여 들어 있고, 또 그 공산당이 한편에서 '공산당은 부모를 대신한다'고 민중들 사이에서 일컬어지고 국내전·항일전을 통해서 고아를 구제하고 빈민에게 직장을 제공하는 등 종족의 전통적인 구제제(救濟制)를 대신하는 기능을 완수한 면이 있었다고도 지적된다.[24]

상군(湘軍)과 회군(淮軍)의 기반 문제는 이러한 전체과정에서 돌아보지 않으면 안 된다. 거기에 '강고한 혈연성과 종족성, 나아가 사(私)적인 주종성(主從性)'이 있다는 것은 사실로서 인정되지만, 그러나 그것이 종족이고 단련(團練)이기 때문에 즉 지주적 지배하에 있었기 때문에, 곧장 이것을 '반동적·후진적'이라고 평가하고, 게다가 그 평가를 **시점**(視點)으로 성립시켜서는 앞의 보위국과 허치(何啓)의 의론에서도 볼 수 있는 지방자치, 공거(公擧), 대의제적 운영 등 청말의 민권**운동**의('민권사상의'라고는 말하지 않는다) 기저를 이루고 있는 부분이 사상(捨象)되고 만다.

착오가 없기를 바라는데, 나는 상군과 회군이 중국 민권운동의 발단이라고 말하고자 하는 것이 아니다. 그것이 청조 전제체제(**전제**의 실태가 문제지만)가 유지되도록 기능했던 것은 사실이고, 태평천국군을 진압한 것도 사실이다. 다만 그것이 의거한 종족과 단련에 대한 역사적 고찰(예를 들어 종족이라면 공자진의 국가에 대한 종족의 사私의 긍정, 이것은 명말청초의 진확[陳確, 1604~1677]으로 거슬러 올라간다. 또 진규陳虯의 종정宗正을 동족의 공

---

22) 『三民主義』民族主義, 제5집, 1924.

23) 『湖北秋收暴動經過의 報告』(關西大學東西學術研究所, 1961). 여기서는 노무라 고이치(野村浩一), 『中國革命의 思想』(岩波書店, 1971) Ⅳ-4에 수록에 의함.

24) 노무라의 책, Ⅳ-5 참조.

거公擧로 보는 의론 등)을 빼고 일면적인 평가는 조심해야만 하고, 하물며 이 기반 때문에 이홍장(李鴻章)에게 '중세 봉건영주'라든지 '일대영주(一帶領主)'[25]라든지 도무지 중국에 적합하지 않은 역사개념을 강요해서는 안 된다고 하는 것이며, 차라리 청조가 연명하기 위해서라고 하더라도 그때까지 가장 경계했을 터인 이 종족과 단련에 군권(軍權)을 주지 않을 수 없었던 것, 그리고 그 소위 위험한 도박에 결국 패배했다는 또 하나의 얄궂은 역사의 프로세스에 착안해야 할 거라고 말하는 데 지나지 않는다.

역사는 얄궂게도 이 연명책으로 인해 단숨에 청초 이래의 지방분권지향의 추세에 추진력을 주고, 소위 '봉건'에 의한 전제군현(專制郡縣)적 중앙집권제의 해체를 가속화했던 것이다. '대외적으로도 국가적인 권력의 집중·통일=일원화를 가장 필요로 할 때, 중국에서는 실질상의 권력의 분권=다원화의 방향이 뚜렷해지기 시작했다'[26]라는 A서의 지적은 그런 한에서 긍정할 만한 것이다. 하지만 여기서 다시 한번 양무파로 문제를 돌려서 A서의 이 서술에 관해 언급한다면, A서에서는 이 다원화의 방향을 양무파의 '반(反)혁명성, 봉건적 분권=할거성, 배타적 독점성'에 의한 것으로 보고, 즉 다원화의 방향을 역사의 흐름에 역행하는 방향으로 두고 있음을 깨닫지 않으면 안 된다. 필시 논자의 머릿속에는 봉건영주적 할거에서 절대주의적 통일로라는 유럽과 일본의 근대의 흐름이 거의 세계사적인 보편법칙으로서 고착되어 있지 않을까. '중세 봉건영주' 등의 표현도 거기서 유래한 것이 아닐까. 만약 그렇다면 종래 일반적으로 보이던 청조에 대한 몰이해가 근대중국 연구에 초래한 일그러짐의 중대한 하나의 예라고도 말하지 않을 수 없다.

---

25) A서, 366쪽. 원래는 주9)에 소개한 小野信爾의 「회군의 기본적 성격을 둘러싸고」.
26) A서, 367쪽.

그러나 지금 그것에 대해 언급하지 않고, 먼저 사실에 집중하자. 사실은 어떤가. 이홍장·장지동 등의 업적은 예를 들어 지방에 학교를 세워 신교육의 인재를 길러내고, 식산흥업에 힘써서 지방의 충실을 도모하는[27] 등 객관적·실질적으로는 분권화를 촉진하는 것이었지만, 주관적으로는 그들이야말로 '집중=통일'이 '가장 필요하다'고 생각하고 행동하여 그래서 민권(民權)에는 시종 반대의 입장을 견지해왔던 것으로, 사실 A서의 양무파에 대한 기술과는 정반대이다.

그렇다면 이 민권에 대한 반대 때문이야말로, 예를 들어 서두의 B서에 드러난 그러한 평가를 받았던 장지동의 반(反)민권은 도대체 어떠한 것이었던지, 아래에서 그 내용을 검토해보자.

2

먼저 남학회(南學會)에 대해 언급해둘 필요가 있다.

앞에서 서술한 황쭌셴의 강연장이기도 했던 이 남학회는 당시의 후광총독(湖廣總督) 장지동의 지시에 의해 해산되고, 보위국(保衛局)도 동시에 보갑국(保甲局)으로 개명되었다. 1898년 8월 22일 이른바 서태후(西太后)의 쿠데타에 의한 무술정변에서 탄쓰퉁(譚嗣同) 등 6명(소위 육군자六君子)가 처형당한 지 9일 뒤의 일이다.[28] 난을 피한 량치차오(梁啓超, 1873~1929)는

---

27) 장지동의 지방강화책의 하나로서 특별히 주목해야 할 것은 후베이성(湖北省) 일원에 유통되는 관폐(官幣)의 주조(鑄造)인데, 이것은 '지방'을 현 단위에서 경제적으로 성 단위로 확충시키는 것이다. 黑田明伸의 「淸末湖北省에서 幣制改革－경제장치로서의 省勸力」(『東洋史硏究』 41~43, 1982) 참조.

28) 이하의 이 사정에 관해서는 『張文襄公全集』 권156, 電牘35 수록의 「致長沙陳撫台兪藩台李臬台」(光緖 24년 8월 22일), 「陳撫台來電」(동, 24일), 「致長沙升任藩台兪升任臬台李署臬台夏」(동 28일), 「致長沙陳撫台」(같은 날) 및 동, 권49, 奏議49 「裁撤南學會竝裁

그 뒤 일본에 망명하여 『청의보(淸議報)』를 간행하고, 격렬하게 장지동 비판을 시작하여 두 사람 관계는 결정적으로 악화되었다. 량치차오는 장지동을 배신자, 역신(逆臣)이라고 부르고, 장지동은 량치차오를 역당(逆黨)이라고 불렀다. 장지동에 대한 지금까지의 근대중국 연구자의 부정적 이미지는, 먼저 이 대립을 일방적으로 량치차오의 편에서 보고 있는 데서 유래하며, 또 이것은 다음 절의 중체서용(中體西用)의 문제와도 얽혀 있는 것으로, 이 언저리의 사정을 장지동의 편에서 분명하게 해두자.

남학회, 보위국을 '도당을 만드는 것(植黨)'이라고 보고 장지동에게 해산을 명했던 것은 사실 중앙정부였다. 그는 그 명령의 절반, 즉 남학회의 해산만을 따르고, 보위국에 대해서는 순무(巡撫) 진보잠(陳寶箴)에게 필시 종래의 보갑과 다르지 않다는 것을 드러내기 위해서인 듯 보갑국으로 개명시키고, 진보잠의 보고를 근거로 도당을 만든다는 의심을 없애고 오히려 지방에 유익하다고 회주(回奏)하는 한편, 중앙이 건드리지 않던 『상보(湘報)』에 관해서는 묵인하고 동시에 중앙에 대해서 모르는 체하고 있었다.

단련에 관해서는 그가 원래 적극적이어서 중불전쟁 때에 '삼원리(三元里)의 미담(美談)'(삼원리의 민중이 보갑조직에 의거해 행한 반영反英투쟁) 및 '상군(湘軍)의 위업'을 계속 내걸고, 단지 치안만이 아니라 단련이 관(官)과 협력한다면 '적을 막는' 것까지 충분히 가능하다고 하며, 광둥의 향신(鄉紳)과 '각 향의 부로자제(父老子弟)'를 편려(鞭勵)했던 적도 있을[29] 정도이기 때문에 이것을 옹호한 것은 어쩌면 당연할지도 모른다. 그는 보위국 속의 민권적 요소를 깨닫지 못했던 듯하다. 그 점, '도당을 만드는 것'에 대

併保衛局摺」(동, 12월 26일)을 참조.

[29] 『張文襄公全集』권90, 公牘5,「咨李學士擧辦團練」. 다만 동(同), 권228,「弟子記」에 의하면, 1898~1899 사이의 일로서 강의(剛毅)가 단련의 강화책을 지시한 것에 대해 '단련이 만약 이루어진다면, 천하의 교당 모두 무너지고 대란이 일어난다'고 반대해서 철회시켰다고 한다. 주한(周漢)사건을 교훈으로 삼았을 터이다. 관(官)과 신(紳)에 의한 단련의 리더십 다툼을 엿볼 수 있다.

한 중앙의 의혹은 역시 권력의 예민함이다. 하지만 여하튼 그가 진보잠의 보고 쪽을 신뢰해서 중앙의 해산령에 따르지 않았던 것(게다가 실은 그 회주回奏를 무슨 일인지 4개월을 연기했다)은 유의할 만하다.

그것과 『상보』의 묵인에 관해서도 언급할 필요가 있다. 왜냐하면 그는 1년 전 량치차오의 『시무보(時務報)』 중의 '지치학회서(知恥學會敍)'의 의론을 '패류(悖謬)'라고 하며 진보잠에게 자주규제(自主規制)의 경고를 발하고 있음에도, 이유로서는 언관(言官, 탄핵彈劾을 담당하는 관리)에 의한 폐간조치의 공포를 알리며, '보관(報館, 신문사)은 금일 풍기를 열고 견문을 넓히고 경제를 통하게 하는 요체(要諦)이기 때문에 극력 광구(匡救) 유지(維持)시키지 않으면 안 된다'[30]고 기술했다. 또 반년 전에 『상학보(湘學報)』 역시 '충분히 패류'한 역내(易鼐)의 의론(후술)에 관해서도 똑같은 배려를 하고,[31] 또 무술정변 직후 『시무보』를 바로 관영에서 민영으로 바꾸는 등[32] 보수파로부터 보관을 지키는 입장에 서 있었으며, 게다가 그것은 정변 후의 역코스적 분위기 속에서의 행동이었다.

원래 탄쓰퉁 등 소위 육군자의 희생은 량치차오 등이 극명하게 주장하고 있는 것처럼,[33] 장지동의 문하생(과거 때 장지동을 시험관으로 해서 그 후원에 의해 합격한 자) 양예(楊銳)를 포함해 모두가 장지동과 연결되어 있었다. 뿐만 아니라 장지동은 캉유웨이(康有爲, 1858~1927)가 이런 멤버를 토

---

30) 『張文襄公全集』 권153, 電牘32, 「致長沙陳撫台黃署臬台」.

31) 『張文襄公全集』 권155, 電牘34, 「致長沙陳撫台黃臬台」.

32) 『張文襄公全集』 권156, 電牘35, 「致孫中堂」. 또 許同莘 편, 『張文襄公年譜』(商務印書館, 1944)은 광서(光緖) 23년 7월, 江建霞學使(江標) 앞으로 보낸 張의 전문으로서 "『湘報』는 사가(私家)의 저술과 다르다. (…) 만약 보관(報館)의 주필이 (주장하는 글 속에) 정련된 생각과 깊은 뜻이 있어서 세상을 놀라게 하는 것이 있다면, 책바구니에 넣어두거나 개인의 문집에 보존할 것이지 신문에는 싣지 않는 것이 좋을 것 같다"라고 했다고 전하고 있다.

33) 『淸議報』 5, 「擬致湖廣總督張公書」. 동 58, 「張之洞論」. 동 63, 「逆賊張之洞罪案」. 동 64, 「與張之洞書」 등.

대로 1895년에 만든 강학회(强學會)에 자금을 기부하고(이홍장도 은 2천 냥을 기부했다고 한다), 회장으로 추대되기까지 했다고 전해지는[34] 등 오히려 그들로부터 본다면 의지할 수 있는 비호자였다.

사실 예를 들어 량치차오는 이보다 앞서 1896년에 장지동에 대해서 '지기(知己)의 느낌이라기보다는 스승을 얻은 기쁨을 느꼈다'라고 써서 보내고,[35] '나의 스승'이라고 부르면서 그가 양호서원(兩湖書院)·무비학당(武備學堂) 등 서양식의 학교를 세운 것을 세상의 변화에 생각이 미쳐 인재를 잘 육성했던 것이라고 찬양하여, '진실로 구난부위(救難扶危)를 첫 번째로 삼은 것'이라고 기술했다. 탄쓰퉁 또한 청일전쟁 패배의 책임을 추궁당하고 있는 이홍장을 위해 장지동이 '이 사람을 채용하지 않고 누구를 채용할 수 있었던 것입니까'라며 자세한 사정을 다해 변론한 말을 길게 인용한 뒤에, 그 자신도 청일전쟁 후의 양무파 비판에 대해 장대한 반론을 가했다.[36] 그리고 그 속에서 예전 이홍장의 과거개혁의 상주를 '절대(絶代) 명주의(名奏議)'라고 칭하고, 패배는 양무의 탓이 아니라 양무가 불충분했기 때문이라 하며, 더욱더 양무의 철저 즉 '양무의 근본'인 학교·과거·관제 등의 제도개혁의 철저를 말하였다. 이와 같이 탄쓰퉁이 말한 바는 모두 장지동이 추구해왔던 것이며, 그들 사이에 불일치점은 없었다.[37]

---

34) 李劍農, 『戊戌以後三十年中國政治史』(中華書局, 1980), 『中國近代史知識手冊』(동) 참조. 다만 두 책의 기술에는 차이가 있다. 탄쓰퉁은 '康長素(康有爲)가 제창해서 강학회(强學會)를 만들고, 이것을 주로 한 이가 안으로는 상숙(常熟, 翁洞龢)이 있고, 밖으로는 남피(南皮, 張之洞)가 있으며, 명사(名士)로 모인 자가 천 명도 넘으며, 모집한 기부금(集款) 또한 수만이다'라고 기술하고 있다. 『譚嗣同全集』, 中華書局, 1981, 下冊, 「上歐陽中鵠」 7.

35) 『飮冰室文集』 권1, 「上南皮張尙書書」.

36) 앞의 『譚嗣同全集』 上冊, 「報見元徵」.

37) 탕차이창(唐才常)도 장지동이 제조(製造)·철정(鐵政)의 각 국(局)과 산학(算學)·방언(方言)의 각 학당을 창설한 원견과 심려를 칭송하고, 그것이 자칫하면 '백성을 힘들게 하고 재물을 손해나게 하는 것(勞民傷財)'이라고 매도되는 가운데의 일이었다고 기술하고 있다(『唐才常集』, 中華書局, 1980, 「致唐次丞書」 3).

내친 김에 장지동의 무술정변에 대한 태도를 얘기해보자. 사실 그는 광서제(光緒帝)의 무술신정(이른바 백일신정)의 시작부터 정변 뒤의 과정 속에서 신정(新政)에 관해서도 정변에 관해서도 아무 말 하지 않았다. 소위 침묵으로 그의 태도를 표명했다. 사변의 관계자에 관해서는 처형당한 6명 중 문하생인 양예 한 사람, 또 캉유웨이와의 관계를 추궁당했던 진보잠의 무죄를 변명하고 있었을 뿐이며,[38] 같이 처형당한 다른 이들에 관해서는 일체 언급하지 않고, 단지 그 반면에 대조적으로 캉유웨이·량치차오 두 사람에 대해서는 엄격한 행방의 추궁과 지탄을 가하였다.

장지동은 1900년 탕차이창의 소위 자립군기의(自立軍起義) 뒤 캉유웨이를 '신정을 방해하는(阻新)의 죄괴(罪魁)'라고 규정했는데,[39] 이것은 그가 캉유웨이 때문에 신정이 방해받았다고 본 것, 즉 그들의 무술신정을 신정에 유해한 것으로 보았음을 나타낸다. 결국 그는 무술신정을 그가 생각한 신정(예를 들어 메이지 정부처럼 황제를 중심으로 서학西學의 소양을 갖춘 테크노크라트 관료로 공고해진 개명적인 중앙집권체제)에 있어서의 위험한 움직임, 예를 들어 국가를 해체로 이끌지도 모르는, 지금의 흐름으로 말한다면 극좌적 혁명노선으로 보고 오히려 그것이 초래할 반동 즉 서태후의 쿠데타로서 현상한 역코스를 걱정하면서 보고 있었다고 나는 추측한다.

광서제(1871~1908) 27세, 캉유웨이 40세, 탄쓰퉁 33세, 량치차오는 25세의 약관이며, 게다가 정사(政事)·관사(官事)에 실제상의 경험을 갖고 있지 않았다. 그것이 당시 65세였던 장지동마저 '고폐태심(錮蔽太深)'이라고 탄

---

38) 『張文襄公全集』 권156, 電牘 35, 「致京湖北臬台瞿」. 또 『清議報』의 「張之洞論」은 정변 시에 장지동이 신당의 우두머리로 비치는 것을 두려워해 육열사의 처형을 전보로 요청하고 스스로 난을 피하려고 했다고 비난하고 있다. 이것은 장지동에게 무술정변의 우두머리로 볼 수 있는 여지가 있다고 한, 즉 그를 신정(新政)의 동조자로 보았던 량치차오 측의 정변 이전의 장지동관을 도리어 드러내는 것이다.

39) 『張文襄公全集』 권104, 「咨出使英國大臣請飭諭邱菽園及各華商勿信匪黨」.

식했던[40] 고루한 대신들의 머리 너머로, 게다가 이홍장과 장지동 등을 물리치고 단지 광서제의 조급한 마음에만 의지해 성급하게 개혁을 추진하고 자 한 것이다. 일본으로 말한다면, 아직 내외의 정정(政情) 불안정의 한가운데를 오쿠보 도시미치(大久保利通, 1830~1878)와 이와쿠라 도모미(岩倉具視, 1825~1883)를 물리치고 나카에 초민(中江兆民, 1847~1901)과 우에키 에모리(植木枝盛, 1857~1892) 등이 젊은 천황에게 민권운동을 추진하도록 한 것으로, 필시 몹시 걱정스러운 일이다. 하물며 광서제는 서태후의 실제 아들이 아니라서 그 기반이 극히 취약했다. 아니면 침묵은 장지동에서 보면 지도자 캉유웨이의 폭거라고 말할 수 있는 독주에 대한 노여움을 억누르는 것이었을지도 모른다. 그러나 캉유웨이와 량치차오에 대한 그의 노여움은 단지 이것에 한정된 것은 아니다. 그것에 관해서는 이 뒤에서 서술한다.

여기서 더 부언해둔다면, 장지동을 보신(保身)의 무리로서 중국분할 뒤에도 여전히 '소조정(小朝廷)'의 대신(大臣)에 연연하는 인간인 듯이 량치차오가 묘사한 것이 때로는 일본에서도 마치 진실인 것처럼 인용되거나 하는데,[41] 그것은 장지동이 량치차오를 역당(逆黨)이라고 부른 것과 완전히

40) 『張文襄公全集』 권218, 「致李木齋」. 그의 동반자에 대한 비판은 적지 않다.

41) 中村義의 「양무운동과 개량주의」(講座 『世界歷史』 22, 岩波書店)에서 량치차오의 이 증언을 편면적으로 파악하고, 장지동에 대해 '청조 실권파의 매국성'을 지적하였다. 이 '소조정의 대신'이란 말이 처음 나온 곳은 본 절의 첫 부분에서 들었던 량치차오의 「知恥學會敍」(『飮冰室文集』 권2)이고, 거기에는 월인(越人)의 무치(無恥)한 예로서 기술되고 있는데, 정변 뒤 『淸議報』 63의 「逆賊張之洞罪案」에서는 '장적(張賊)'의 심중을 헤아리는 매언(罵言)이 되고, 그것에 앞선 『戊戌政變記』 권3편, 제1장 「政變之總原因」(『飮冰室全集』之一)에서는 장지동 자신이 말한 것으로 되었다. 이 마지막의 것이 『中國近代史資料叢刊·무술정변 I 』에 채록되고, 나카무라(中村)는 그것에 의거하여 말한 것이다. 또 '소조정'이란 말은 송대의 문헌에 보이는 것으로(『宋史』 451, 忠義6, 『朱子語類』 112-11 등), 그 가운데에 호전(胡銓)의 '어찌 능히 소조정에 거해서 살아가기를 도모하리'(「上高宗封事」, 『文章軌範』)는 필시 량치차오의 전거가 되었을 것이다. 이를테면 청말에 장자목(張自牧) 역시 '宋人 (…) 마침내 소조정을 행하기로 도모하기에 이르다'(「瀛海論」 6쪽

동일한 무언(誣言)이다. 이러한 무언이 일방적으로 인용되었으며, 이홍장 뿐만 아니라 장지동에 관해서도 편향된 시각이 형성되었으며, 그 편향 위에 후술하는 중체서용론(中體西用論)이 부정적으로 구축되었다고 하는, 양무파에 대해서는 곡해(曲解)의 축적이 종종 이루어져왔다. 하지만 적어도 장지동이 보신(保身)의 무리가 아니라 오히려 행동으로서는 변법이라고 불리는 사람들과 보조를 같이하고 있으며, 그들 사이에서도 양무와 변법 간에 차이가 없으며(이홍장과 장지동 등도 일찍부터 변법자강을 말하고, 량치차오와 탄쓰퉁 등도 양무를 말하고 있다), 차라리 양무는 처음부터 변법을 지향하고 있다는 그것은, 중체(中體)의 내실을 생각하는 위에서 중요한 점으로 유의하지 않으면 안 된다. 그들은 민권문제[42]만 뺀다면 뒤에서는 거의 모두 일치하고 있는 것이다. 그렇다면 당연히 그 민권문제가 결정적으로 큰 것이라는 반론이 성립된다. 분명히 그것이 문제다. 그래서 앞의 절의 집권(集權)과 분권(分權)의 두 지향의 문제로 되돌아가 그것을 생각해보자.

앞에서도 언급한 것처럼 장지동과 량치차오의 대립을 오로지 량치차오의 측에서 보고 있지만, 25세의 량치차오가 정변을 둘러싸고 당시 65세, 온갖 신고(辛苦)를 맛본 감이 살아 있는 장지동의 침묵의 진의에 생각이 미치지 못했다는 것은 연령으로 보아 어쩔 수 없다. 대립에는 이 세대차가 숨어 있으며, 그리고 이 세대차가 극히 중요한 의미를 갖는다.

왜냐하면 열강에 의한 중국 분할, 소위 과분(瓜分, 수박을 잘라서 나누는

앞면)라는 말이 있다.

42) 정변 이전의 탄쓰퉁에게도 장지동의 반(反)민권적 입장을 '불인(不仁)', '자계(自計)에 빠져 있다'라고 비판한 말이 있다. 다만 그것은 진보잠에게 보낸 서신이라는 것도 있어서, 말하자면 내부에서의 비판으로서 비판의 한편에서는 장지동의 이제까지의 '뒤돌아보는 일 없이 굳세게, 만근을 지고, 천리를 달린다'는 고투를 찬양한 것으로서 적대적인 비판은 아니다(『譚嗣同全集』 상, 上陳右銘撫部書). 장지동의 변법파적 측면에 관해서는 佐藤震二의 「장지동의 변법사상」(『アカデミア』 사회과학편, 17, 南山大學, 1957) 참조.

것처럼 중국을 분할한다)의 위기에 대한 대처의 방책에 이 세대차가 드러나고, 그것이 민권을 둘러싼 대립으로 현상하고 있기 때문이다. 세대차라고 하더라도 이 차이를 태평한 시대의 척도로 측량해서는 안 된다. 아편전쟁 가운데 성장하고 태평천국을 통과하며 중불전쟁에서 청일전쟁을 양광총독(兩廣總督)으로서 실지(實地)에서 체험하고 임지(任地)의 눈앞에 있는 타이완의 할양을 절치(切齒) 속에서 인정할 수밖에 없게 되고, 그 밖에 반(反)그리스도교도 폭동 배상의 사후처리, 외국자본 진출과 조계(租界) 확장의 저지, 차관을 둘러싼 주권 유지의 문제, 그런 한편 소위 회비(會匪)의 진압 가운데 철도부설, 개광(開鑛), 중공업 건설, 학당, 보관(報館), 상공업의 육성 등 게다가 그것을 둘러싸고 관제(官制)·병제(兵制)와 관련된 중국의 소위 적폐(積弊)와 그 틈을 찌른 열강의 무력을 동반한 사건이 있을 때마다 일보(一步)의 침략과 중국의 후퇴, 타협과 저항—장지동의 전집(『장문양공전집張文襄公全集』) 전228권은 모두 그러한 처리와 대응의 기록이기도 한데(이를테면 이홍장의 것은 양적으로 더욱 이것을 상회하고 있다), 그러한 체험 속에서 쌓인 그의 대내외(對內外)적 위기의식은 너무나도 무겁고 고통스러웠을 것이다. 특히 의화단사건과 자립군기의(自立軍起義)가 그의 눈에 몸소 과분(瓜分)의 길을 가는 것으로 비친 것도 무리가 아니다.

나랏일의 위태로움이 이와 같이 극에 달한 것은 모두 조정 정치의 잘못이요, 안팎 대신의 잘못이니, 오랜 폐단으로는 무엇을 반드시 제거해야 할 것인지, 필요한 정책으로는 어떤 것을 반드시 실행해야 할 것인지를 곡진(曲盡)하고 절실하게 말할 터이니, 혹 큰 소리로 부르짖고 눈물을 흘리면서 말한다 하더라도… 안 될 것이 무엇이 있겠는가.

장지동은 자립군기가 발발한 뒤 그것에 동조적으로 비치는 혁신파의 청년학생과 해외유학생에 위와 같이 호소한 뒤에

게다가 그 회(상하이에 설립된 상하이국회上海國會를 가리킨다)는 자주를 명(名)으로 하고 자주를 교(敎)로 한다. 이 수십만의 회비(會匪)는 스스로 반드시 그 종지(宗旨)를 따르고, 사람들은 모두 크게는 왕(王) 작게는 후(侯)가 되려고 생각한다. (…) 만약 회비(會匪)가 먼저 어란(魚爛, 내부를 붕괴시키고)하고, 각국이 뒤에 과분(瓜分)한다면 중화(中華)는 반드시 여기서 망하고 다시 회복하기를 바랄 수 없다. 신지(神祇)는 이것 때문에 괴롭고 원망스러우며, 조고(祖考)는 이것 때문에 호읍(號泣)하고, 자손은 이것 때문에 욕(辱)에 시달린다.

라며 내란(內亂)이 과분(瓜分)을, 그리고 그 과분이야말로 중국의 멸망을 초래하는 것임을 간절하게 호소하고 있다.

그리고 그 위기감이 심각하면 그런 만큼, 앞의 절과의 관련에서 말한다면, 그는 이홍장과 함께 일본의 대본영(大本營)의 예를 들면서 군부(軍部)의 통일기구를 만들어야 한다는 것, 그리고 관제(官制)와 교육제도의 개혁·정비 또는 인재육성을 위한 해외유학생 파견, 상공업의 설립 등 거의 전반에 걸친 제안을 연달아서 하고, 내정개혁과 상공업 진흥, 그리고 그것을 담당할 인재를 바탕으로 한 강력한 통일국가의 건설을 다급한 마음으로 추구하고 있었던 것이다. 그리고 그는 그러한 망국의 위기감 옆에 중국의 부흥에 대한 희망을 버리지 않았다.

나는 들었다. (…) 유대국의 (…) 민족이 흩어져서 (…) 각 나라에 살고, (…) 각국 (…) 모두 이들을 비천하게 본다는 것을. 무엇 때문에 비천한가. 그 종국(宗國)은 이미 망했고, 더 이상 군장(君長)이 없기 때문이다. 오호라 국가가 재난을 많이 만나는 것이 오늘날에 이르러 극에 달했구나. 그러나 나라가 약하다고 하더라도 다시 강해지기를 기대할 수 있고,

정치에 폐해가 있다고 하더라도 다시 정돈되기를 바랄 수 있다.

이러한 인식 속에서 그는 자립군기의(自立軍起義)에서 캉유웨이·량치차오의 흔적을 보고 '캉유웨이의 화(禍)가 끝내 여기에 이르렀다', '아아, 강(康)·양(梁)이 진실로 우리 중화를 유대인이 되게 하는구나'라고 이 장대한 문장[43]을 끝맺고 있다. 더 이어서 말한다면, 그는 의화단의 난에 형세관망의 태도를 취한 조정에 대해 역사적으로 예닐곱 나라의 열강을 동시에 적으로 돌린 예는 없다고 우려하고, 바로 각국 대사관을 보호하고 열강 개입의 구실을 막는 한편 신속하게 난을 진압하고 동시에 상륙을 시작한 열강군과는 '싸우지 않고는 평화를 유지할 턱이 없다'고 일전도 불사하는 화전(和戰) 양면의 두 가지 전략을 주장[44]하고 있다. 의화단사건을 계기로 중국이 반(半)식민지화의 길로 한걸음 나아간 것은 주지의 사실이지만, 그 예감을 앞에 두고 그는 위의 문장을 쓰고 있었던 것이다.

여기서 서두에 언급했던 B서(書)가 들었던 예의 인용을 다시 보도록 하자.

『권학편』은 의화단 사건보다 2년 전인 백일신정 직전에 쓰여진 것이다. '난민이 반드시 일어난' 뒤에는 '기강(紀綱)이 어지러워지고, 사방에서 대란(大亂)이 일어나고, 이 (민권의) 의(議)를 주장하는 자, 어찌 홀로 평안하고 혼자서 살아갈 수 있을까. 게다가 (愚民이) 반드시 장차 시진(市鎭)을 겁략(劫掠)하고 교당(敎堂)을 분훼(焚毀)할 것이다. 나는 외양(外洋) 각국이 반드시 보호라는 명목으로 병선육군(兵船陸軍)을 침입시키고 점거하는데 전국(全局)에서 팔짱을 끼고 이것을 다른 사람의 일로 볼까 두렵다. 이 민권의 설은 말할 것도 없이 적인(敵人)이 듣고 싶어하는 것이다'라고 이

---

43) 이상은 『張文襄公全集』 권104, 公牘19, 「勸戒上海國會及出洋學生文」.

44) 『張文襄公全集』 권80, 電奏8, 「致總署榮中堂」, 동 「會銜電奏」 光緖 26년 5월 30일, 6월 16일, 6월 19일, 7월 1일.

어지고 있는데, 이것은 그가 그 나름의 입장에서 의화단을 예견했음을 나타낸 것이다. '이 의(議)를 주장하는 자'라고 한 것에 대해 말한다면, 이것은 앞에서 제시한 인용문의 '큰 것은 왕, 작은 것은 후(侯)가 되려고 한다'라고 말한 것 뒤에 '이 기사(起事)의 여러 사람들은 대체로 모두 문약(文弱)한 서생(書生), 물론 반드시 먼저 전도(翦屠)로 나아가는 것(살해당하고 찢기는 것)임은 말할 필요도 없다'라고 이어지는 것에 대응하는 것으로, 문약한 서생이 결국 맨 먼저 제물로 바쳐지고, 왕(王)·후가 되기를 노리는 야심가의 지방할거에 길을 열어주는 것만으로 끝난다는 이 지적은 뒤에 쑨원이 분성자치(分省自治)·연성자치론(連省自治論)을 비판하고, 그것은 군벌의 할거에 길을 열어주는 것에 지나지 않는다고 기술한 것을 상기시킨다.[45]

『권학편』은 원래 이 민권운동의 결과를 염려했던 한 단락 때문에 30년간 반동적 언설로 간주되고, 양무한계론(洋務限界論)의 한 가지 커다란 근거가 되었지만, 장지동의 그 걱정은 세부에 걸쳐서는 그렇다고 하더라도 대체적으로는 맞았다고 해야 할 것이다. 사실 교당(敎堂)의 분훼(焚毀) 즉 그리스도교도가 아이들의 얼굴을 도려내고 배를 찢어 먹는다는 유언(流言) 등에 의한 교회 습격사건은 그가 몇 차례나 처리에 임하고 그때마다 배상의 책무를 지어온 것으로, 지금은 상술한 겨를이 없지만, 『권학편』 전부가 대부분 그의 그때까지 40년간의 정무(政務) 체험에서 나온 것이니 그 뒷받침은 그 나름대로 상당히 무겁다.

그리고 좀 더 부언해두자면, 이 문장에서 분명해진 것처럼 그의 반(反)민권은 민권(그의 의식에는 '자주') 그 자체에 원리적으로 반대한다기보다는 민권운동 담당자의 '문약(文弱)'함과, 그 '자주'의 구호에 편승한 회비

---

45) 『삼민주의(三民主義)』 민권주의(民權主義), 제1강. 여기서 그는 천중밍(陳炯明), 차오쿤(曹錕), 루룽팅(陸榮廷) 등 군벌의 지도자에게 황제가 되려는 야심이 있다고 지적했다. 이것에 관해서는 波多野善大, 『중국근대군벌의 연구』(河出書房, 1973) 참조.

(會匪)의 우두머리 야심가들의 준동(蠢動), 나아가 그것에 의한 열강의 간섭이라는, 궁극적으로 야심가의 '자주'가 초래할 것으로 생각되는 과분(瓜分)에 대한 걱정을 상정한 이른바 정치적인 대국관(大局觀)에서 나온 것으로, 궁극적으로 대국적인 이 대외위기의식(對外危機意識)이야말로 그의 행동의 원점을 이루는 것이었다. 또 한 걸음 더 들어가 본다면 '문약한 서생'이 제물로 바쳐지고 '어찌 홀로 평안하게 살아갈 수 있을까(평안하게 생활하고 활동하는 것이 아니다)'라는 문맥에서 혈기 왕성한 젊은 '서생'에 대한 노인의 염려는 보이지만 증오감은 찾아볼 수 없다. 앞에서 서술한 육군자의 처형에 대한 그의 침묵에는 그가 본 6인의 '경거망동(輕擧妄動)'에 대한 비판도 있을 터이다. 그것과 동시에 그 '경거'―좋게 말하면 청년 특유의 한결같은 진솔함에 대한 어떤 종류의 아픔, 견딜 수 없는 것이 있었던 것이 아닐까라고 추측한다. 생각해보면 캉유웨이와 량치차오에 대한 예사롭지 않은 그의 분노의 바탕에는 그 아픔, 견딜 수 없음, 또 초조함이 있었던 것이 아닐까. 그의 눈에 이 캉유웨이와 량치차오야말로 육군자들 곧 순진하고 한결같고 게다가 전도유망한 '서생(書生)'을 선동하고, 다음 세대 중국을 이끌 담당자인 그들을 잘못되게 하고 급기야 사지로 몰고 간 원흉이며, 게다가 더욱이 그 무책임한 선동에 의해 결국은 중국을 '유대인이 되게 하고', 따라서 용납하기 어려운 '역당(逆黨)'에 지나지 않았다고 본 시각도 장지동의 심사에 즉해서 생각해본다면 그것은 그대로 이해할 수 있다.

장지동이 이렇다고 한다면 량치차오 쪽은 어떤가. '중국이 만약 분할을 당한다면 18행성(行省) 가운데 망국후를 도모할 수 있는 곳은 후난(湖南), 광둥(廣東)의 두 성이다'[46]라고 1898년, 앞에서 서술한 무술정변 이후, 『권학편』이 쓰여진 바로 뒤에 량치차오는 이렇게 쓰고 있다. 아니 그보다 빨리 탄쓰퉁도 청일전쟁 직전의 1894, 1895년경에 만약 개혁이 신속하게 진

---

46) 『飮冰室全集』之一, 부록2. 「湖南廣東情形」.

행되지 않는다면, '패도(覇道)'이지만 차선책으로서 '하서(河西), 오월(吳越)의 용(用)'을 취하자고 말하고 있다.[47] 하서, 오월의 용이란 후한(後漢)의 두융(竇融)과 오대(五代)의 전류(錢鏐)의 고사를 가리키는데, 병란(兵亂) 때에 각각 하서와 오월의 땅을 거점으로 해서 씨족(氏族)의 보전을 도모하고, 혹은 왕국을 세우려고 한 계도(計圖)이다. 결국 후난의 분성자치(分省自立)의 계획에 다름 아니다. 탄쓰퉁은 중국의 자강을 위해, 량치차오는 과분(瓜分) 뒤의 독립자존을 위해 함께 분성(分省)의 지향 속에서 중국의 자존을 생각했다.

앞의 절에 나온 안찰사대리(按察使代理)이기도 했던 황쭌셴(黃遵憲)의 강연 중에서의 회피제(回避制) 때문에 관(官)은 기대할 수 없다고 하는 발언(현직 관료의 발언인 점에 유의)에서 분명해진 것처럼, 관보다도 신(紳)을 주체로 먼저 자신들이 소속하고 있는 성(省)의 자치라는 이 관과 신의 이 시점(時點)에서 분기(分岐)는 과분의 위기라는 국면에서는 단지 대내(對內)방책만이 아니라 독립자존을 위한 대외(對外)방책으로서의 측면을 **억지로** 갖게 했다. 탄쓰퉁의 하서, 오월의 방책과 황쭌셴의 앞의 발언은 과분 문제를 직접적인 계기로 삼고 있지는 않지만, 지방분권화를 목표로 한 대내방책이 량치차오에게는 오히려 대외방책을 첫째로 삼게 된 듯이 보인다.

지방분권은 원래 지방의, 특히 경제면에서 강화와 충실을 기초로 하는데, 이것을 양무파의 입장에서 본다면 이 지방의 강화와 충실이야말로 이홍장과 장지동 등이 '진역(畛域)을 나누지 않는다(성의 경역境域을 설치하지 않고)'는 표어하에 한 성(省)의 에고이즘을 배척하고 각 성마다의 경제적 자립을 각 성 간의 상호부조를 통해 도모하고, 일견 중앙집권화를 계속 추구한 것인데, 사실은 궁극적으로는 각 성마다의 강화와 충실을 통해 추구해온 것이다. 양자 간의 균열은 단지 그 담당자가 관(官)인가 신(紳)

---

47) 앞의 「報見元徵」(『譚嗣同全集』 상, 217, 227쪽).

인가 하는 데 있었던 것이지만, 이것에 관해서도 장지동은 예를 들어 상회(商會) 등에 관해서 '각 방(幫, 일종의 길드 조직)의 대상(大商)'의 공거(公擧)에 의한 자주운영을 말하고, 관(官)은 그것에 '먼저 묻지 않는다'고 기술하는 등,[48] 자치가 운영의 자치인 한 양자 간에 균열은 없다. 황쭌셴의 발언은 그가 장지동의 신뢰하에 있었다는 것만이 아니라, **관이 신에 자치를** 말하고 있는 구도 자체가 이미 장지동의 행동범위 내에 있음을 나타낸 것이다.

그렇다면 문제는 이러한 자주운영의 권리가 관에 있는가 신에 있는가가 아니라, 그 권리가 보갑국(保甲局) 등의 운영권에 그치지 않고, 그 자체의 존립, 존재양식까지를 결정한다는, 즉 입법·행정권을 포함한 정치적인 권력까지를 지향하는 것, 그 가부에 있었던 것이며 균열은 바로 거기에 있었다.

장지동의 편에서 이것을 파악한다면, 민권파의 권(權)은 정치권력의 지방분권화를 지향하는 것이며, 그의 인식으로는 그것은 중앙집권체제의 해체를 의미하는 것에 다름 아니었다. 그리고 그의 인식으로는 그것이야말로 바로 중국 과분(瓜分)의 위기를 초래하는 것으로서 파악될 수 있었다.

아니, 그는 민권문제를 앞에서 기술한 것처럼 오히려 제일의(第一義)적으로는 과분의 위기감에서 파악했다.

앞의 절에서 언급한 것처럼, 신권(紳權)에 의한 봉건=지방자치라는 이름의 분성화(分省化) 지향은 민권운동이 의도하는 바이며, 게다가 량치차오에게 이르러서는 그것이 '망국'을 전제로 한 계(計)이기까지 했다. 물론 그

---

48) 『張文襄公全集』권47, 주의(奏議) 47, 「設立農務工藝學堂暨勸工勸商公所摺」(1898). 이 외에 한 보갑(保甲)의 '공국(公局)'에 관해서 '공정한 신사(紳士)'의 선거에 의한 운영과 각 향(鄉)에 향약정부(鄉約正副), 방족정부(房族正副)를 공거해서 정하는 것 등을 취지로 하고(동, 권21, 奏議21, 「查辦匪鄉已有端緒摺」1887), 또 교회 습격사건이 육영사업을 둘러싼 요상한 소문에 의한 것이기 때문에 중국인의 손으로 육영당(育嬰堂)을 개설하고 그때도 '단정한 신사(紳士)를 공거(公擧)'해서 운영을 맡긴다(동, 권34, 奏34, 「籌弁育嬰摺」1893) 등, 신사주도의 운영의 자치에는 열심이었다.

들이라고 해서 자발적으로 과분을 받아들였다고 말하는 것은 아니다. 이 계(計)는 청조 체제에 대한 절망감에서 나왔고, 그들에게 분성화는 자강 또는 재통일을 위한 최후의 유일한 방책이었다. 다만 객관적으로 평가한 다면, 그 주관적 의도에 어느 만큼의 정확한 대(對)열강분석이 있고, 어느 정도의 대(對)국내분석이 있으며, 재통일을 향해 어느 정도의 구체적인 성산(成算), 즉 어느 만큼의 국제적, 동시에 국내적인 전망이 있었는지는 의문스럽다. 분석, 성산, 전망 자체는 또 주관적이었다고 해도 좋다. 탄쓰퉁이 청일전쟁의 배상금 지불을 위해 내외몽고, 신장(新疆), 티벳, 칭하이(青海) 등을 영국과 러시아에 매각하고, 그 잉여분을 내정개혁에 돌리려고 했다는 저 제안을 상기한다면 좋겠다.[49] 그는 그렇게 한다면 영국과 러시아가 그 땅에서 상호 견제하여 도리어 중국의 보전이 도모될 수 있다고 말한다.

이러한 대내적인 인식의 안이함에 비한다면,[50] 장지동 쪽의 대외인식은 대단히 리얼하다. '태서(泰西) 각국은 방교(邦交, 곧 국교)를 위해 공법(公法, 곧 국제법)을 세우고도 독단적으로 중국과의 교섭에서는 언제나 의도를 갖고서 참견하고(횡포를 부리고), 공법을 버리고 사용하지 않는다'[51]라고 일찌감치 1889년에 서술하고 있다. 광한(狂悍), 탐패불도(貪悖不道), 광조

---

49) 앞의 「報見元徵」.

50) 민권파의 대외인식의 낭만성을 드러내는 예는 많다. 예를 들어 장지동은 화관(華官)의 횡령착복을 방비하기 위해 세관리(稅關吏)를 채용하자는 의견에 대해서 그것을 인정한다면 장쑤, 저장과 장강(蘇浙長江)의 이권이 모두 양인(洋人)의 손에 들어가고, '중국의 정화(精華)는 이미 고갈되니 어찌 단지 간여(干預)뿐이겠는가'라는 (『張文襄公全集』권 79, 電奏7, 「致總署」 1898) 주장에 허치(何啓)의 경우는 양인 채용의 효과는 이미 세관 업무에 분명해졌으니 국내의 통행세의 징수에도 양인을 채용하자고 제의했다(『新政論議』37쪽 뒷면, 1894). 이것은 대조적인 예이다.

51) 『張文襄公全集』권28, 奏議28, 「增設洋務五學片」. 열강이 '공법(公法)을 지키지 않는'다고 한 그의 지적은 많다. 역시 여기서는 동시에 '서인의 설에 빠지는' 것을 경계하면서 광학(鑛學)·화학·전학(電學)·식물학·공법학(公法學)의 5학을 증설하고자 한 점에 유의. 이것은 후술의 『권학편』에서의 중학(中學)과 서학(西學)의 표리관계와 완전히 일치한다.

(狂躁), 횡교(橫狡), 험사(險詐), 흉패(凶悖), 잔독(殘毒), 탐낭(貪狼), 횡포(橫暴), 탐가(貪苛), 광낭(狂狼)… 열거하기 어려운 이런 말들이 그가 기회 있을 때마다 열강에 던진 형용어이다.

이러한 대외인식의 심각함이라는 면에서 장지동의 반(反)민권의 실질을 볼 필요가 있다.

앞의 량치차오의 「지치학회서(知恥學會敍)」의 경우는, 예를 들어 그 속의 '유체(流彘)'의 말(주周의 폭군 여왕厲王이 체彘에 유배당하고, 그 사이에 소공召公·주공周公 등이 '공화共和'의 정치를 행했던 고사. 공화의 말은 여기서 유래한다)을 '패류(悖謬)'라고 지탄했던 것으로, 이것은 군주제 유지라는 장지동의 입장에서는 당연하지만, 한쪽 역내(易鼐)의 '대단히 패류'한 의론[52]은 민권을 말하는 것과 나란히 서양인과의 잡혼합종(雜婚合種)을 말하고 그것을 '약(弱)으로 강(强)을 세우는' 방책의 하나로 삼은 것이었다. 또 똑같이 량치차오에 대해서 '광폐(狂吠)'라고 지탄한 경우는 『청의보(淸議報)』에 게재된 「각국과분중국회장정(各國瓜分中國會章程)」 1칙(則)에 대해서인데, 이것은 외국 통신을 번역하여 전재(轉載)하고 과분의 위기를 독자들이 직시하도록 했던 것일 테지만, 장지동은 원래 이러한 것의 게재 자체를 과분의 위기를 즐기는 '광(狂)'으로 본 것이다. 하는 김에 또 소개한다면, 나는 보지 못했지만 『촉학보(蜀學報)』의 「열국을 봉(封)해서(열국에 영지를 주어서) 이로서 중국을 보존하는 론」 역시 그로부터 '패류해문(悖謬駭聞)'으로 지탄받았으며, 하나하나 예를 들지 않지만 그가 콕 집어 비판한 민권 의론의 절반이 조정과 관련된 것임은 수긍이 되고, 그것과 관련해서 뒤의 절반이 반드시 과분(瓜分)과 연관되는 것이라는 점은 그의 청조 체제유지가 과분의 위기감과 깊이 표리를 이루고 있음을 나타낸다.

이를테면 장지동은 『권학편』의 정권(正權)편에서 반(反)민권의 이유로서

---

52) 『湘報類纂』 甲上, 「中國宜以弱爲强說」.

또 하나 사(士)·농(農)·공(工)·상(商)들의 '자주'에 의한 자사자리(自私自利)가 '생업이 없는 빈민(貧民)을 겁탈(劫奪)'하고, 질서 없는 약육강식의 세상이 되는 것을 들고서, 그것에 '중국을 강하게 하고 외적을 방비하는 (强中禦外)' 입장에서 반대하고 '단지 국권(國權)이 적국(敵國)을 잘 막아내고, 민권은 절대로 적국을 막아낼 수 없다'라고 '어외(禦外, 즉 외국 방어)'·'어적(禦敵, 즉 적국 방어)'을 반민권의 이유의 전면에 내세우고 있다.

이 신민(紳民)의 배타적인 자폐(自閉)와 에고이즘은 1절에서 본 그의 상공업정책 가운데서의 시종일관된 고민으로, 특히 상민층의 '고투(故套)를 답습하고 소리(小利)를 도모하는' 단견(短見)과, 또 '단지 이(利)로만 달려가고 정장(定章)을 지키지 않으며' '피아(彼我) 서로 미워하는' 이기적 배타성과, 또 하나 '양행(洋行)에 부탁(附託)하고' 양행의 앞잡이가 되는 '간상(奸商)'의 매국성을 그는 자주 지적하였다.[53] 특히 『권학편』 집필 당시는 외자도입을 방비하려고 철도부설의 민간자본 모집에 분주했는데, 여기서 그가 부닥친 커다란 문제의 하나가 소위 성신(省紳)의 배타적인 에고이즘이며, 또 다른 하나가 신상(紳商)이 외국자본의 가면이 되고 앞잡이가 되어 뒤섞여버린 것이다.

장지동은 과분의 위기에 대해서 '문약한 서생'은 말할 것도 없이 신(紳)에게도 **정치적**인 대항능력이 없다고 보았고, 그 신뢰감의 결여가 그가 관권(官權)·국권(國權)을 주장한 배후였다. 그리고 그 반면, 그의 비극성은 바로 여기에 있었던 것이지만, 그는 청조를 정점으로 한 중앙집권체제에 대해서 신뢰를 잃지 않았다. 그는 『권학편』에서 청조의 정치시책(政治施策)을 역사적으로 총괄하고, 송·명에 비해서 기본적으로 선정(善政)이었다고 평가하고 있다. 예를 들어, 그것은 이른바 지정은제(地丁銀制, 고대 이

---

53) 이하 인용순으로 『張文襄公全集』 권103, 公牘 18, 「札江漢道勸諭華商購機製茶」, 동 권41, 奏議 41, 「錢幣宜由官鑄母庸招商片」. 동 권105, 公牘 20, 「札商務局創設商學商會」. 동 권93, 公牘 8, 「札藩運兩司議開鐵禁」.

래 인두세人頭稅를 폐지하고, 토지세로 일원화한 일종의 근대세제)이며, 또 병농분리(兵農分離)에 의한 병제(兵制) 등이다. 이것은 저 『이십이사차기(二十二史劄記)』의 조익(趙翼, 1727~1814)이 역사적 사례를 들면서 청조를 구가(謳歌)한 것과 같은 입장으로, 요약하면 청조정권하에서 지주제적 구조의 진전과 강화를 선정이라고 평가한 것에 다름 아니다. 그리고 그것은 마치 헤겔(1770~1831)이 부르주아지의 입장에서 바로 부르주아지 자신의 현대를, 따라서 어디까지나 주관적으로 평가한 것과 마찬가지로, 그의 평가도 역사의 프로세스를 근거로 하면서도 자기의 현대에 대해서는 결국 주관적이었다.

그러나 청조는 그럼에도 불구하고 그 자신조차 종종 지적하고 개탄한 것처럼, 그것을 떠받치는 관료체제는 '관장(官場)의 적습(積習)'에 마비되고, '열신(劣紳)'(장지동 자신의 평어評語)과 결탁해 이익을 추구하는 무리에 의해 침식되었으며, 병제를 떠받치는 군대도 그 자신이 종종 삭감을 상주(上奏)한 녹영(綠營)이었고, 청조 자체는 후술하는 것처럼 이미 민심을 잃고 지금은 만주족의 보전을 몰래 도모하고 있는 반(反)국민적 존재였다.

과분에 대한 심각한 위기감에서 오는 그의 강력한 통일지향은 이렇게 사신(士紳)에 대한 상대적인 불신과 조정에 대한 상대적인 신뢰(그의 경우 그 어떤 것이든 상대적이어서 절대적인 것은 없었다)를 배후에 두고 있었지만, 청조의 역사를 전시대와 비교해서 보다 나은 시대라고 보는 이 역사관과 거기서 파생된 청조에 대한 상대적인 신뢰가 결과적으로 그를 '어외(禦外)'를 위한 조정유지로 귀추(歸趨)케 하고, 반민권으로 내몰았다.

하지만 여기서 잊어서는 안 되는 것은, 그가 탄쓰퉁(譚嗣同) 등 육군자(六君子)와 그들과 같은 그룹으로 봐도 무방한 황쭌센·천바오전(陳寶箴) 등을 전적으로 비난하지 않은 점인데, 그것은 탄쓰퉁 등이 신(紳)에 대해 상대적인 신뢰를 가진 점에서 장지동과 다르면서도, 관(官)·조정에 대해서는 여전히 **상대적인 불신밖에** 갖고 있지 않았다는 점에서 유래한다고 봐도 되겠다. 역으로 이것은 캉유웨이·량치차오·탕차이창의 활동이 그의 눈에는 본질적으로 조정에 대한 절대적 불신을 간직한 것으로 보였다는 점을 시사한다. 그들에게 있다고 본 절대적 불신이야말로 통일 체제를 파괴하고, 무엇보다도 중국을 과분의 위기로 떨어뜨리는 것으로서 그에게는 용납될 수 없었던 것이다.

이 장(張)·탄(譚), 량(梁) 등에서 과분에 대한 위기감의 정도 및 조정·관에 대한 신뢰의 정도가 그들 사이의 골의 정도가 되어 현상했다. 특히 과분의 위기를 현실시했던 장(張)·량(梁)에게는 그 골의 깊이가 어느 한쪽은 집권지향, 어느 한쪽은 분권지향으로 각자가 중국의 자존을 걸고서 그것 때문에 서로를 용납하기 어려운 역신(逆臣)·역당(逆黨), 즉 상대를 **중국에 대한** 반역자로 규정하여, 빼도 박도 못하는 대립으로 향하게 했다. 그 대립의 결정적인 요인은 과분이라는 현실시된 위기의 국면에 다름 아니다. 그들 간의 민권(民權)과 관권(官權)의 대립은 이 과분 문제를 빼고서 볼 수 없는 것이다.

장지동에 대해서 말한다면, 그 자신도 '고루(錮陋)'라고 보고 있는 중앙집권을 대신하는, 예를 들어 막부(幕府)를 대신한 천황이 당시의 중국에는 없고, 그래서 청조 이외의 통일권력을 고려하지 못했고(그것이 이 국가주의적인 장지동의 비극이기도 했지만), 그 때문에 결국 그 '협객의 기운이, 거의 오만(傲慢)에 가까운'(장지동의 평어) 야심가 위안스카이에게 중앙의 국면을 맡기지 않을 수 없었던 것, 량치차오에 대해서 말한다면 정치권력으로서의 분권의 실질적 담당자가 신(紳)이 아니라 군사력을 배경으로 한 군벌(軍閥)이며, 따라서 이 또한 결국에 위안스카이에게 그 각 성 자존(自存)의 국면을 맡기지 않으면 안 되었던 것, 두 사람 모두 뜻하지 않은 국면을 향해서 그럼에도 불구하고 이만큼의 대립을 부득이하게 했던 데에는 중국의 참고(慘苦)라고 할 수 있는 과분(瓜分)의 그림자가 깊게 드리워져 있었다.

앞에서 그들의 대립에 세대차를 본다고 말했는데, 한쪽은 과분을 멸망으로 보고, 다른 한쪽은 과분을 전제로 자존을 도모하는 혹은 도모할 수 있다고 보는 그 위기감의 질(質)에 조정에 대한 평가가 얽혀 있고, 이 평가야말로 세대차를 더욱 단적으로 드러낸다. 어느 한쪽은 청불·청일전쟁의 당사자, 어느 한쪽은 그 패배를 비판하는 전후세대라는 차이가 거기에 얽혀 있는 것이다.

하나는 장지동의 무거운 체험에 뒷받침된 열강 침략에 대한 절대적 위기감과, 청조 체제에 대한 절망에서 오는 열강 침략에 대한 량치차오의 상대적 위기감의 차이이다. 또 하나는 체제 속에서 65년을 산 청조인으로서의 장지동의 시대감각과 처음부터 그것을 변혁의 대상으로서만 본 청년 량치차오의 감각의 차이다. 열강과의 싸움 과정에서 골수까지 새겨진 보국의 집념, 즉 자신도 기성의 국가체제의 중요한 담당자의 한 사람으로서 그것을 수호하는 것이 보국이기도 했던, 관료적인 그리고 현실적인 장지동의 국가감각과, 한편으로 이미 그 기성의 국가에 손을 떼고 성(省)을 기초로 한 독립의 앞에 신국가를 전망하고 있는, 젊은 그리고 이념적인 량치차오의 국가관의 차이이기도 하다. 이 차이가 세대 간의 시간적이 아니라 사상의 질적 차이로서 현상하지 않을 수 없었던 데 두 사람의 대립의, 그것을 보는 이에 있어서의 숨막힘이 있다.

하나의 띠를 접어서 처음과 끝 부분이 같은 곳에서 포개어지도록 해보자. 원래대로라면 시간의 길이로서 떨어져 있을 터인 그 두 끝이 역사의—구체적으로는 열강의—압력에 의해 동시동위(同時同位)에 겹쳐져서 억지로 단층면을 형성케 하고, 그리고 그 숨막히는 단층을 구성하는 부분끼리 서로 반발하고 부정하려고 하는 데 양자의 대립의 비극이 있다고 나는 생각한다. 다시 일본으로 말한다면 막부 말과 메이지 시대가 시간의 계기적인 연속을 허락하지 않은 채 한 번에 병존했던 때의—예를 들어 요시다 쇼인(吉田松陰, 1830~1859)과 나카에 초민(中江兆民, 1847~1901)을 동시대에 대결시켰던 때와 같은—혼란이 중국에서는 과분의 현실적 위기의 도래에 의해 어김없이 야기되었다(장·량의 연령차가 요시다·나카에의 그것의 배 이상인 것에 유의하자).

두 사람에게 관권(官權)인가 민권인가는 이러한 눈으로도 보지 않으면 안 된다.

그런데 장지동은 『권학편』에서 삼강오상(三綱五常)을 말하고 있지 않는가, 삼강의 제1강 '군위신강(君爲臣綱)'이야말로 유가 관료이기도 한 장지동의 행동원리를 관통하는 골수가 아닌가, 또 바로 거기에 그의 '고루'한 본질이 노정되고 있는 것이라고 말할 수 있을 것이다. 이 군신의 강(綱), 즉 '충(忠)'은 그가 많은 중국 근대사상 연구자들로부터 이제까지 보수반동으로 간주되었던 하나의 요목(要目)이기도 하다.

그러면 이 '충'에 대한 음미가 필요하게 되는데, 일단 여기서는 이상의 민권과 반(反)민권, 즉 민권과 관권의 대립의 근저에는 중앙집권과 지방분권이라는 대립이 있고 그 배경에 과분의 위기가 있다는 데서, 이 대립은 중앙권력에 의한 자존인가 분성(分省)자립에 의한 자존인가 하는 대외(對外)자존의 길의 선택으로서 소위 외적 요인에 의해 비타협적인 대립으로 되지 않을 수 없었다고 확인해두자. 이것은 양무-변법-혁명의 3단계론의 재검토와도 연결되는 것으로, 다음 절에서는 우선 '충'을 음미하고 그런 다음에 중체서용(中體西用)과 유교와의 관련상에서 이 3단계론을 재검토한다.

3

먼저 '충'의 음미인데, 우회해서 다음의 것을 고찰해보자. 타이완 할양을 조건으로 한 대일강화(對日講和)는 광서제가 감당하기 어려운 것으로서 '말(言)이 종사(宗社)에 이르자, 통곡소리와 눈물이 함께 나온다'는 꼴이었다. 그렇다면 그 지켜야 할 '종사'란 무엇인가. '타이완이 사라지면 곧 인심이 모두 떠난다. 짐은 무엇으로 천하의 주인이 될까'라고 했다.[54] '종사'는 이미 국가조차 아닌 만주인 조정, 아니 조정이라기보다는 보다 단적으로 황제의 자리(座) 그 자체였다. 그는 이때 황제 일족 멸망의 흉조를 본 것에 틀림없다.

명조 최후의 숭정제(崇禎帝)는 북경성 함락 때 울부짖는 16세의 공녀(公女)를 '너는 어째서 우리 집안에 태어난 것인가'라고 칼을 들어 베고, 자신도 '짐은 죽어도 조종(祖宗)을 뵐 면목이 없다'라며 관(冠)을 던지고, 머리카락으로 안면을 가린 채 자살했다.[55] 왕조 붕괴 때의 이러한 비극은 정사(正史)에 적지 않고, 물론 광서제가 숙지한 바이다.[56] 청 왕조의 붕괴를 염려하고 마지막 황제가 되는 것에 겁먹은 기분은 그것이 자신과 일족의 운명에 직접 연관된 당사자라면 특히 절실할 것인데, 그렇다면 그것을 뿌리치고 타이완 할양을 단행했던 이홍장의 결단은 객관적으로는 조정보다도 국가의 존속을 우선시한 것을 의미한다. 광서제가 정변 후에 망명지에서 여전히 '광서제는 중국을 개혁할 유일한 희망이다'[57]라고 말했다는 동상이몽의 캉유웨이를 총애하고 그 신정(新政) 때 이홍장을 멀리한 이유도 납득이 가는 바이다.

이러한 이홍장의 종사관(宗社觀)에서 국가주의적이라고도 할 수 있는 경향은 장지동에게도 이어졌다.

예를 들어, 그는 타이완 할양 당시 타이완 신민(紳民)의 저항을 '타이완

54) 『清史稿』 권436, 翁同龢傳.

55) 『明史』 권121, 公主列傳, 長平公主. 동 권24, 莊烈帝本紀2.

56) 정사(正史) 속 왕조 최후의 황제 일가의 비극은 일반 지식인에게 공유된 지식이라는 점, 또 종말기에 그것이 리얼하게 되살아나는 것에 유의할 필요가 있다. 예를 들어, 명말에는 황종희(黃宗羲)의 『明夷待訪錄』 「원군(原君)」, 이 시기에는 정관잉(鄭觀應)의 『盛世危言』 권1, 「原君」에 각각 언급이 있다.

57) 『字林報』 1899년 9월 25일, 지금 寶宗1 『李鴻章年譜』(香港友聯出版社, 1968)에 의함.

백성의 충의(忠義)는 맹세코 왜(倭)에 굴복하지 않는다'라고 적고, 앞에서 기술한 '외모(外侮)를 방비할' 수 있는 광둥의 단련(團練)에 관해서는 '광둥 백성의 마음은 본래 충의를 숭상한다'고 말하며, 그리고 그것을 국가 주의적인 청조 판도확장기라고 할 수 있는 위원(魏源, 1794~1857)의 『성무기(聖武記)』에 기재된(「道光洋艘征撫記」) '삼원리(三元里)의 미담(美談)' 즉 삼원리의 인민에 의한 반영(反英)투쟁으로까지 끌어 대조하고 있다. 또 중불전쟁 당시 홍콩의 화민(華民)이 프랑스 배를 불태울 때에는 '민심의 충의는 적국에게 부림을 당하기를 바라지 않는다고 내세우니, 정리(情理)가 정대(正大)하다'라고 이것을 지지하는 등,[58] 무릇 그가 사용한 충의(忠義)와 의민(義民)이라는 말, 나의 인상에는 사실 90% 정도가 열강과의 전쟁에 관한 것으로, 그의 '충'은 '충국안민(忠國安民)'이며 '보국안향(報國安鄕)'[59]임이 분명하다. 여기서 다시 요시다 쇼인을 상기해보자. 그의 주군(主君)에 대한 충(忠)은 일찍이 유명한데, 그의 충은 간사(諫死)의 충이며, 막번 체제를 빠져나가 천황제적 통일국가를 향한 것이어서, 주군에 대한 예종(隷從)으로 향한 것이 아니었다. 의화단 때에 '세 번을 간하여도 들어주지 않으면 눈물로서 따른다(三諫號泣)'고 해서 '당로(當路)의 고폐(錮蔽)'를 지적한[60] 장지동의 충이 쇼인과 같이 주군에 대한 예종을 벗어난 것이었다는 것은 억지가 아니다.

역시 장지동은 그 삼강(三綱)의 뒤에 서양에서는 군민(君民)의 관계가 친애한 것이며, 국민이 '그 나라'의 길흉과 우락(憂樂)을 자신의 일로 하고 있다고 기술하고, 거기에서 하나의 모범을 보고 있는 것처럼, 그 자신에게는

---

58) 이하, 인용순으로 『張文襄公全集』 권78, 電奏 6, 「致總署」(光緒 21년 5월 4일). 동 권 90, 公牘 5, 「咨李學士擧弁團練」. 동, 권73, 電奏 1, 致總署(光緒 10년 8월 16일).

59) 전자는 『張文襄公全集』, 권155, 電牘 34, 「致長沙陳撫台皇臬台」, 후자는 앞의 「咨李學士擧弁團練」.

60) 『張文襄公全集』, 권218, 書札 5, 「致李木齋」.

변별 의식이 없지만, 그에게 조정은 국가유지·국가통일을 위한 조정이며, 그것은 이른바 **국가를 위한** 조정이었다.

원래 이미 명말에 이탁오(李卓吾, 1527~1602)가 어머니를 못 본 체하고 군(君)에 대한 충성을 바친 역사상의 인물을 '살모(殺母)의 역적(逆賊)'이라고 하는 등,[61] 왕양명(王陽明, 1472~1528)이 향약(鄕約, 향촌공동체의 상호규약)과 보갑(保甲, 향촌의 자위조직)의 정비에 착수한 명대 중엽 이래의 민간의 추세는 향촌의 상하신분질서 이데올로기로서의 효제(孝悌)를 주류로 했고, 물론 청조(淸朝)도 민간에서는 효제였다. '천(天)은 높고 제(帝)는 멀고 모두 조정이 있음을 모르고, 단지 관장(官長)이 있음을 알 뿐'[62]이다. 다만 청조에서는 옹정제(雍正帝) 때에 필시 이종족(異種族) 조정(朝廷)의 이데올로기적 기반을 강화할 의도에서 조정에 대한 충(忠)의 강조에 힘썼지만,[63] 그 충도 기껏 '관장'에 침투했을 뿐이었다.[64] 하지만 그 관료도 임지(任地)에서의 봉급은 사실상 자기 조달이고, 향리로 돌아가면 향신(鄕紳) 지주여서, 그 재지성(在地性)이 농후하여 일본의 무사가 토지에서 분리되어 번주(藩主)의 봉록으로 부양되고, 그 때문에 번주에 대한 예종(隷從)하에 있던 것과는 배경이 완전히 다르다. 중국에서는 그 재지성(在地性) 때문에 '충국(忠國)'마저 본래적으로는 '안향(安鄕)'한 것이며, 상군(湘軍)·회군(淮軍)의 소위 우수성의 하나도 여기서 기인했을 터이다.

원래 중국의 충 자체, 충서(忠恕)의 충 즉 공직(公直)한 성(誠)을 원의(原義)로 하고, 군신의합(君臣義合)이라고 불리는 의(義)에 이 공직은 정확히 포함되어 있다. 이 충(忠) 개념이 일본에 도래했을 때 고대의 청명심(淸明

---

61) 『藏書』 권59 참조.

62) 주14)의 황쭌셴(黃遵憲)이 인용한 광둥(廣東)지방의 속어(諺).

63) 安部健夫, 『淸代史의 연구』(創文社, 1971) 제3장 참조.

64) 쑨원(孫文), 『三民主義』 민족주의, 제6강 가운데 신해혁명 후 민간에서 '충(忠)'의 자련(字聯)이 소거된 말이 있다.

心) 즉 귀의(歸依)의 대상으로의 청명한 성(誠)과 결합하고, 일본 독자적인, 즉 상위자(上位者)로의 귀의를 주축으로 한 충으로서 계승되는 것과는 그 계승의 역사가 다르다는 것을 알아야만 한다. 게다가 일본의 충(忠)이 그러한 것처럼 중국의 충도 시대에 따른 변천의 역사를 갖고, 특히 청말의 변화는 두드러졌다.[65] 이 변천의 역사는 따로 다시 고찰할 필요가 있지만, 청말의 충이 의(義)를 매개로 한, 그래서 조정의 존속보다도 천하안민(天下安民)을 첫째로 삼는 것이 특징이고, 그것이 이홍장과 장지동에서는 열강과의 대항에 의한 자존, '보국'의 국가주의적인 충으로서 드러났을 것이라는 점은 그 역사의 추이에서 쉽게 추론할 수 있다. 이러한 중국의 충(忠) 관념의 상대적 독자성 및 그것의 역사적 검토는 앞으로 다시 이루어지지 않으면 안되지만, 아무튼 이것을 빼고서 그것이 '삼강오상(三綱五常)'의 일강(一綱)이라는 이유만으로 그것의 '실제를 검토하는 것이 아니라, 초역사적인 규범으로서' 이것을 '도그마'(서두의 B書)적으로 보아서는 안 될 것이다.

삼강에 대한 이러한 비판이 널리 일반적으로 보이는 것은 유교에 대한 '평가'가 선행하고 있는 데 있다.

근대 중국 연구자의 대다수가 유교에 대해서 거부반응을 보이는 것은 민국시기의 신문화운동에서 볼 수 있는 반(反)봉건=반유교의 새로운 조류, 예를 들어 유교를 식인(食人)적 예교로까지 말했던 루쉰(魯迅)으로 대표되는 유교 비판의 흐름을 무의식적으로 '평가'의 전제로 삼고 있기 때문일 것이다. 전전전시(戰前戰時)의 교육칙어(教育勅語)를 축으로 한 일본의 충효(忠孝)의 수신(修身)교육도 영향을 미치고 있을 것이다.

한마디로 말해, 유교에 대해서 전근대적인 공순(恭順) 윤리라는 이미지가 있고, 그것에 황제·지주계급 등 지배자 집단의 2천 년에 이르는 농민

---

65) 탄쓰퉁(譚嗣同), 『仁學』과 류스페이(劉師培), 『中國民約精義』에서 볼 수 있는 충(忠)의 원의(原義)로의 회귀와 충 개념의 해석 등.

지배라는 저 마오쩌둥의 농민정통사관(農民正統史觀)이 겹쳐져, 유교는 때로는 **지배를** 위한 사상인 것처럼 단순화되고 왜소화되었다.

이 시각에는 먼저 유교에서 사상, 특히 정치사상·사회사상으로서의 기능면에 대한 통찰의 결여가 있으며, 또 하나는 그 공동체적 윤리성이 단순히 종(縱)의 공순(恭順) 윤리만이 아니라 횡(橫)의 소위 커먼웰스(연방)적인―지금 이것을 상관 윤리라고 부른다―윤리일 수 있는 점에 대해 간과하고, 또 하나 그 개인적 윤리성에서의 긍정적인 면에 대한 몰이해가 있다.

지금까지의 서술에 근거해서 예를 들어보자. 우선 개인 윤리를 장지동의 천재접(薦才摺)에서 보자―이 천재접이라는 것은 부하(部下)와 관계선 가운데서 인재를 추천한 상주문(上奏文)이다(역시 총인원 144명의 거명擧名 중, 유학留學경험자 등 양무에 능통한 인재가 64명, 특히 『권학편』 집필 뒤의 시기에는 61명 중 실로 47명으로 양무의 인재가 압도적으로 많다)―. 그 천재의 추천 이유 가운데 개인 윤리에 관한 덕목 몇 개를 뽑아보면, 예를 들어 독실(篤實), 청엄(淸嚴), 청렴(淸廉), 염박(廉樸), 결청(潔淸), 단중(端重), 정직(正直), 공정(公正), 박성(樸誠), 검박(儉樸) 등이다. 청(淸)·렴(廉)·박(樸)·정(正)이 대부분인 것은 이 추천 이유 가운데서 볼 수 있는 '관장(官場)의 습기(習氣)에 물들지 않는' 등 중국 관료제의 특수성에 의한 것이며, 이 덕목에는 관료 윤리의 반영과 관료의 한 사람으로서 장지동의 가치관이 짙게 들어 있다고 볼 수 있지만, 아무튼 이러한 덕목이 유교에서 개인 윤리의 그것이라는 것을 알아둘 필요가 있다. 이를테면 이 추천 가운데 이례적인 예로서 위안스카이에게는 '지기영예(志氣英銳), 임사과감(任事果敢)'이라고 추천하면서 '그 임기(任氣) 거의 항변(伉弁)에 가깝고, 일은 거의 맹렬하게 편향적이다'라고 단서를 붙이고, '하지만 이것을 세속의 인순겁나(因循怯儒)의 흐름과 비교한다면, 말할 것도 없이 이것을 멀리 뛰어넘는다. (…) 반드시 능히 시국(時局)에 보탬이 될 거'라고 말했다.[66] 이 위안스카이는 유교의 교육을 전혀 받지 않아서, 평시(平時)라면 등용되지 못할 인재였다. 이러한 야심가는 유가적인 관료로는 맞지 않다. 오히려 개인의 사리(私利)를 버리고 청렴, 독실(篤實), 공직(公直)의 인격을 함양하는 것이 유교에서 개인윤리의 덕목이었음을 지적해둔다.

다음으로 공동체 윤리 가운데 먼저 상관(相關) 윤리인데, 1절의 서갱폐(徐賡陛)가 공장 폐쇄의 이유로서 들었던 '부상대고(富商大賈)가 오직 이(利)를 독점하고 민(民)을 병들게 하는 것을 막는' 것은 앞에서도 기술한 것처럼 만물일체의 인(仁)에 근거한 전통적인 유가의 발상이다. 이 만물일체의 인은 명대 중기의 왕양명이 주창하고 이후 명청기의 공동체 윤리의 기조를 이루었는데, 그 기반에는 역시 왕양명이 정비에 착수한 향약·보갑 등 향촌공동체적인 사회관계가 있다. 그 내용은 만물이 일체의 맥락 속에서 각기 각각의 생존의 적절함을 얻고 그 맥락을 인(仁)으로 하는 것으로, 이 상관윤리적인 인의 입장에서 서갱폐는 공장 창시자 진계원(陳啓元)을 '혼자 이(利)를 독점하는' 자로서 본 것이다. 이 인(仁)이 여기서는 초기 부르주아지의 농촌에서의 활동을 억제하는 방향으로 기능하고 있지만, 반면 예를 들어 명말에는 '호강(豪強)'(청말민국초의 초기 사회주의자 주집신朱執信은 이것을 '부르주아지'의 역어로 삼고 있다), 즉 특권적 대지주의 전횡을 억지하고자 한 동림파(東林派, 명말의 개혁파) 등의 소위 균전균역(均田均役, 요역徭役과 세부稅賦의 공정화)론, 또 청초에는 황종희(黃宗羲, 1610~1695)와 왕선산(王船山, 1619~1692), 안원(顏元, 1635~1704) 등의 이상주의적인 토지의 재분배론, 전호(佃戶, 소작인)의 자영농화론(自營農化論), 또 청말에도 도후(陶煦)의 현실적인 감조론(減租論) 등의 경제사상이 이 인(仁)에서 나온 것임을 잊어서는 안 된다.[67] 그리고 이

---

66) 『張文襄公全集』권38, 奏議 38, 「薦擧人才摺」.

67) 戶川芳郎·蜂屋邦夫·溝口雄三 저, 『儒教史』(山川出版社, 1987) 제11장 참조.

런 소위 정심(正心), 성의(誠意), 수신(修身), 제가(齊家) 위에 이것과 입체적으로 연속하는 형태로 치국(治國)·평천하(平天下) 레벨의 경제·사회·정치사상(중국에서는 경제·사회사상이 거의 그대로 정치사상의 측면을 갖는다)이 형성되었고, 그것이 이 인(仁)을 모태로 한 청말의 대동사상이다.

그럼 이 대동사상에 관해서인데, 이 가운데 사회사상으로서의 그것은 사람들이 일체의 배타적인 자사(自私)의 경계를 버리고, 폐질자(廢疾者), 노인, 고아에서 유(幼)·청(靑)·장(壯)·노(老)의 모든 남녀는 물론 황(黃)·갈(褐)·흑(黑)·백(白)의 모든 인종이 평등으로 가득한 생존을 얻고 대공무사(大公無私)의 이상향을 출현시킨다는(쑨원이 공산주의를 대동주의라고 한 것은 이 측면에서다) 캉유웨이의 저『대동서(大同書)』에 단적으로 드러나고 있음을 지적해두는 것에 그치고, 여기서는 대동적 정치사상이라고 할 수 있는 민권파의 공화 정치사상에 대해서 간단히 언급한다.

지금 이것을 이미 친숙한『상보(湘報)』에서 뽑는다면,

량(치차오)군이 논한 바의 (…) 일군(一君)의 세상에서 변화해 민주의 세상이 된 이것은 천도(天道)의 자연이다. 또는 군(君) 또는 신(臣) 혹은 관(官) 혹은 민(民), (…) 등(계층구분)으로 나누고, (…) 서로 싫어하고 서로 거리를 둔다면 (…) 스스로 떨어지고 스스로 해치고 (…) 그 등(계층구분)도 유지하지 못하고 만다. 이에 (…) 마침내 천하의 등(等)을 포함해서 이것을 수평으로 하고자 한다. (…) 묵자의 겸애(兼愛), 상동(尙同), 불법(佛法)의 평등이다. (…) 상동(同을 숭상한다)하면 공(公), 공하면 서(恕), 서하면 화(和), 화하면 다스려지지 않음이 없다. (…) 생각건대 상동은 인(仁)의 기점(起點), 평등은 인의 교선(交綫)이다.

인(仁)은 인간이 천(天)에서 얻는 생(生)의 리(理)이다. 공자가 인에 대해 (…) 원하는 바를 사람에게 베푸는 것임을 알아야 한다. 곧 원래 천하의 공리(公理)이다. (…) 보통 사람들은 그 정(情)을 자사(自私)한다. (…) 군자는 그렇지 않다. 자신에게 이 정(情)이 있다면 곧 그 정을 추구해서 이 것을 천하에 공(公)으로 한다. 고로 천하의 지사(至私)를 잘 갖고 천하의 지공(至公)을 이룬다.[68]

라고 했다. 만물일체의 인(仁)의 맥락이 천리(天理)인 그 천리가 묵자의 겸애와 불교의 평등을 계속 집어넣고, 대동의 공리로 확장되고 있는 것 그리고 그것이 천도의 자연과 천(天)에서 얻는 바의 생(生)의 리(理), 곧 인간에서 천여(天與)의 자연으로서 소위 자연법적으로 이해되고 있는 모습을 알 수 있을 것이다.[69] 이 자연법적 이해는 그대로 국제법에도 미치는데, 이것도 이미 친숙한 『상학보(湘學報)』에서 본다면,

공법(公法)은 성법(性法), 의법(義法)에 기초한다. 그 나오는 바를 추측해본다면, 역시 천(天)에 근본을 둔다. (…) 성법은 (…) 천성(天性)에 기본하고, 성(性)에 불선(不善)하지 않는다면, 지선(至善)의 법(法)이 된다.

---

68) 이상은 순서대로 『湘報類纂』 앞의 「問民主之說」 一則, 同右, 권1, 甲上, 皮嘉祐 「平等說」, 同右, 乙上, 「向昧秋院長上文在沅州府南學會分會講義」.

69) 청말의 민권사상은 중국의 독자적인 자연법이다. 그것을 시험삼아 류스페이(劉師培)에게서 보자면 "천리라는 것은 사람의 마음(人心) 속에서와 똑같은 공리(公理)이다."(『理學字義通釋』 理), "사람의 양지(良知)가 같다면 사람이 하늘로부터 얻는 것도 같다. (…) 어찌 등급의 구분으로 제한할 수 있겠는가?", "자연법은 곧 본성에 따른 법(性法)이므로 (…) 법률이 천성의 자연에 기초하므로 자연법이라고 한다. (…) 내 생각에 이것은 곧 양지설이다. 대개 사람이 태어나 천연의 리(理)를 갖춘 즉 마땅히 해야 할 분(分)이 있다.(『中國民約精義』 권3) "남에게 이익을 주는 것을 인(仁)이라고 하고 남에게 손해를 끼치지 않는 것을 의(義)라고 한다.", "그러므로 의(義)의 미덕은 그것이 한 사람의 자유를 제한함으로써 그로 하여금 다시는 타인의 자유를 침범하지 못하게 하는 데에 있다"(『理學字義通釋』 義). 게다가 그의 경우 이 문맥에서 프루동과 바쿠닌을 말하고 있는 것에 특히 주의할 필요가 있다. 청말의 공화주의, 사회주의, 무정부주의 어디에도 소위 대동적 자연법이 거의 골격을 이루고 있다고 할 수 있을 정도로 그 전통적 사유가 투영하는 색은 진하다. 이제까지 근대 중국사상 연구의 분야에서 이것이 완전히 무시되었다는 점을 특별히 부기해둔다.

공법은 천연의 리(理)에서 나오고, 천연의 리는 도(道)에 근원한다. 도를 버린다면 리(理)가 아니고 리(理)를 버린다면 공법이 아니다.[70]

로 된다. 민권·공화파의 대외인식의 안이함의 한 가지 주요한 원인으로서 공법에 대한 이러한 **중국적인**('천天' '리理'로의 낙관주의optimism를 특질로 한다) 이해가 있었던 것이다.

이상에서 분명해진 것처럼, 정치적 대동사상이 만물일체의 상관윤리적인 인(仁)에서 반(反)전리(專利)를 기초로, 한편으로는 반(反)전제군주, 한편으로는 반(反)'호강(豪强)', 보다 보편적으로는 반(反)이기(利己)를 기초로 자타평등(自他平等), 인인생존(人人生存)의 공리(公理) 및 그 천여(天與)의 리(理)에 기초한 공법과 동심원적인 확대를 보이면서, 그 공화주의는 초기부터 사회주의적인 양상을 짙게 띤 것이다. 그리고 그것이 '성법(性法)'이라고 불리는 것처럼 저 전통적인 성선설 이래의 도덕적 **천성**을 근거로 하고, 이러한 자연법적인 정치사상이 도덕성과 표리를 이루고 있는 점에 유의해두자. 역시 중국에서는 수신(修身)과 평천하(平天下)의 **무매개적**인 동(同)차원적 연속(즉 위정자의 수신에 의한 덕성이 즉시 무매개적으로 천하에 인仁을 초래한다는 위정자 일인을 원점으로 한 동심원적인 덕치주의)은 명말에 부정되고, 그 뒤 정치세계(치국·평천하)는 개인의 도덕 윤리(수신·제가)와 동축(同軸)적으로 연속하면서도 그것은 종래의 동심원적인 연속이 아니라, 이른바 원통형의 입체적 연속으로서 위상(位相)적으로는 높은 차원에서 다른 세계를 갖고 자립하지만, 그 과정에서 탄생된 정치사상은 그러나 의연히 상관윤리=인(仁)에 근거한 데서 유럽적인 소위 정치와 도덕의 분리를 드러내는 일 없이 근대의 공화사상으로 전개되는 점에서 독자적이다. 이에 대해서 재론의 필요가 있을지도 모르겠다.

---

70) 『湘學新報』(臺灣華文書局印行, 1966) 제4책, 「交涉之學」 및 동 「公法通義敍」.

이쯤에서, 독자는 민권의 공화사상이 유교사상의 청말적 전개라고 한다면 루쉰 등 민국초기의 반(反)유교는 이것과 어떤 관계가 있는가, 또 장지동의 '중체'의 '중' 곧 '중학' 및 '충'은 어떤 것인가라는 의문을 갖게 되었을 것이다.

루쉰의 반유교에 관해서 말하자면, 이것은 효제(孝悌)를 주축으로 한 종족적 공동체 윤리 속의 가부장적·상하적인 공순(恭順) 윤리에 대한 반대이며, 이 반(反)은 유교 전반을 뒤덮는 것이 아니라고 여기서는 단순화해서 말해두자. 이 상하적인 공순 윤리는 명(明)에서 청(淸)에 이르는 만물일체의 인에서 공동체적 윤리성을 오로지 가부장제 내에서의 종적 상호 즉 공순적 상호성으로서 집어넣어왔던 것이다. 이 인(仁)에서 상호성이 횡적 상호성으로서, 곧 이 인이 나의 소위 상관윤리적인 인으로서 자립하기 시작한 것은 청대 중엽의 대진(戴震) 이후이며, 그 뒤 공자진(龔自珍)의 평균편(平均篇), 태평천국의 '아버지인 천하의 아래 천하일가는 형제'라고 한 가부장제 내적 평등을 거쳐, 이에 더해 앞에서 본 제자학, 불교 및 유럽의 평등사상의 유입 등에 의해 공화사상으로 성장했다. 그리고 종족제와 지주제적 향촌공동체 속에서 계속 살아가고 있는 현실적인 질서이데올로기인 효제적 공순 윤리를 부정하기까지에 이르렀다. 부정된 것은 종(從)의 공순 윤리이며, 부정한 것은 같은 뿌리의 단지 횡(橫)의 상관 윤리적 이념의 역사적 성숙체, 결국 대동적 공화사상이라고 크게 말해두자.

다음으로 장지동의 '중체'에 관해서인데, 우선 유의해야 할 것은 그가 관료·정치가이지 사상가가 아니라는 사실이다. 그에게 유교는 주요하게는 개인 윤리로서의 유교이며, 그 내용이 사실은 이제까지 보아온 청렴(淸廉)이며 독실(篤實), 공직(公直)이며 또 충(忠)이었다.[71]

---

71) 그 자신에 대해서는 제자가 "관직에 있은 지 40여 년간 고향에 집을 짓지 않았고, 토지 재산을 두지 않았다. 형제들은 종가 외에 모두 다섯 개의 분가가 있었는데, 모두 대대로

앞에서 서술한 것처럼, 그는 양무를 한층 전개하여 양무의 인재를 보다 많이 육성하고 등용한 그 진전 속에서 중국인의 민족적 기개를 일으키는 일을 또 하나의 목표로 삼아『권학편』을 썼으며, 그리고 그 목표 속에서 중학(中學)을 체(體)로 하고 서학(西學)을 용(用)으로 하는 것을 반복해서 서술했다. 그의 전집을 통독해보면 분명해지는 것처럼, 그가 남긴 상주문(上奏文), 공독(公牘), 전주(電奏), 전독(電牘), 서한(書翰) 등으로 편집된 그것은 대부분 양무를 위한 고뇌의 기록이며, 유교를 언급한 부분은 앞에서 거론한 천재접(薦才摺)과 이『권학편』및 학교에 관한 부분에 대체로 국한되어, 그것은 전체의 필시 5%에도 미치지 않는, 결국 유교는 그에게 사상이 아니라 인생의 일부 곧 사상·행동의 윤리 면에서의 지침에 지나지 않았다(유교사상이 인격의 골조를 이루고 문장의 테마와 내용의 구성요소 그 자체가 되고 있다는, 그 이전의 예로서 공자진, 위원 등과 이 점에서 완전히 다른 데 유의할 것). 그 학교 교육 또한 양무의 인재 교육에 주안점을 둔 것이며, **바로 그래서** '중학'의 필요가 역설되었다. 결국 그는 양무를 '용'으로 하는 인재의 육성에 힘쓴다는 바로 거기에 한층 더 그 인재에 중국민족의 전통적 윤리, 다시 말해 민족정신, 민족적 기개라는 것을 '체'로서 구비하는 것을 추구했던 것이다.

이를테면 천재접 속의 추천의 사(辭)로서 '체용겸비(體用兼備)'라고 불리는 '체'는 윤리 특히 개인 윤리, '용'은 실무능력 또 양무능력이며, '성현의 강상의리(綱常義理)로서 **본**으로 삼고, 고금중외의 경세제민(經世濟民)으로서 **용**으로 삼는다'[72]라는 것이 바로 이를 구체적으로 기술한 것이지만, 여기서 강상의리라는 요란한 표현에 현혹되어서는 안 된다. 예를 들어 그는 배워야 하는 성현의 이름과 그 저작물명을 '서목답문(書目答問)' 속

장전(莊田. 宗族의 共有田을 가리킴)을 두었을 뿐, 사재(私財)는 없었다.(『張文襄公全集』권228,「弟子記」)라고 말하는데, 과장이 있다고 해도 그의 인생관이 청렴을 중시한 것이었음은 전집의 행간에서 읽을 수 있다.

72)『張文襄公全集』권101, 公牘16,「札南北司道書院改試策論豫防流弊」.

에서 망라하고 있지만, 분류된 그 경학가, 사학가, 이학가(理學家)의 부문 어디나 다 '실사구시'로 유명한 고염무의 이름을 들고, 또 그 자신 실사구시를 모토로 삼고 있는 등의 내용을 음미한다면[73] 그 진의는 분명해진다. 장지동은

> 경국(經國)은 자각을 **본(本)**으로 하고, 자강은 인재양성을 **선(先)**으로 한다. 중외(中外)교섭의 일은 상무(商務)를 **체(體)**로 하고 병전(兵戰)을 **용(用)**으로 하며, 조약을 그 **장정(章程)**으로 하고 동시에 각국의 물산(物産), 상정(商情), 영역, 정령(政令), 학술, 병기(兵機), 공법, 율령을 주지하는 것을 **근저**로 하며, 각국의 언어문자에 통효(通曉)하는 것을 **입문(入門)**으로 한다.[74]

라고도 말했다. 여기서 엿볼 수 있는 것처럼, 그가 말한 중체의 '체'는 중국철학상의 이른바 체용의 논리에서 본체·현상의 본체가 아닌 것은 물론 서양철학상의 본질·작용의 본질조차도 아닌, 거의 일상적인 의미에서의 근본적인 것이라는 정도의 뉘앙스로 읽어야 하는 것으로, 위의 인용에서 본다면 '본(本)'이 가장 여기에 가깝다고 할 수 있다. 그리고 그것이 지닌 선행·우위(優位) 등의 어감도 일본의 화혼양재(和魂洋才)에 포함된 재(才)에 대해서 보다 근본적인 혼(魂)의 우위성이라는 이미지와 등질(等質)한 것이 인(仁)의 **본**으로서의 '체'에 그대로 포함되고 있다는 데 지나지 않는다.

　누구보다도 열심히 양무운동을 전개한 한 사람—곧 유럽문명의 우수함

---

73) 이외에 황종희(黃宗羲), 장리상(張履祥), 대진(戴震), 공자진(龔自珍), 위원(魏源) 등의 이름이 보인다. 또 이하의 서술에 관해서는 藤井友子의 「張之洞의 中體西用論-'西學'을 배우는 지식인의 '윤리'에 관해서」(『駒澤大學外國語部論集』 18, 1983) 참조.

74) 『張文襄公全集』 권89, 公牘4, 「札司局設局講習洋務, 延訪洋務人才啓」.

을 인정하고, 이것의 수용에 당시로서는 가장 열심이었던 한 사람인 당사자가, 오히려 그만큼 그 이(異)문명을 수용하는 주체 측의 민족적 아이덴티티라는 것에 생각이 깊어지고, 그 절박한 생각을 '체'가 지닌 어감에 의해 표현하고자 한 것은 정말로 공감할 수 있다. 그는 기술 이외에 '모두 중국이 뛰어나다'라고도, '정치·사상·문화' 전반에 개혁이 불필요하다고 결코 말하지 않았다. 그러한 편협한 배타적 국수주의와 고루한 보수주의는 그와는 무관했다. 오히려 그의 눈에 유럽의 우월은 현실적으로 살아가는 현실이며, '각국의 물산, 상정(商情), (…) 공법, 율령'의 수용과 이를 위한 어학습득은 자강을 위한 급무였다. 그만큼 각국의 압도적으로 우월하다고 자각된 문명에 대한, 수용하는 측의 주체의 상실에 대한 위구감은 강했다. 그래서 그가 제창한 '중체'는 통설과는 반대로 열약(劣弱)을 자각한 이의 위기의식의 표명이라고 할 수 있다.

그것은 이 '삼강(三綱)'을 말한 『권학편』 명강편(明綱篇)이 '귀양천화(貴洋賤華)의 무리'에 대한 교계(敎戒)를 하나의 목표로 삼고 있는 것, 또 학(學)의 순서를 기술하고 '중학(中學)'의 필요를 기술한 순서편(順序篇)이 서두에 '지금 중국을 강하게 하고 중학(中學)을 보존하려고 한다면, 서학(西學)을 강(講)하지 않으면 안 된다'라고 시작하여, 문장의 말미에 '(다만) 그 서학이 점점 깊어진다면, 그 중국을 질시(타기하고 멸시하는)하는 것 또한 점점 심해진다. (그러한 것으로는) 박물다능(博物多能)한 선비라고 할지라도 국가 또한 어찌 채용을 할 수 있겠는가'로 맺고 있는 데서도 분명하다.

다만 그렇다고 해서 나는 그가 말한 '중학'을 민족정신과 애국심 일반으로 환원해서 미화할 생각은 없다. 그것이 보다 많은 개인 윤리의 함양을 말한 것이라고 하더라도, 그것이 근저로 삼는 '강상의리(綱常義理)'에는 당연히 공순윤리(恭順倫理)가 포함되어 있고, 그것이 쉽게 체제로의 공순에 연결되는 것이라는 그런 한에서, 객관적으로 이른바 체제 이데올로그일 수 있는 측면까지 부정할 마음은 없다. 원래 보국안향(保國安鄕)의 충

(忠) 자체가 기성의 국가, 기성의 향촌의 보안유지를 내실로 삼고 있는 이상, '충국(忠國)'이 사실상 '충군(忠君)'으로, '안향(安鄕)'이 효제(孝悌)적 질서의 유지로 귀추(歸趨)하는 것은 그의 '중학'에서 오히려 필연적이기까지 하다. 그러한 귀추를 인정한 위에서, 역시 그럼에도 불구하고 그 '충군'은 조정에 대한 예종(隸從)적 충성이 아니라, 어디까지나 중앙집권적 통일국가의 핵심으로 예상된 그 유지해야 할 핵심에 대한 충성인 것, 또 그 '안향(安鄕)'도 제일의(第一義)적으로는 외적으로부터의 향토보전이라는 점을 간과해서는 안 된다라고 말하는 것에 불과하다. 그리고 그것은 그의 소위 '강상의리'가 강상(綱常)에서 공순윤리를 포함하는 한편 그 성현의리(聖賢義理)의 학(學)에 관해서는 전술한 대로 '실사구시'를 모토로 삼고, 예를 들어 황종희(黃宗羲)의 『명이대방록(明夷待訪錄)』과 당견(唐甄, 1630~1704)의 『잠서(潛書)』 등 체제비판적이라고 볼 수 있는 것까지를 학(學)의 대상에 넣고 종합해서 「서목답문(書目答問)」을 보는 한에서, 그 학(學)은 역사적·객관적으로 파악될 수 있는 것이라는 것과 무관하지 않다.

역시 그의 유교 윤리에 관해서 특징적이라고 할 수 있는 것은, 앞에서 서술한 것처럼 많지 않은 유교상의 발언 가운데 더욱이 효제에 관한 것은 거의 보이지 않고, 주목할 것은 충(忠)이라는 점이다. 원래 충도 효제도 개인 윤리이면서 동시에 공동체적 윤리라는 점에서 공통되는 것이지만, 효제가 예를 들어 향촌공동체 내의 질서유지의 이른바 내측의 윤리라는 것에 대해서, 충(忠)은 그 공동체를 외적(外敵)으로부터 보호하기 위한, 그 때문에 공동체를 넘어서 그것을 외부에서 파악한 것이며, 똑같이 공순성(恭順性)을 포함하면서도 그 공순성에는 미묘한 차이가 있다. 그가 그 「서목답문」의 사부(史部) 속에서 고염무(顧炎武)의 『천하군국이병서(天下郡國利病書)』 등의 경제문헌과 남회인(南懷仁)의 『곤여도설(坤輿圖說)』 혹은 위원의 『해국도지(海國圖志)』 등의 세계 각국 안내서와 『성무기(聖武記)』 등의 이른바 국위 발양 기록을 나란히 두는 데서 엿볼 수 있는 것처럼, 그의 충은 단지 기존의 조정에 대한 맹목적·예종적인 충성이 아니라, 보호해야할, 또 보호할 가치가 있는 세계 속에 있어야 할 국가상에 대한 충성이며, 따라서 그것은 송대의 충에 보이는 안에 틀어박혀 있는 가산(家産) 관료적인 공순과도 이질(異質)적이라고 할 수 있다.

이상 장지동의 '중체'가 마치 구태의연한 왕조 체제유지의 이데올로그로서 때로는 '도그마'로 비쳐왔던 것의 부당함을 서술했다. 한마디 덧붙여두고 싶은 것은, '중체'가 지닌 극히 일반적인 개념, 곧 중국에서의 전통사상·문화라는 의미에 부연하여 이 말을 사용할 경우, 그리고 종래 이 말은 종종 그러한 의미에서 사용되어(단지 일방적으로 구폐고루舊弊固陋의 대명사처럼 간주된)왔지만, 그런 의미에서 이것을 청말에 유교**사상**(철학 및 정치·경제사상으로서) 전통과의 관련에서 본다면 어떻게 될까 하는 것이다.

그 답은 이미 앞에서 기술한('天', '理'에 근거한) 대동사상과 공화사상 속에 준비되고 있는 것처럼, 만약 '중체'를 그러한 의미에서 사용한다면, 사실 그것은 대동·공화사상에서 중국적 독자성 그 자체로서 골격이 튼튼하게 자존(自存)하는 것이며, 그 독자적으로 전통적인 그것을 다시 '중체'라고 한다면, 그것은 공화사상을 통해서 마오쩌둥사상에까지 계승되고 있다고 볼 수 있다. 이것에 관해서는 독자들도 눈치챈 것처럼 일견 전근대적인 서갱폐 쪽이 사상사적으로는 공화사상과 연결되고, '전리(專利)'를 말하는 부르주아지의 육성에 힘쓴 양무파 쪽이 그 자본주의적 추향(趨向) 때문에 종래 이야기되어왔던 것과는 반대의 입장에서 혁명사상으로서의 대동적 공화와는 대립관계에 있다는 견취도(見取圖)가 만들어진다. 즉 사상으로서의 면에서 본다면, '전리'의 철저는 그 '사(私)'의 자립지향 때문에 대동적 공화사상과는 상용되기 어려운 벡터를 가진다. 여기서 중국적 공화사상의 독자성의 다른 측면을 볼 수 있지만, 지금 이것에 관해 부언하는 것은 그만두자.

그렇다면 마지막으로 양무-변법-혁명을 **질적으로** 단계를 짓는 3단계론인데, 양무와 변법을 나누는 민권(民權)인가 관권(官權)인가는 사실 앞의 절과 같은 복잡한 요소를 품고 있으며, 그것은 결코 사상의 질(質)의 단계적인 차이로서 파악할 수 없는 것, 또 양자를 나누는 중체에 대한 고집인가 그것의 변혁인가라는 지금까지의 통념도 원래 장지동의 중학에 대한 오해에 기반한 것, 그 오해의 근저에 있는 충(忠)을 포함한 유교에 대한 거부반응의 선행(先行)이 청조에서 명(明) 이래의 역사의 전개를 사상한 '근대절취'사관에서 온 것, 또 중체를 만약 일반적으로 전통사상으로서 파악한다면, 그것은 오히려 혁명파의 사상에 골격이 튼튼하게 계승되고 있는 것 등 어떻게 보더라도 이 3단계론에는 재검토의 여지가 있다는 점은 분명해질 터이다.

나는 이 양무-변법-혁명이라는 단계론적 분류법을 보류하고, 모든 역사인물을 일단 각각의 개체로 환원시킨 뒤 다른 틀에서 다시 조립하는 편이 좋다고 생각하지만, 이것에 관해서는 다른 기회로 미룬다.

어떡하든 이 복잡다층적인 근대중국을 테마 선행(先行)의 방법론으로 파악할 수 없음이 이제는 분명해졌다.

지금 재차 진계원(陳啓元)의 사건을 예로 든다면, 습격(襲擊)한 측 곧 뒤의 중국혁명의 주인공이기도 한 농민 및 거기서 석출(析出)되는 회비(會匪), 습격당한 진계원—이 사람은 주위의 냉안(冷眼)과 조소 속에서 중국에서 가장 빨리 공장의 기계화를 추진하고, 때려부수고 할 때에는 친구와 '종족'의 연고자의 위구(危懼)와 충고에도 '결코 동요되지 않고', 결과적으로는 광둥의 국산사생산(國産絲生産) 융성의 기초를 세운 '입지고원(立志高遠), 백력웅의(魄力雄毅)'한 사람으로 민국기에는 칭송을 받았고[75]—, 공

---

75) 앞의 『南海縣志』 권21, 列傳, 4쪽 뒷면.

장 폐쇄를 명한 독실한 유가관료 서갱폐, 그 위에 서서 양무를 추진한 개명파 장수성(張樹聲)·장지동 등, 그리고 그들을 둘러싼 보수파로부터 캉유웨이·량치차오 등에 이르는 다양한 대립의 당사자, 그러한 다양한 대립자군(群)을 '평정(評定)'을 재촉하지 않고, 역사적 리얼리즘 곧『춘추(春秋)』필주(筆誅)의 법이 아니라,『사기(史記)』사실(寫實)의 저 다각·다원적인 리얼리즘에 의해 파악할 필요가 있다.[76]

근대 중국사 연구는 청대사와 함께 현대 중국도 이 역사적 리얼리즘에 의해 투시하는 장대한 시좌의 설정과 운용을 작금의 급무로 한다. 장대한 시좌란, 구체적으로 청초부터 마오쩌둥혁명에 이르는 300여 년의 프로세스 전체를 선입관과 편견을 버리고 착실하게 사실에 대해서 부감하는 시좌이다. 이제까지 근대 중국은 기본적으로 마오쩌둥혁명에서 되돌아보고 비쳐지며, 거기에 사적 유물론적·진화사관적인 역사가치관념이 혼입되고, 이론과 평가가 선행하고 그 결과로서 **주관적인** 영상이 만들어져왔다.

한편 혁명의 대상이 되고, 오로지 부정적으로 보였던 청조야말로 좋은지 나쁜지는 지금은 제쳐두고, 신장, 내몽고, 티벳 등을 통합 혹은 병합하면서 현재 중국의 판도로 확장한 왕조이며, 또 문학·미술에 관해서도 가장 높은 수준에 도달한 진정 최후의 왕조에 부합하는 번영을 이룩한 왕조다. 그리고 이 왕조의 유산이야말로 좋든 싫든 근대 중국에 **가장 직접적으로** 계승되고 있다. 그 유산을 소위 역사적 리얼리즘에 의해 다각적으로 비추는 것, 이것이 우리들의 근대 중국 연구에서 불가결한 제일보라고 생각하지만, 다행히 이미 2보 3보 내딛는 연구가 배출되고 있다.

---

76) 이러한 입장에서의 성과로 湯本國穗의 「신해혁명의 구조적 검토」(『東洋文化研究所紀要』 제81책, 1980)가 있다.

제10장

어떤 반양무(反洋務)

1

　유석홍(劉錫鴻). 본명은 석인(錫仁). 자는 운생(雲生), 광둥성(廣東省) 번우현(番禺縣) 사람. 광서(光緒) 2년(1876) 12월 초대 주영국대사 곽숭도(郭嵩燾)를 수행하여 주영국부대사로서 런던에 도착, 그 다음 해 3월에 주독일대사로 전출되었다가 부임 1년 남짓 만인 다음 해 4년 7월에 해임되어 귀국길에 오른다. 이 빠른 해임은 곽숭도와의 반목 때문이라고 간주되고 있다.

　이 사람의 생졸과 사적에 대해서는 자세히 모른다. 『청사고(淸史稿)』는 물론 『청사열전(淸史列傳)』에도 전(傳)은 기록되어 있지 않고, 내가 본 것은 겨우 『번우현속지(番禺縣續志)』(선통宣統 2년 간행) 「인물지(人物志)」 5의 기록뿐이다. 이 사람을 정면으로 다룬 논고로는 후후길(侯厚吉)·오기경(吳其敬) 편 『중국 근대경제사상사고(中國近代經濟思想史稿)』(흑룡강인민출판사, 1983) 제2편 제3장 제2절의 「유석홍의 경제사상」 및 조정(趙靖)의 『중국 근대경제사상사 강화(中國近代經濟思想史講話)』(인민출판사, 1983) 제8강의 「중국 근대경제사상사의 돈키호테식 인물-유석홍 및 그 경제사상을 논한다」 등이 있다. 제목에서도 알 수 있듯이 중국에서 그에 대한 평가는 부정적이다. 예를 들어 전자는 "서법(西法)을 적대시하고 외세에 아부하여 투항하였고", 또 "자본주의 기업의 발전에 반대"한 "광패황류(狂悖荒謬)"한 "봉건완고파"로 간주하였고, 특히 후자는 돈키호테라고 평가하고 있는 것으로 보아 그 반(反)철도부설론 등의 시대'착오'적인 '봉건 경제사상의 교조적 견지(堅持)'에 있는 듯하다.

그의 문집으로는 영국주재 시기에 쓴 『영요일기(英軺日記)』(소방호재여지총초小方壺齋與地叢鈔, 제11질에 수록)[1] 및 독일주재 시기에 쓴 『유석홍임내권략(劉錫鴻任內卷略)』(중국사학총서中國史學叢書 『주덕사관당안초駐德使館檔案鈔』에 수록) 2권(동양문고東洋文庫 소장)이 있는데, 이 속에 반철도론과 이홍장(李鴻章) 등에게 보낸 서신, 곽숭도의 시사론(時事論)에 대한 평문(評文) 등이 수록되어 있다.

그는 앞의 두 사람의 지적처럼 "근본(농업)을 중시하고 말엽(상업)을 억누르고, 의로움을 귀하게 여기고 이익을 천하게 여기며, 사치를 내쫓고 검소함을 숭상하는" 등의 유가적인 농본주의적 관점에 입각하여 그 관점과 후술하는 내정(內政) 중시의 입장에서 철도부설에 반대하고, 또 그 나름의 방위전략관에서 군함건조에 극히 소극적이어서(그는 군함을 공격용 무기로 간주해 중국에서는 쓸모없다고 생각하는 한편, 후술하듯이 연안방위용의 포대건설에는 극히 열심이었다), 그의 후임인 제2대 주독일대사 이봉포(李鳳苞)가 이홍장과 긴밀히 연락을 취하면서 이윽고 정원(定遠)·진원(鎭遠) 두 척의 군함(청일전쟁 때 황해해전에서 격침된 전함으로 유명하다)을 구입하기에 이른 양무상(洋務上)의 활약과는 대척적이며, 그 반철도·반군함건조라는 소위 반양무파적인 입장으로 인해 '완고보수세력'의 일원으로 간주되는 것도 전혀 이유가 없다고 할 수는 없다. 그러나 한편으로 그는 소위 선견포리(船堅砲利)보다도 내정을 중시하고 또 초기적이라도 지방자치와 입헌군주

---

1) 이 『英軺日記』는 근래의 『走向世界叢書』(湖南人民出版社) 중에 劉錫鴻의 『日耳曼紀事』를 말미에 붙여 『英軺私記』라는 제목으로 1981년에 간행되었다.

제를 지향하고 있기에, 그 점에서 그의 그 반양무가 오히려 소위 변법파와 이어진다고 생각할 수 있다면, 그가 돈키호테인 까닭도 오히려 그 시대를 앞선 것에 있을지도 모른다.

아무튼 그의 반양무는 단순한 도식으로 딱 잘라 결론지을 수는 없다. 그래서 이 기회에 그 사상 내용을 음미하고 더불어 종래의 양무–변법이라는 단계론적 통념에 대한 의문을 제기하는 하나의 재료로서 다루고자 한다.

2

우선 그의 반(反)철도의 논거를 "서양의 기차를 본떠 만드는 것은 이익은 없고 해는 많음을 말하는 상주문(「倣造西洋火車無利多害摺」)"[2]에서 보도록 하자. 이 글을 쓴 해는 그의 귀국 후라는 것 이외에는 분명하지 않지만, 근래 철도부설을 '건의'하는 자가 있다는 등의 문장으로 보아 아마도 광서(光緒) 6, 7년경의 일일 듯하다.[3]

당시 반철도론의 논거는 "적을 내륙으로 끌어들이고, 운수업 등 소민의 생계를 빼앗으며, 선조의 분묘가 강제이전에 처하고, 매연 때문에 철로 인근의 작물이 불타는" 등 네 가지로 집약되는데,[4] 과연 유럽에서 실제로 철

---

2) 『劉光祿遺稿』 卷一.

3) 당시 이미 薛福成의 「創開中國鐵道議」(『庸庵文集』 卷二, 光緒 4년)과, 馬建忠의 「鐵道論」(『適可齋記言』 卷一, 光緒 5년 겨울)이 쓰여지고, 또 광서 6년에는 劉銘傳이 「籌造鐵道摺」(『淸史稿』 卷四一六, 참조)를, 같은 해 12월에는 그것을 받아 李鴻章이 「采議鐵路事宜摺」(『李文忠公全集』 奏稿三九, 이것은 薛福成의 대작代作이다. 『庸庵文續編』 卷上, 참조)를 각기 상주하고 있는 데서, 아마도 이 어느 쪽을 의식한 반론일 것이다.

4) 薛福成, 「創開中國鐵道議」에 의한다. 동치(同治) 7년(1868)에 만주인 관료 의후(宜垕)가 프랑스에서 기차의 이점에 대해 이야기하는 한편, 중국에 도입하기 어려운 이유로서 오로지 조상 분묘의 파괴를 드는 데 그치는데(『初使泰西記』 小方壺齋輿地叢鈔, 第11帙 수록), 부설론이 높아짐에 따라 반대론의 논거도 다양해진 것이다.

도를 접하고 "여가(余暇)에는 종횡으로 뻗은 레일을 두루 살피고, 제조공장을 방문하여 거상(巨商)·노장(老匠)과 열심히 탐구하고, 게다가 이것을 널리 각국의 지도자 및 페르시아·일본·터키 등 서양이 아니면서 서양의 기차를 모방하는 곳에 대해 조사"했던 유석홍의 논거는 이처럼 단순한 것이 아니어서, 항목은 "행할 수 없는 것이 여덟, 이익이 없는 것이 여덟, 유해한 것이 아홉"으로 대단히 많았다.

지금 "행할 수 없는 것 여덟"을 보면, 광저우(廣州)~베이징(北京)의 한 노선만으로 7천만 량(兩)(그에 의하면 당시 중국의 세입稅入은 6천 수백만 량)을 요한다는 자금(資金)에 대한 관(官)·민(民) 쌍방의 역량 부족(1·2), 산천의 벌목에 따른 토속신앙상의 알력(3), 관이 경영에 관여하는 경우의 횡령 등의 폐해(4), 레일과 차량의 유지관리에 대한 책임체제의 결여와 각 성(省)마다 관세사무소를 거치지 않으면 안 된다는 운행관리상의 문제(5·7), 레일의 절도 등 민간의 공공심 결여와 이삿짐 등의 휴대화물을 갖고 타는 승객의 풍습상의 문제(6·8) 등이다.

"이익 없는 것 여덟"은 추진론자의 논거에 대한 반박으로서, 예를 들어 국리(國利)를 일으키는 데 이로움이 있다는 점에 대해서 국내의 교역만으로는 유럽 국가들과 같은 대외적 이익은 없다고 하고, 군대의 이동에 편리하고 병력 축소를 기대할 수 있다는 점에 대해 그것은 본말전도이며 우선 난(亂)이 일어나지 않도록 하는 것이 일차적이고, 병력 축소의 경우 현재의 적습(積習)으로 보아 그 정도의 이유로는 기대할 수 없다고 하며, 철도가 이익을 올린다는 점에 대해서는 외자(外資) 도입에 따른 금리(金利)가 그것을 상회한다고 하는 것 등이다.

한편 "유해한 것 아홉"으로는 민전(民田)의 매입에 따른 해당 전주(田主)의 유민화(遊民化), 외국상품의 오지진출에 의한 사치의 만연과 그에 따른 궁핍화, 물가의 전반적 상승, 유지·보수를 외국에 의존하는 데 따른 은의 유출과 그에 수반하는 재정악화 등 민생상 혹은 재정상의 문제가 대부분이다.

이 반대 논거들을 통해 엿볼 수 있는 것은 관의 부패, 민간의 인습, 공공심의 결여, 관과 민의 격절 등 중국의 관·민의 현상황에 대한—당시의 추진파인 이홍장의 전향적인 인식과는 대척적인—극히 비관주의적인 인식이다. 일견 경제상의 문제로 생각되는 민간 측의 자본조달상의 곤란도, 그에 의하면 선초상국(船招商局, 양무파가 창설한 증기선 운수회사)이 당초에는 3, 4푼(分)의 배당을 약속했지만 실제로는 5리(厘)밖에 안 된 사례를 들어 "근년에 백성이 관에 의해 기만당하는 일이 자주 있고", "사람들이 모두 원망과 후회가 깊어 징치(懲治)하려고 한다"며 관방 측의 기만과 민간 측의 관방에 대한 불신의 문제로서 파악하고 있고(행할 수 없는 것 1), 외자의 금리도 유럽의 금리가 1, 2리인 것이 중국 내에서는 관방과 회사가 이익을 가로채면서 1푼 이상까지 된다는 실례를 드는(이익 없는 것 4) 등 결국 똑같다. 레일의 절도도 영국자본계열의 오송철도(吳淞鐵道, 당시 이미 정부가 사들여 철거가 끝났다)가 일시 운행되고 있던 시기에 레일이 도난당해 운행에 지장을 초래한 사례를 들었는데, 관방만이 아니라 민간에 대한 불신도 상당히 깊어서 이것이 마적(馬賊)에 의한 열차 납치의 위험(유해한 것 8)을 예측하기에 이른다.

여기서 미리 주목해두고 싶은 것은, 관·민의 현상황에 대한 그의 이 비관주의적인 인식 혹은 불신이 유럽 체류경험을 거친 뒤의 것이라는 점이다. 바꿔 말하면 그의 이와 같은 인식과 불신의 내면에는 의식적 또는 무의식적으로 유럽의 관·민과의 비교의 시각이 작동하고 있다는 것이다. 그 때문에 같은 반대론자라고 해도, 그의 경우는 "적을 내부로 끌어들이고 작물이 불에 탄다" 운운하는 국내적 관점에서만의 무지한 혹은 좀 감정적인 당시의 주장들과는 처음부터 입장을 달리하고 있었다.

실제로 유럽 체류경험에서 철도추진론의 급선봉이 되었던—정황상 그렇게 되는 것이 극히 자연스러운—마건충(馬建忠) 혹은 곽숭도 등의 인사(人士)들에 비해, 정반대의 입장에 선 유석홍의 사례는 역시 특이하다고 해야 할 것이다.

그들의 유럽 체류경험 자체에는 거의 차이가 없을 터이고 실제로 영국 주재 부대사(副大使) 시기에는 곽숭도와 거의 같은 스케줄을 소화하고 있었기 때문에, 만약 거기에서 차이가 생긴다고 한다면 같은 견문대상 가운데 무엇에 관심을 가졌나, 어떠한 관점에서 보았는가라는, 보는 이의 시점(視點)의 특이성이라는 것을 우선 예상할 수 있다. 그럼 특이하다고 한다면, 그의 그런 특이한 시점이란 어떤 것이었을까?

3

그의 유럽 체류—라고는 해도 여기서는 전적으로 영국 체류이다—견문을 보여주는 것은 앞에서 든 『영요일기』와 『영요사기』로서, 전자가 광서 2년 9월 배가 상하이(上海)에 계류되어 있을 때부터 시작되는 문자 그대로의 일기임에 반해, 후자는 견문의 내용을 항목별로 분류한 말하자면 영국편람으로서 그 항목은 의회(議會)의 상황, 영국 상하원, 의회의 의사(議事) 상황, 영국의 지방관(地方官) 제도, 영국의 재판제도, 이즐링턴 양로원, 영국의 과세의 무거움, 영국의 병사 선발과 훈련 방법, 영국의 민병(民兵), 런던 감옥, 영국 정속(政俗)의 총론, 영국인의 교양 중시, 런던의 많은 선거, 무도회, 다회(茶會), 서양인의 바캉스 중시, 나무 심기를 좋아하는 서양인, 시장(市長)이 딸을 시집보낸 일, 영국인의 상례(喪禮)와 장례(葬禮), 후사(後嗣)를 중시하지 않는 서양인, 가문의 구속을 혐오하는 서양인, 크리스마스 이브 등 22개 항목이다.

번거로움을 무릅쓰고 모든 항목을 든 것은, 무도회 이하의 풍속에 관한 몇 가지를 제외하면 전부가 소위 정교(政教)에 관한 것이라는 점, 그리고 그가 실제로 보고 들은 동물원, 수족관, 박물관 혹은 철도, 공장, 우편, 전신(電信) 등 소위 물질문명에 관련된 것이 전혀 거론되고 있지 않다는 점, 그리고 풍속에 관한 것도 거의가 중국의 소위 예제(禮制)와 관련 깊은 것뿐이라는 점으로, 결국 한마디로 말하면 이것은 영국의 예악형정판(禮樂刑政版)이고 이로써 우리는 그의 시점(視點)의 특징에 대해 상당히 확실한 예견을 얻을 수 있다고 생각하기 때문이다.

이 예견은 과연 『영요일기』의 모두(冒頭)에서 돌연 분명해진다.

그것에 의하면 유석홍은 텐진에서 상해로 가는 배 속에서 광산개발과 철도부설을 중국의 급무라고 주장하는 서양인 선객에게 "중국은 가르침(教)을 세우고 의(義)를 숭상하지 이익을 숭상하지 않는다, 민(民)에게 좋게 하지 민을 어지럽게 하지 않는다"는 주장으로써 설득했다고 한다. 그에 따르면 『대학(大學)』의 격물치지(格物致知, 사물의 이치를 아는 것 및 그 방법론)는 "도(道)를 실현하기 위한 것"이지 "기(器)를 만들기 위한 것"이 아니고, "기계와 기술의 훌륭함"에 우선하는 것은 "심신가국천하(心身家國天下)"에 대한 "(정심正心 · 수신修身 · 치국治國 · 평천하平天下의) 정수치평(正修治平)"으로서, 이 관점에서 생각하면 서양의 '기계와 기술'의 학문을 가르쳐야 하는 신설된 '격치서원(格致書院)'[5] 등은 결국 '예림당(藝林堂)'으로 명칭을 바꾸어야 하고, 사대부가 직접 손을 대야 할 것은 아니다. 그렇다면 사대부는 어떻게 해야 할까? 지금의 사대부는 "단지 시문(時文, 과거답안문)의 구투(舊套)에 사로잡혀 이것을 모방할" 뿐이고 또 "지금의 사관(士官)은 기이한 방법을 사용하여 이득을 도모하는 상인"과 같아서, '경사어록(經史語錄)'은 물론이고 '학문경제(경세제민經世濟民)의 이치'를 강구(講求)하려고도 하지 않는다, 적어도 사대부라면 "스스로 그 몸과 마음을 다스리고 세도(世道)를 바로 다스려야" 할 것이고, "직인(職人)과 상인(商人)이

---

5) 坂出祥伸, 『中國近代の思想と科學』(同朋社, 1983년) 제4장, 제2절 참조. 이것에 따르면 이 서원의 창립은 광서 2년 5월이기 때문에, 이 발언은 그 후 반년도 안 된 것이어서, 정보 전파의 빠름을 엿보게 한다.

하는 짓을 가지고 임민치세(臨民治世)의 일로 삼아서는" 안 된다. 따라서 "금일의 빈약(貧弱)을 구제하려고 한다면 바로 관정(官政)을 바로잡는 데서 시작해야" 하고, 그것은 "사인(士人)의 생활태도를 단정히 하는 것" 또 이를 위해서는 한층 거슬러 올라가 "의를 살피고 도를 밝히는" 일에서 시작하지 않으면 안 된다.

원래 그에 의하면

> 서양 각국이 부강(富强)에 기대어 패권을 차지한 이래로, 논자(論者)들은 그 정치의 근저를 살피지 않고서 그 부강이 사실 제조(製造)의 융성에서 유래한다고 말한다. 이리하여 서학을 흠모하는 자는 개미가 단맛을 흠모하듯이 줄줄이 서원(書院)을 지어 기기(機器)를 갖추고, 거기에다 격치(格致)라는 이름을 씌운다.
>
> 도대체 정령(政令)을 중시하지 않고, 민생을 긍휼히 여기지 않고, 단지 군함과 대포와 기기(機器)에만 기대어 천하를 다스리는 것이 가능한 것일까?

라고 말했듯이, 본래 서양의 부강은 무엇보다도 그 '정치의 근저'에 있는 것이고, 그러므로 '정령, 민생'의 숙정(肅正)과 충실(忠實) 없이 중국의 자강(自强)은 없다는 것이다.[6]

그는 평소에 '유협(儒俠)' 두 글자를 도장에 새겨 사용하고 있었다고 전해지는데,[7] '도(道)'를 본(本)으로 삼고 '기(器)'를 말(末)로 삼는, 혹은 정교(政敎)·민생(民生)을 사대부의 일차적 책무로 삼는 이 사고방식은 말할 것도 없이 유가(儒家)로서의 정도(正道)에 다름 아니고, 그런 의미에서 거

---

6) 이상은 『英軺日記』 1 뒷면~2 뒷면.

7) 前出, 『番禺縣續志』.

기에는 어떤 특이함도 없다. 그는 이처럼 유가로서의 정통성을 지니고서 유럽행에 올랐을 따름이다.

그럼에도 불구하고 여기서 굳이 특이함을 인지하려고 한다면, 그 정통성은 결코 구루(舊陋)하거나 배타적·국수적인 것이 아니라, 그가 항해를 떠날 때부터 이미 서양의 '정치의 근저'도 시야에 넣은, 결국 그에게 있어서는 그것이 '정치'인 바인 '정령·민생' 일반을 과제로 삼을 수 있는 어떤 보편적인 지평의 확대 위에 서 있었다는 점이다.

다른 면에서 말하면, 그는 배타적이지도 국수적이지도 않은 태도로 인해 서양의 기계문명의 정교함에 대해서도 지나칠 정도의 호기심과 때로는 경의를 나타내었고, 또 필요하다면 탐욕스럽게 학습하는 의욕도 보여주고 있었다. 그 좋은 예가 그의 포대(砲臺) 연구로서, 이것은 아직 영국으로 가는 항해 중에 영국령 몰타섬과 지브롤터항에 정박하였을 때 각각의 포대를 견학한 이후의 것인데, 그 성과는 귀국 후 「포대 축조의 모델을 구하는 상주문」, 「포대 축조에서 아직 잘 되지 않는 것 열 가지를 총서왕대신(總署王大臣)에게 올리는 글」[8] 등으로 실현되었다. 그 후 중국 각 성(省)의 포대는 많건 적건 그의 포대건설법을 받아들여 강화되었다고 하기 때문에[9] 이런 것들은 실제로 '자강'에 한 몫을 한 것이다.

그가 반대했던 철도에 대해서도 이집트에서 처음 탔던 그것과는 또 다른 런던의 "큰 돌로 높은 다리를 만들어 놓은 것 같은" 고가식(高架式) 기차에 타서 "마음도 놀라고 눈도 놀랐다. 전부가 기이한 볼거리이다!"라고 솔직하게 감탄하였다. 또

　　승차요금은 겨우 1실링인데, 아직 기차가 없었던 시대와 비교하면 여비

---

8) 모두 『劉光祿遺稿』 卷一.

9) 『番禺縣續志』.

는 몇 배로 줄어든다. 상인들이 타는 객차에는 공동 객실도 있고 개인 객실도 있다. 모두 에나멜가죽으로 된 푹신한 좌석이며, 유리로 된 창문이 있어서 앉거나 눕는 데 있어 특히 쾌적함을 느낀다. 귀인(貴人)이 타는 곳은 벽은 비단이며 커텐에는 수가 놓여 있고, 문탑(文榻)과 화안(畵案)이 있다. 병에는 맑은 물을 따라놓았고, 쟁반에는 생화(生花)를 제공한다. 기차바퀴가 커서 바람처럼 나는 듯하고 번개처럼 빠르지만, 마지막까지도 서재(書齋)에서 유유히 쉬는 듯한 쾌적함이 이어진다. 차 뒤쪽에 있는 화장실도 아주 청결하다.

라고 경탄하는 모습이 행간에서 튀어나올 듯한 기술(記述)로 이어진다.[10] 그는 결코 기계문명에 등을 돌리고 있지 않았다.

기계문명이라기보다 더 넓게 서양문명에 대해서 그는 편견 없이, 아니 오히려 겸허하게 배우려 했고, 그런 의미에서 그의 '천하'는 문자 그대로 유니버설한 천하에 다름 아니다. 다만 그 천하는 그에게 결국 단순한 지리공간상의 그것이 아니라 어디까지나 '평천하(平天下)'의 천하, 유가 특유의 도덕적인 가치공간이며, 그 도덕가치성은 유니버설한 천하적 문명에 당연히 관철되고 있다. 알기 쉽게 말하면, 그에게 세계의 문명은 동서(東西)의 구별 없는 도(道)를 본(本)으로 삼고 기(器)를 말(末)로 삼는 것을 **자명한** 본질로 삼는 것이다.

그에게 문명이란 도를 일차적인 것으로 삼는 것이 아니면 안 되고, 기는 도를 억누르고 가두지 않는 한에서 혹은 도와 나란히 행해지고 또는 도를 발양하는 한에서 비로소 문명의 기(器)일 수 있는 것이다. 동서문명에 대한 그의 기본적 자세를 미리 말해두면 이렇게 되는데, 이 자세라는 것은 말하자면 카메라의 대(臺) 같은 것으로서, 이것에 의해 카메라의 위치와

---

10) 『英軺日記』 10 앞면.

각도가 결정되는 것이기 때문에, 영국에 대한 그의 견문(見聞)상의 관점과 견해라는 것은 이 위치·각도상의 특정(特定)을 받게 된다.

예를 들어, 그는 하이드파크의 벤치에서 쉬는 시민을 보고서 그것은 사람들이 빌딩 속에 살고 있으면서 "호흡이 하늘과 통하는 곳이 없어서' 기(氣)가 막혀 병이 될까 염려하여, '국주(國主)'가 특별히 이 공원을 열어 "사람들로 하여금 한가하게 산보하고 가슴 속을 열게 하여 그 기를 펴게 하려는" '육민(育民)' 중시의 정책에 따른 것이라고 본다.

도로를 공사하는 사람을 보면, "실업한 빈민에게 거리에서 걸식시키지 않고, 양제원(養濟院)을 설치하여 거기에 살게 하며, 날마다 식사를 공급하고 도로와 교량의 공사작업에 취로(就勞)시킨다. 그래서 사람들은 노동을 싫어하고 늘 안일하면 스스로 빈곤으로 괴로워진다는 것을 깨닫고, 분발하여 공업과 상업을 일삼지 않는 이가 없다"고 관찰하여 그 배후에 복지·노동정책이 있다고 보고 있으며, 또 이에 대해 특히 "국가가 부를 이루는 것 역시 이것에서 말미암는다"라고 평가하고 있다.

「영국인의 제조의 정교함」에서는 그 배후에 전매특허의 인가 등, 관의 처리가 적절함으로 인해 "사람들에게 이익이 돌아가게 하기 때문에 모두가 고안하기를 좋아한다"라는 장려정책이 있다고 하면서, 어떤 사람이 자신이 고안한 포술(砲術)의 방법을 관에서 도용(盜用)하고 있음을 고소한 결과 국왕이 배상을 명한 실례를 들고, "사람에게 한 가지 분야의 기술이라도 있으면, 설사 조정의 존권(尊權)이라 하더라도 그것을 억압할 수 없다. 그러므로 사람이 어째서 부지런히 애쓰지 않을 수 있겠는가?"라고 그 시책의 공평함을 특별히 기술했다.

밀랍인형관에 가서 임칙서(林則徐)의 상(像)을 보고서는 영국인을 "괴롭혔음에도" 불구하고 이렇게 존중되는 모습은 그 '충정용의(忠正勇毅)'가 존경받기 때문이라고 생각하고, 기요틴(단두대) 인형을 보고서는 영국의 형법에 대해 생각하면서 살인자와 반역자의 사형 이외에 "태형(笞刑)은 단지 흉악범에게만 행해지고", 그 외에는 "민의 목숨을 소중하게 여겨 징계 는 관용을 근간으로 한다"고 형정(刑政)의 엄정함과 관대함을 칭송했다.

런던타임즈사를 방문하여 매일 28만 부가 10명도 안 되는 사람에 의해 인쇄기로 인쇄되고, 하루 매상고도 양은(洋銀) 4천3백 원에 이른다는 것을 알고서는, 왜 인력으로 하루 한 사람당 백 부씩으로 하여 2천8백 명의 인쇄공을 취직시켜 그들에게 고루 1원(元) 반(半) 남짓의 급여로 일자리를 얻을 기회를 나누어주고, 그 부양가족을 평균 8명으로 쳐서 총 2만 2천여 명의 생활을 이것에 기대어 꾸리게 하지 않는 것인가, 왜 일부러 기계를 이용하여 2만여 명의 생계를 빼앗는 것일까라고 하며 경영자는 생각지도 못한 질문을 했다. 그리고 결국 문제는 영국 산업의 활력과 민부(民富)의 풍부함에 있다는 것을 알고서, "한 가지 일의 이익에 기대어 수만 명을 양육하는" 것은 오히려 그들을 "조잡하고 천한 일에 안주시키고 (…) 유용한 심력(心力)을 황폐하게 해 생명력의 근원을 막게" 된다고 썼다. 그 점에서 영국인은 창업에 적극적이고 연구심도 왕성하고 모두가 기예(技藝)를 다투는데, 이것도 남녀가 공히 어릴 때에 입학하여 독서 · 천문 · 지리 · 산수 등을 강구하고, "모두 지력을 다해 일예(一藝)에 나아갈 수 있게" 되었기 때문이라고, 그 기초교육의 충실함에 생각이 미쳤다.[11]

일사(一事)가 만사(萬事)라고 해도 과언이 아닐 만큼, 그는 보는 것 모두에서 그것이 그런 까닭, 곧 서양문명 흥륭(興隆)의 '근저'로서의 정교와 민생, 서양의 '도'의 실태를 추구하지 않을 수가 없었다.

우리는 그가 조금 전의 기차에 대한 묘사에서조차 '맑은 물 · 생화 · 청결'이라는 무언가 도덕성과 관련된 사상(事象)에 어떻게 해서든 저절로 시선이 가는 데에서 느꼈던 것이지만, 그의 렌즈는 미리 기(器)보다도 도(道)에 초점이 맞추어져 있었다고 말할 수밖에 없다.

---

11) 이상은 순서대로 앞의 책, 9 뒷면, 15 뒷면, 18 뒷면, 13 앞면, 16 뒷면.

사실 그는 한 농장에서 경운기와 탈곡기를 견학했을 때, 그 마을의 '의숙(義塾)'의 수를 물었는데, 지금은 10개 이상으로 늘고 5세부터 13세까지 엄격하게 교육이 시행되고 있기 때문에 "떼를 지어 좀도둑질은 하지 않는다"는 대답을 듣고, "아, 나는 농기구를 시찰하러 여기에 왔지만, 놀랍게도 절도를 다스리는 이야기"를 들었다고 탄식하고, 그 후 제재기(製材機) 등을 보아도 "모두 내가 관심을 두는 바가 아니었다"라고까지 술회하고 있다. 농기구를 보면서 '의숙', 곧 영국인의 초등학교의 수 혹은 그것과 관련해 도둑떼의 유무를 묻는 상대에게 대답하는 쪽은 필시 각각의 질문의 맥락에 대해 갈피를 잡지 못했겠지만, 유석홍에게는 그것이야말로 농기구의 견학이었다. 왜냐하면 기기(機器)에 의해 부농(富農)이 경작일꾼의 비용을 아낀다는 것은 그들을 "안일에 익숙하게 하는" 것이고, 한편 그로 인해 빈민으로부터 취로의 기회를 뺏는 것은 그들에게 "의식(衣食)의 밑천을 잃게 하는" 것이 되고 당연히 거기에 치안(治安)상의 문제가 발생하는[12] 것이 중국의 실상에서 본 극히 자연스러운 추론이었기 때문에, 그에게 있어서 그것을 제외한 농기구 견학은 없는 것이다.

이렇게 보면, 지금까지 거론해온 그의 보이는 방식, 보는 방식 속에서 우리가 암암리에 느껴온 영국에 대한 찬미와도 비슷한—하이드파크와 도로공사 하는 사람의 예 등 지나치다고 말해도 좋을 선의의 해석—, 혹은 서양에 대한 심취라는 병증과도 비슷한 기술(記述)태도는 사실 촌뜨기의 안이한 찬사 따위가 아니며, 그 이면(裏面)에는 아마도 가슴 아픈 중국의 실상(實狀)이 그에게 어른거리고 있었을 것이라는 생각이 든다.

결국 그에게 유니버설리즘이라는 것은 결코 단순히 동서문명을 하나의 보편의 지평에서 보는가, 정교·민생을 제일의(第一義)로 하는 데서 천하적 보편을 보는가라는 겉만 번드르한 일이 아니라, 참으로 그 유니버설

---

12) 앞의 책, 35 앞면~뒷면.

한 보편에서 영국의 우월함과 중국의 열등함이 통감(痛感)되지 않을 수 없는 괴로운 일이었을 터이다.

앞 절에서도 보았듯이, 철도반대론의 '유해한 것 여덟 개' 중의 마적(馬賊)의 납치에 대한 두려움이라는 것은 얼핏 보기에 극히 뜻밖이지만, 광서 초년 광둥성(廣東省) 내의 육풍현(陸豊縣)과 남해현(南海縣) 등 그의 출신지인 번우현(番禺縣)과 가까운 현에 지현으로 부임해 있던 어느 지사의, 그 지역의 닭싸움, 집단 절도, 3천명 이상 규모의 누에고치실 공장 습격 등에 관한 기록[13]을 보는 한, 결코 민(民)에 대한 과대하게 비관주의적인 불신감에서 나온 것이 아님을 이해할 수 있다.

만약 거기에 비관주의가 있다고 한다면, 그것은 서두에서도 언급했듯이 영국과 중국의 의식적·무의식적인 비교에서 유래하는 것이고, 그의 눈으로 파악된 그 문명상의 우열의 지나친 낙차가 혹 그에게, 좀 견강부회하게 말하면, 뒤에 루쉰(魯迅)이 느낀 것과 같은 자민족에 대한 아픔을 맛보게 했다고 말할 수 있을지도 모른다.

당시에는 일반적 통념이었듯이, 서양에 대해서는 오히려 기(器)가 문제였고, 도에 대해서는 예를 들어 곽숭도가 그리고 아마도 유석홍도 항해 도중에 읽은 『여측치언(蠡測卮言)』[14]의 필자 장자목(張自牧)처럼, 고작 "중국에는 중국의 가르침이 있고, 서양에는 서양의 가르침이 있다. 서양의 가르침이 반드시 중국에서 행해질 수는 없다. 그렇다면 역시 중국의 가르침도 서양에서 행해질 리가 없다"[15]라는 일종의 상호주의적인 상대 인식에 그

---

13) 徐賡陛, 『不自慊齋漫存』(近代中國史料叢刊, 第七八輯).

14) 『郭嵩燾日記』(湖南人民出版社刊. 이하 『郭日記』) 광서 3년 11월 5일의 항에 "張力臣 著 『蠡測卮言』 10권은 오로지 양무만을 이야기한다. 먼저 출판된 제2권과 제3권을 보낸다" 라고 말한다. 오노가와 히데미(小野川秀美) 씨는 이것의 집필시기를 광서 10년 전후로 추정하고 있지만(『淸末政治思想硏究』 65, 67, 69면), 수정할 필요가 있다.

15) 『瀛海論』(『小方壺齋輿地叢鈔』 제11질 수록) 11 뒷면. 여기서 말하는 '가르침(敎)'이란 성인(聖人)의 가르침과 천주교(天主敎)이지만, 유석홍이 말하는 의미에서의 문명이라고

치는 것이었다고 생각할 수 있기 때문에, 그러한 상대의 벽(壁)—열패자(劣敗者)를 수호하는 벽이기도 한 그것을 넘어서 유니버설하게 보편의 지평에 몸을 둔 그는 남보다 먼저 '패배를 자각'하게 된 만큼 불행했다고 말해야 할지 모른다.

그의 반철도론은 어떤 의미에서는 중국에 있어서 시기상조의 '패배'선언이었다고 말할 수 있을 것이다.

4

그렇다면 그는 그의 유니버설한 문명관에서 철저하게 패배감을 맛본 것뿐인가 하면 그렇지 않다.

광서 3년(1877년) 2월 27일 곽숭도와 그는 이노우에 가오루(井上馨)의 내방을 받았다. 이노우에 가오루로부터 "중국은 (광산의) 보장(寶藏)이 실로 많다. 왜 재화(財貨)를 땅에 버리는 것인가? 왜 서법(西法)을 본받아 구습을 개혁하지 않는 것인가?"라는 말을 듣고 곽숭도는 묵묵부답이었다.[16] 그는 그때의 일을 "나 숭도는 얼굴이 붉어지고 답을 할 수가 없었습니다"라고 바로 이홍장에게 써 보내고, 철도의 부설을 비롯해 소위 양무가 급무임을 절절히 호소하고 있기[17] 때문에, 무척 가슴에 울리는 침묵이었던 듯하다.

그러나 유석홍은 곽숭도의 침묵의 의미를 살피지 않고 옆에서 참견하면서 거꾸로 "당신은 호부(戶部)를 통할하고 있는데, 호부의 폐정(弊政)의 개혁은 어떻습니까?"라고 묻고서 이노우에 가오루가 개혁하고 싶지만 사람

<hr />

파악해도 상관없다.

16) 『英軺日記』 24 뒷면.

17) 郭嵩燾, 『養知書屋文集』(近代中國史料叢刊, 제16집) 권11, 「倫敦致李伯相」.

들이 자신을 따르지 않는다고 대답하자, 그것은 사람들이 좋아서 주저하고 있는 것이 아니라 조종(祖宗)의 법제에 지켜야 할 깊은 뜻이 있기 때문이고, 단지 오랜 세월이 지나도 폐해를 피할 수 없는 것은 운용하는 사람이 "사(私)에 의해 법을 해치기" 때문이라고 말하고, 쓸데없이 구제(舊制)를 개혁하면 도리어 화란(禍亂)이 생길 것이다, "우리 중국이 귀국을 감계(鑑戒)로 삼지 않을 턱이 있겠는가? 금·은·석탄·철 등의 광산은 이익도 그 속에 있지만 해(害)도 역시 거기에 있다. 성천자(聖天子)가 탐할 것이 아니다"라고 반론하고 있다.

이야기가 벗어났지만, 서두에 잠시 언급한 곽숭도와 유석홍의 반목이 드러나는 것은 이로부터 얼마 뒤의 일로서[18] 이 시점에서는 아직 관계

---

18) 두 사람의 불화는 『淸史稿』「郭嵩燾傳」, 先揭 『番禺縣續志』 劉錫鴻 項에도 기술되는데, 전자에서는 그 결과 곽숭도가 원하여 귀국하게 되었다고, 후자에서는 유석홍이 독일 대사로 전출하게 되었다고 각기 서술하고 있다. 원인은 곽숭도에 의하면 광서 2년 5월에 그가 양무(洋務)에 관한 상주문을 올리려고 한 것을 유석홍이 '자신의 사적 이익을 생각하는 마음'에서 저지하려고 운동한 것에 있다고 되어 있고(『郭嵩燾奏稿』岳麓書社刊, 362면), 『淸史稿』도 그것을 채택하고 있지만, 그 시점에서는 『郭日記』에 "유석홍은 (…) 말이 지나쳤다. 유석홍은 양무에 대해서는 상당히 식견이 있지만, 세상일에 대해서는 많이 어둡다.[방주: 상주문을 만들어 보내주었더니, 화를 내며 다투게 되었다] 소견(所見)이 남보다 한 등급 높다고 스스로 생각하는 듯하다"(광서 2년 윤5월 26일)이라고 하고 있듯이, 의견 대립이 있었음에 그칠 뿐이며, 그 이후에도 『郭日記』에 보이듯이 관계는 극히 친밀양호하다. 『郭日記』에 의하면 관계가 급히 악화된 것은 그가 (영국에 체류하는 채로) 독일주재대사로 옮겨간 뒤인 광서 3년 7월 6일, 유석홍이 곽숭도 몰래 일기를 쓰고 있었던 것, 게다가 그것을 열흘에 한번 꼴로 군기대신(軍機大臣) 심계분(沈桂芬)과 이부상서(吏部尙書) 모창희(毛昶熙)에게 보낸 것을 곽숭도가 어떤 사람의 고자질을 통해 알고서 "그 험독(險毒)이 이 정도일 줄은 전혀 짐작도 못했다"고 노한 이후의 일이다. 심계분과 모창희에게 일기문을 써 보내고 있었던 것이 왜 그를 그렇게까지 노하게 한 것인지 사정은 아직은 확실치 않다. 아마도 노선상의 대립이 저류를 이루고 있었던 것일 터이다. 그렇다 치더라도 그날 이후 곽숭도의 일기에서 유석홍에 대한 욕설은 위협적이며, "유석홍의 처신을 생각해보면, 교만한 기운이 넘치며, 인간의 도리가 전혀 없으니, 몸을 뒤척이며 생각하느라 마침내 잠을 잃어버렸다"(같은 해 7월 18일), "이곳에 거주한 지 8개월간, 유석홍이 내게 누를 너무 많이 끼쳤다. 전생의 죄값이 어째서 이처럼 깊은지 도무지 알지 못하겠다. 하지만 유석홍은 흉포하고 제멋대로이며 완고하고 오만불손하며, 또 인

가 나쁘지 않았다. 이를테면 『곽숭도일기』의 이 날의 기술(記述)에서 화제는 주로 영국의 세제(稅制)에 대한 것이고, 이노우에 가오루와의 사이에서 차·담배·술 등 비생활필수품과 개와 같은 애완동물에 대한 과세(課稅)가 문제가 된 것에 대해 유석홍이

　이 법(法)은 참으로 좋다. 그러나 민주국(民主國)이 아니면 도저히 실시할 수 없는 것이다. 서양이 오래 번영하고 있는 것은 군민겸주(君民兼主)의 국정(國政) 때문이다.

라고 기술했다고 하고, 이 발언에 대해서 곽숭도는 "이 주장은 참으로 지당하다"라고 크게 찬동을 표했다. 그렇다면 이 날은 한편으로 입헌군주

간 세상에 결코 없는 나쁜 놈이다"(같은 해 9월 15일) 등을 시작으로, 마치 미친 듯이 노한 모습이다. 유석홍 쪽에서는 이 사건에 관한 기술이 전혀 없는 만큼, 곽숭도의 미친 듯한 분노가 오히려 이상하게 보인다. 노선상의 대립이 이런 개인적인 혹은 인맥상(모창희는 유석홍의 후원자 중 한 명이다)의 감정적 대립으로 나타나는 데서 당시 중국 관계(官界)에서의 '경계(境界)'의 뿌리깊음을 보는 것은 지나친 견강부회일까?(또 서두의 『中國近代經濟思想史稿』가 곽숭도의 유석홍 비판의 문장으로 거론한 것은 귀국 후의 일로서, 이것을 마치 유럽부임 이전의 것처럼 다루는 것은 부당하다.)

또 내친김에 부기해두자면, 곽숭도와 교체하기 위해 증기택(曾紀澤)이 런던에 도착했을 때, 증기택이 맨 먼저 곽숭도에게 보여준 문헌은 유석홍의 『英軺日記』였다. 그것은 곽숭도에게 유쾌한 일일 리가 없고, 그는 그날 일기에, 후술하는 페르시아 번왕과의 회견기를 비롯해 그 내용은 전부 통역들의 말을 마치 자기 생각인 양 한 것으로, 그 '교만함과 거짓말'로부터 오히려 "마음 씀씀이의 교활함이 읽힌다"든가, "인륜(人倫)의 뜻, 인의(仁義)의 말"은 "전부 그 아첨의 기술을 완성했다"고 욕하고 있다(『郭日記』제3권, 光緒 4년 12월 4일). 공평하게 보아 곽숭도 쪽에 편견이 강함을 알 수 있을 것이다.

또, 이같이 유석홍이 심계분과 모창희에게 써 보낸 『일기』가 베껴져 증기택 등의 손에도 도달하고 있다는 사실은, 이 밖에 장자목(張自牧)의 『여측치언(蠡測卮言)』을 곽숭도와 유석홍 등이 돌려 읽었다(주13 참조)든가, 혹은 마건충의 건백서(建白書)가 증기택의 『使西日記』속에 수록되어 있다(광서 4년 9월 8일의 항)라든가, 혹은 이봉포(李鳳苞)가 서구의 의회제도를 평가하여 써 보낸 「巴梨答友人書」(『皇朝經世文續編』권103)가 설복성(薛福成)의 『出使日記續刻』권8에 수록되어 있다는 것 등과 함께, 당시 유럽 사정에 관한 문서가 지식인들 사이에서 광범위하게 돌려 읽히고 있었음을 보여준다.

제를 좋다고 하는 발언이 유석홍의 입에서 나온 것이고, 조법(祖法)의 준수를 말하는 앞의 발언과는 일견 모순되는 듯 보인다. 그러나 마찬가지로 일본에 대한 유석홍의 다른 발언에서

> 일본국은 정령(政令)을 바꾸어 서법을 이용하고, 또 그 의관(衣冠)과 예속(禮俗)을 모방하였다. 서인(西人)은 모두 이것을 천하게 여기며, 모방하여 상대에게 부합하려는 것은 너무나도 그 본모습을 잃은 것이다.

라고 말했는데, 내친 김에 양무파 지식인 중 선구자의 한 사람인 용굉(容宏, 1828~1913)이 중국 관리이면서도 양복을 입고 있는 것을 들어, 서양인이 모자를 들고 인사하면 이쪽은 손을 모아 응답하는 것이 도리이지 "만약 나를 버리고 그를 흉내 낸다면 오히려 비웃음을 살 것이다"라고 말한[19] 것 등에서 살피면, 그가 말하는 조종의 법제란 고작 관제(官制)와 예법 등 소위 예악제도(禮樂制度)를 가리키는 것일 뿐이라고 생각된다. 그래서 그런지 적어도 겉보기에 그 자신은 이 양자가 모순된 것이라고는 생각하지 않는 듯하다(그의 입헌제 지향에 대해서는 다음 절에서 다시 논한다).

그런데 이처럼 그는 이노우에 가오루에 대하여 민족에 고유한 문화 혹은 도덕은 지켜져야 하는데, 그중 하나가 예악제도이며, 또 하나가 이익을 탐하지 않는 것이다, 이 점에서 중국은 일본의 과도한 서양 추수(追隨)를 오히려 계감(戒鑑)으로 삼는다고 단언했지만, 입헌군주제에 대해서는 강한 찬동을 보인 곽숭도 역시 과연 유석홍의 이 '크게 화를 내는'[20] 국수적인 모습에는 기가 막혔던 터인데, 두 사람의 반목에는 필시 '리(利)'를 둘러싼 이런 '자강' 노선상의 괴리가 있었다.

---

19)『英軺日記』6 뒷면.

20)『番禺縣續志』.

그렇다면 그는 광산채굴을 이익을 탐하는 것이라고 하고 또 그것을 포함해 무릇 '리(利)' 일반에는 등을 돌리고 있었던 것인가 하면 그렇지 않다. 이노우에 가오루와의 이 대담이 있은 지 1개월여 후에 페르시아 번왕(藩王)과 회견하였을 때의 일이다.[21]

> 왕: "중국의 성인 공자의 가르침에서는 사람들이 리(利)를 말하는 것을 금하고, 사람들이 힘을 숭상하는 것을 경계하며, 염치와 물러남을 알지만 떨쳐 나아감을 모르기 때문에 그 나라를 쉽게 약하게 할 수 있습니다."
>
> 류석홍: "전혀 그렇지 않습니다. 성인 공자께서 리(利)를 말하는 것을 경계한 것은 재물을 모으는 일이 민(民)을 해치기 때문입니다. 힘을 숭상하는 것을 금한 것 역시 강함을 믿고 마구 악행을 저지르기 때문입니다. (『논어』에) '먹을 것이 가득하고 군대가 강력하다'[22]고 했듯이 나라의 통치에 있어 어찌 부강에 힘쓰지 않겠습니까? 그러나 부강을 이루는 방법이 인의(仁義)의 기준에 맞기에 그 가르침을 만고(萬古)에 바꿀 수 없는 것입니다. (…) 지금 영국은 인의를 아는 것을 근본으로 삼아 부강을 이루었습니다."

이에 따르면, 리(利)란 "재(財)를 거두어 민(民)을 해치는" 것이지 리(利) 일반이 아닌 것은 알겠지만, 그가 광산개발에 반대한 것은 사실 관·서리·대신이 종종 이것을 재물을 거두는 씨앗으로 삼아 도리어 민을 해친다는 위구심을 경험적으로 갖고 있었기[23] 때문이었다.

---

21) 이하, 『英軺日記』 29 뒷면. 앞의 『郭日記』(주17부기, 참조)에서는 회견의 상대는 '번왕'이 아니라 '공사(公使)'라고 보고 있다.

22) 『論語』「顔淵」子曰: "足食, 足兵, 民信之矣."

23) 그는 광산채굴에 대해서는 우선 관(官)이 국고를 채우기 위하여 한다고 해도, 그것은 서리의 뇌물수수와 횡령을 조장할 뿐 유해무익하다고 생각했다. 만약 인가한다고 해도, 중매인에게 납세신고액의 입찰에 따라 영업허가를 내어주고, 직업이 없는 민을 모아 채굴

그런데 이상으로 또 한 차례 정리해두자면, 이노우에 가오루에 대한 그의 발언의 진의는 예악제도로서 나타나고 있는 전통적인 민족 고유의 문화—그것은 널리 제사·민속·풍습에 미칠 것이다—가치는 지켜지지 않으면 안 되고, 또 서양의 기(器)를 도입할 때는 그 시점에서의 해당 국가의 역사·사회 상황에서 보아 그것이 도를 해치는 경우에는 아무리 리(利)가 있더라도 도를 버리면서까지 기로 달려가서는 안 된다는 데에 있다. 그리고 여기서 도란 페르시아 왕과의 대화에서 역설되고 있는 '인의'이다.

앞에서도 말했듯이 광산채굴에 대해서 그는 광산채굴 일반, 즉 유럽에서의 그것에도 반대하고 있는 것이 아니다. 예를 들어 영국이 "인의를 아는 것을 근본으로 삼아 부강에 이르고" 있는 이상 그 기는 유용하다고 간주된다. 그는 영국의 우편제도에 의해 국고 수입이 상당히 올라가고, 그것이 수익자인 민의 상당한 부담에 의지하고 있지만, 그 부담에 대해서 "민은 그 편리함을 즐기며, 혹여라도 원망하는 자는 없다"[24]라고 말했는데, 마찬가지로 광산에 대해서도 그것이 민에게 참으로 편리하다면 그것은 유용하다고 간주될 것이다. 왜냐하면 그것은 인의를 근본으로 하고 있기 때문이다. (그가 말하는 인의가 여기서 말하는 '민락民樂'을 한 가지 큰 요소로 삼고 있는 것에 대해서는 뒤에 다시 언급한다). 인의에 대해서 그는 유럽이 확실히 뛰어나다고 인정한다. 그러나 그것이 똑같은 형태로 중국에 없다는 점이, 곧바로 중국의 열패(劣敗)라고 생각한 것은 아니다.

을 시키며, 그 이익을 관부에 귀속시키지 않고 민에게 환원하는 쪽이 국가의 이익이 된다는 것은 직업 없는 민이 그것에 의해 의식(衣食)의 근원을 얻고, 한편으로 물산이 풍부해짐으로써 그 가격도 저렴해지기 때문이라고 했다. 따라서 광산채굴은 총독(總督)과 순무(巡撫)가 직접 본지(本地)의 생원(生員)·공생(貢生)들에게 경영케 하고, 밥주머니가 골짜기처럼 큰 지방관(地方官)과 대신(大紳)에게 맡기지 않는다, 단 매장량에 한계가 있기 때문에, 금령(禁令)에 있는 창우(倡優)와 도박(賭博)의 무리의 실업구제에 도움이 될 덩도지, 이것을 영구적인 대책이라고 생각해서는 안 된다고도 말했다. 그에게는 땅에서 나는 농작물이야말로 영구적인 것이다.

24) 『英軺日記』 뒷면.

그는 유럽의 기가 우수하고 또 그 근본을 이루는 도(道)=인의에 대해서도 뛰어남을 인정하였다. 그러나 그것이 그에게 꼭 유럽 자체의 우월성을 의미하지는 않았다. 그것은 단지 우수한 기를 낳은 그 기의 근저로서의 뛰어남이며, 그런 의미에서 그것은 개별적·상대적인 것이다.

그는 중국에서의 채광에 대해서 리(利)도 있지만 해(害)도 있다고 말했다. 리(利)란 금·은·석탄·철 등의 물질적 이익이고, 해란 재물을 거두어 민을 해치는 것, 곧 인의에 대한 해이다. 억지스럽지만, 그는 인의에 해가 된다고 말한 것이지, 중국에 인의가 없다고 말한 것은 아니다. 유럽에서 인의를 근저로 한 기도 중국에서는 인의를 해치는 것이 있다. 그런 경우에 그 기를 도입하지 않는다는 것은 중국에서 인의는 중국의 것으로서 지켜야만 한다는 것이다. 알기 쉽게 말하면, 역사적·사회적 조건에 응한 중국 고유의 인의를 지킬 방법, 혹은 발양(發揚)할 방법이 있다는 것이다.

여기서 인의의 내용이 문제가 된다.

앞 절에서 서양문명의 '근저'를 보았다고 한 사례를 몇 개 들었는데, 하이드파크에서 '육민' 등 민생, "국가가 부를 달성하는 것도 이것에서 유래한다"고 평한 민의 '분발(奮發)', 정형(政刑)의 공정함 등 그것들은 요컨대 민이 스스로 즐겁고 민이 즐기는 '민락(民樂)'에서 나오고, 또 민락을 주장하는 일이다. 그는

> 민(民)을 모두 유유자적할 수 있도록 한다면, 민의는 만족하고 천하는 태평해진다. 한편 리(吏)가 모두 유유자적할 수 있도록 한다면, 만사가 망가지고 천하는 쇠퇴하고 어지러워진다. 지금 정치의 당사자는 부강을 강구해야 함은 알고 있지만, 부강의 도가 도대체 어디에 있는지를 생각한 적은 없다.

라고 쓰고서, 자주(自注)로서 "민의 재물을 거두어 취하는 것은 부유해지는 방법이 아니다. 실은 스스로를 빈곤하게 하는 방법이다"라고 부기(附記)하였다.[25]

민락은 하나는 민을 자적(自適)하게 하는 것이고, 또 하나는 관(官)을 자적하게 하지 않는 것이다. 후자로부터 앞 절에서 말한 "마땅히 관정(官政)을 바로잡아야" 한다는 것이 나오는 것은 말할 필요도 없다.

전자로부터, 그리고 여기서 그의 소위 중국적 특성이라고도 말할 수 있는 것이 드러나는데, 유가 전통인 만물일체(萬物一體)의 인(仁)에 뿌리를 둔 농본주의적인 균부사상(均富思想)이 나온다.

민(民) 한 사람이 상업의 리(利)를 얻으면, 민 천 사람 백 사람이 화보(貨寶)의 해를 입는다. 민재(民財)가 모두 상업에 의해 모조리 빼앗기고 또 리를 없애기에 이르면, 가난을 걱정하고 부유함을 질시하는 자는 모두 상인(商人)을 질시하여 그 재물을 겁탈한다(자주: 균평均平하면 싸우지 않는다. 지금 상인의 리利는 자본이 있는 자가 이것을 독점할 뿐, 억만의 빈민에게는 이익이 없다. 다툼이 생기지 않을 리가 없다). 천하는 이 때문에 어지러워질 것이다.[26]

우리는 먼저 그가 런던타임즈사에서 2,800명의 직공을 취로시켜야 할 것이 아닌가라고 말하고, 또 농기구를 보고서 '의숙'의 수를 물은 뚱딴지 같은 에피소드를 상기할 수 있을 것이다. 당시의 중국에 대한 그의 인식에 의하면, 상공업의 진흥은 관·서리·대신과 자본가·대지주의 부유화, 그리고 그 한편에서의 소민(小民)의 빈궁화 즉 부의 사회적 편중을 초래할

---

25) 『劉光祿遺稿』卷二, 錄辛未雜著二十二則寄答丁雨生中丞見詢.
26) 앞의 책.

따름이고, 이것이 그가 철도와 광산채굴에 등을 돌리게 된 큰 요인 중의 하나였다.

결국 그는, 중국에는 유럽의 '기(器)'(여기서는 상공업을 가리킨다)를 이식할 만한 사회적 조건은 존재하지 않고, 이 조건의 차이 때문에 영국에서 근저에 인의=민락을 뿌리내리게 한 그 기도 중국에서는 오히려 그 인의=민락을 해치는 것이 된다고 생각했다.

앞에서도 서술했듯이, 그는 영국에서 기를 성립시키고 있는 민락=인의의 충실함을 접하고, 똑같은 그 기를 중국에 이식시키는 것이 불가능하다는 것, 즉 같은 조건하의 중국에서 민락=인의의 결여에 대한 고통스러운 패배감을 맛보았을 터이다. 지나치다고 생각될 정도의 영국 찬가, 그리고 그 한편에서의 중국의 실상에 대한 비관적일 정도의 엄격한 인식 속에서 그의 굴절된 패배감을 느낄 수 있지만, 이 절의 서두에서 서술했듯이 그는 그것 때문에 전면 항복하지는 않았다.

그는 인의가 동과 서에 모두 존재하는 것이라고 생각함으로써 확실히 열패를 자각하였음에도 불구하고, 중국에서의 인의=민락의 발양에 대해서는 **민락이 중국의 민(民)**의 그것인 한에서의 그 개별성에 의거함으로써 패배를 상대화시키고, 오히려 인의의 표현이기도 한 예악제도 등에 관해 자국의 독자성을 지키려고까지 한 것이다. 실제로 앞 절에서 든 『영요사기』속의 무도회라든가 혼례(婚禮), 장제(葬祭) 등은 모두 그 이질성의 확인이고, 상대의 독자성을 인정함으로써 자신의 독자성을 주장하기 위한 소재이기도 하다. 그런 의미에서 그가 인정한 유니버설리즘은 중화 유니버설리즘이 아님은 물론, 서구 유니버설리즘도 아니고, **동과 서의 독자성을 용인한 위에서의** 이른바 인류적 유니버설리즘이었다.

5

마지막으로 지방자치와 입헌군주제에 대한 그의 지향을 언급해둔다. 먼저 곽숭도의 일기에서 유석홍이 '군민겸주(君民兼主, 군과 민이 함께 주인이 된다)의 국정(國政)'을 '향국장구(享國長久, 오래도록 국가를 향유한다)'의 이유라고 한 것을 보았지만, 새삼스럽게 밝혀두자면 그렇다고 해도 그는 원래 입헌론자였던 것은 아니다. 사실은 오히려 반대로 유럽에 건너가기 전 광서 원년에 썼다고 생각되는 문장[27]에서 "정령(政令)은 일존(一尊, 즉 황제)에 의해 통괄되고", "중국의 정치는 반드시 조정(朝廷)의 권(權)에 의해 움직여지는" 것이 좋다고 생각하고 있었다.

이런 한에서 그는 적어도 처음에는 청조 전제체제에 안주한 한 사람이었지만, 같은 곳에서 "이적(夷狄, 즉 서양)의 도를 중국에 시행할 수는 없다"고 하면서도 그 한편으로 이적의 정체(政體)에 대해서 이미 일찍부터 상당히 상세하게 소개하고 있는 것은 주목해도 좋을 듯하다.

> 양인(洋人)이 말하는 국주(國主)라는 것은 향리(鄕里) 중의 수사(首事, 선도자)와 같다(자주: 상하등위上下等威의 차별이 없다). 양인이 말하는 관(官)은 향리 중의 부실대가(富室大家)와 같다(자주: 생략). 국주는 공중(公衆)이 뽑는다(자주: 생략). 일정한 분록(分祿, 봉급)이 지급된다(자주: 국주는 그 나라의 땅을 전부 가질 수 없고, 사람들은 각기 그 땅을 개간하여 각각 그 땅을 소유한다), 일국의 일을 떠맡아서 하지만 그 일을 전단(專斷)하는 것은 허락되지 않는다. 일이 생기면 부실대가 및 나라 전체의 공중을 모아 공적으로 논의한다(자주: 의사원議事院은 곧 향약공소鄕約公所 같은 것으로, 국주 역시 직접 그 곳에 가서 여러 의견을 듣는다).

---

27) 이하,『劉光祿遺稿』卷二,「讀郭廉使論時事書偶筆」.

위와 같은 기술(記述)은 '향리', '수사', '상하등위', '부실대가', '향약공소' 등 분명히 중국을 의식한 자주(自注)에서도 살필 수 있듯이 결코 자신들과 무관한 다른 세계의 것으로 생각하고 있다고는 생각되지 않는다. 단 이 인용문 앞에서 "양인(洋人)의 상인은 정치에 참가한다. 관과 상(商)이 서로 보위(保衛)하고, 상의 힘을 빌려 병(兵)을 양성한다. 그 법이 중국보다 뛰어난 것은 아니다. 상황이 아주 다른 것이다"고 말한 것처럼, 그것은 사실상 '상인의 정치참가' 즉 '국주관상(國主官商)의 체제(體制)'라는 그 상업주도형의 측면이 중국과 '상황이 아주' 달라서 배척되고 있음에 지나지 않으며, 그것을 제외하면 실태에 대해서는 오히려 상당히 강한 관심을 가지고 있었다고 생각된다.

'일존'을 말하면서도 이렇게 강한 관심을 보이는 것은 모순이라면 모순이라고 할 수 있는데, 그러나 그 자신의 내부에서 반드시 모순인 것은 아니다. 왜냐하면 그에게 문제는 군주전제인가 입헌제인가라는 체제의 문제가 아니라, 그것에 의해 '민락'에 초래되는 것이 무엇인가였기 때문에 상업주도형이라고 간주된 체제가 그 때문에 중국의 '민락'을 방해하게 된다면, 오히려 그것은 불선(不善)하다고 여겨지고, 역으로 그것이 '민락'을 신장시킨다고 인정되면 평가는 다시 반대로 된다.

> 런던에 도착한 뒤 2개월간 그 정치적 풍속을 자세히 살펴보았다. 부자관계와 남녀관계는 거의 중시하지 않는데, 귀족부터 천민까지 모두 그러하다. 이 밖에는 잘 다스려진다고 할 만하다. 한관(閒官)도 없고, 유민(遊民)도 없고, 상하의 격절감도 없고, 잔혹하고 어질지 못한 정치도 없고, 헛된 글로 서로 응수하는 일도 없다.[28]

---

28) 『英軺私記』 總論英國政俗. 또 『英軺日記』 19 뒷면~35 앞면에 같은 문장.

이 제도는 한(漢)의 삼로(三老), 명(明)의 이로(里老)와 대략 같다. 그러나 거기서 뽑히는 자들은 부민(富民)이고, 그들을 뽑는 자도 부민이다. 관(官)은 더 이상 그 일에 참여하지 않는다. 뽑히는 자가 부유하기 때문에 이익만을 추구할 우려가 없다. 그들을 뽑는 자도 부유하기 때문에 뇌물의 폐단이 없다. 관이 그 일에 참여하지 않기 때문에, 윗사람의 비위를 맞추는 어려움이 없다. 민으로써 민을 다스리고, 일은 공공의 의논에 귀속된다. (…) 그러므로 가르침에는 버려지는 것이 없고, 민생에는 재원(財源)의 부족함이 없다. 송사(訟事)에는 원망하는 사람이 없고, 상거래에는 사기와 거짓이 없다. 도로는 정비되어 깨끗하며, 교량은 모두 수리되어 있다. 경찰관은 그 직책에 부지런하여 결코 게으름을 피우지 않는다. (…) 관은 신사(紳士)의 힘을 돕지 신사를 방해하지 않기 때문에 관과 신(紳)의 사이가 막힐 염려는 전혀 없다.[29]

부자, 남녀, 귀천 사이에서 도덕상의 질서가 없다는 점을 제외하면 영국의 통치는 선치(善治)라고 하는 그 선(善)의 내용은 쓸모없는 관리가 없고 상하의 격절이 없으며, 잔혹하고 불인한 정치가 없고, 허례로 응대하는 일이 없는, 결국 관정(官政)이 올바로 정비된 상태일 뿐만 아니라, "민에 의해 민을 다스리고", 민생이 충족하고 정교(政敎)도 공정하게 두루두루 미치고 있는 상태임을 곧 알 수 있다.

여기서 쓸모없는 관리(官吏)가 없다는 것은 관료들이 매일 정오부터(!) 6시까지 공무에 힘쓰고 대신(大臣)들도 정무에 쉴 틈이 없는 상태이다. 유민이 없다는 것은 사농공상이 모두 "심계(心計)를 내어, 일하려는 데 힘을 다하고", 나라 전체에 걸쳐 "도박장과 아편흡연소"도 없고, 여가에는 "경마·경정(競艇)·복싱·점프"에 "군사훈련의 의미를 담는" 등의 정황이다.

---

29) 『英軺私記』英國地方官制. 또 『英軺日記』 34 뒷면~35 앞면에 거의 같은 문장.

상하에 격절이 없음이란 "도시와 시골의 행정구역마다 각각 의정원(議政院)을 두어", 신사가 맡아서 민정(民情)을 관에 전달하고 "상하의 중추"가 되며, 일마다 "반드시 여러 사람들의 생각과 모두 꼭" 일치해야 비로소 시행한다는 상황이다. 잔혹하고 불인한 정치가 없다는 것은 형벌이 관대한 것 외에도 외롭고 병든 이들과 이방(異邦)의 난민(難民)은 양제원(養濟院)에서 거두어 부양하며 "국주가 때로 사람을 보내어 그 침식(寢食)을 조사하고", 또 몇 리(里)마다 병원 건물이 있어 환자는 국주가 파견한 의사에게 진료를 받고, 또 전시에는 포로와 백성을 살상하는 일이 엄금되어 있는 등의 상황이다. 헛된 글로 서로 응수하는 일 없다는 것은 직책과 명령은 힘써 실행되고 준수되며, "속임수로 인해 신뢰를 잃는 큰 욕됨"도 없고, 일의 시비(是非)와 이해(利害)는 분명히 따져서 사양하거나 취하거나 주고받음에 있어 거짓된 은근겸양(殷勤謙讓)도 없는 등의 상황을 말한다. 마치 유토피아와 같은 이런 영국의 상황이야말로 그에게는 민락=인의의 실현임은 말할 것도 없다.

그리고 또 그는 영국에 건너간 뒤 아주 이른 시기에 이것을 제도적으로 보증하고 있는 것이 삼로와 이로(모두 향촌의 명망가로서 말단행정의 담당자)에 견줄 수 있는 부민(富民)=신사 곧 향신층에 의한 자치제도이며, 이것이야말로 중국 관료제하의 억압과 부패를 제거하는 가장 기본적인 길이라는 인식에 도달했다.

여기서 그가 공적으로 선발된 지방관에 대해서는 시장(mayor)을 향대부(鄕大夫), 시의회의원(alderman)을 당정(黨正), 의장(chancellor)을 이장(里長)에 또 그 제도를 한대의 삼로제와 명대의 이로제에 견주고 있는 것은, 주관(周官)의 제도로부터 이갑제(里甲制)까지 잡다하긴 하지만 요컨대 향관제(鄕官制)로서 파악하고 있음을 보여준다. 이 향관제의 주장은 청초 이래의 봉건(=지방자치) 논의 중에서도 가장 급진적인 것으로(3장 참조), 결국 그는 단순히 영국의 제도로서만 보고 있는 것이 아니라, 그 지방관 제도를 중국의 지방자치제도로서 파악하고 있음을 알 수 있다.

여기서 민략=인의의 실현이 중국에서는 지방자치를 근저로 한다는 인식이 묵시적이기는 하지만 확실하게 제시되고 있는 그 인의=지방자치라는 맥락에 특히 주의를 환기해두고 싶다.

국회에 대해서는 관(官)과 신(紳)과 사(士)와 서(庶)가 각자의 의견을 바탕으로 때로는 철야로 시정을 토의하고 있는 모습을 전하고,

> 관정(官政)에 잘못이 있으면 그것을 버리고 신민(臣民)을 따른다. 고로
> (…) 국가의 거사 모두에 대해 상하가 한마음으로 선(善)으로써 이루지
> 않는 것이 없다. 중론(衆論)을 모아 그중 좋은 것을 택하면 미(美)가 갖
> 추어지지 않음이 없다. 중지(衆志)를 따라 그 명령을 행하므로 힘을 다
> 하지 않는 일이 없다.[30]

라고 했는데, 이것도 거의 무조건적인 찬사라고 볼 수 있다.

그저 장황하기만 한 것 같지만, 이것들은 그의 견문기(見聞記)의 범위를 벗어나지 않으며, 따라서 그에게는 입헌제와 지방자치에 대한 **지향**(志向)이 있었다고 말할 수 있을 뿐 그 이상은 말할 수 없다. 그가 귀국 후에 입헌제와 지방자치를 주장한 흔적은 보이지 않는다.

하지만 여기서는 그가 어느 정도까지 그것을 지향 혹은 주장하였는가를 문제시하는 것이 아니라, 그가 무엇을 기초로 지향했는가만을 문제로 삼는다. 곧 민략=인의라는 이 뿌리로부터, 한편으로는 농본주의가 그리고 또 다른 한편으로는 입헌제·지방자치의 지향이 나오고 있다는 이 특이함이야말로 문제가 된다. 왜냐하면 이 특이함은 그가 한편으로 의원제를 거론하면서도 다른 한편으로는 오륜(五倫)을 인의의 또 하나의 기둥으로 삼

---

30) 『英軺日記』 12 앞면.

고 있다는, 또 하나의 특이함을 초래하는 것이기 때문이다.

곧 그는 서양의 풍속이 "가난을 구제하고 곤란을 극복하는 것을 아름다운 행위로 여기고" 있는 것을 인(仁)의 일단(一端)으로 삼고 또 "의(義)에 기대고 신(信)을 지키는 것을 요도(要圖)로 삼고" 있는 것을 의(義)의 일단으로서 들면서 이 인의를 오륜에 미치게 하고, 군신(君臣)·부자(父子)·형제(兄弟)·부부(夫婦)·붕우(朋友)가 '서로 사랑하고(相愛)', "이기기를 좋아해 다투는 마음을 일으키지 않고, 탐욕으로 살기를 드러내는 일 없는" 것에 의해 "화목하고 삼가며 가지런히 정비된(雍穆整齊)" 궁극의 정치(至治)의 실현을 기대한다.[31] 물론 그는 군신간과 부자간 등 오륜의 차등을 없애고 '서로 사랑해야(相愛)' 할 것이라고 말하는 것이 아니라, 오륜의 차등 사이에 '서로 사랑하는' 도가 있다고 생각했다.

그러나 이 차등 간의 상호 사랑(相愛)이라는 것은 보기에 따라서는 '기만'적인, 이기기를 좋아하지 않고 욕망을 탐내지 않는 '화목하고 삼가며 가지런히 정비된' 것이 한편으로는 그대로 국제적으로 확장되어 "외양(外洋)은 부(富)를 부라고 간주하고, 중국은 탐하지 않는 것을 부라고 간주한다. 외양은 강(强)을 강이라고 간주하고, 중국은 승리를 좋아하지 않는 것을 강이라고 본다"[32]라는 국가 간의 강약의 차등을 무시한 일종의 대동주의(大同主義)로 승화되는 것을 보면, 결국 그에게 인의란 중국이라면 혹은 유가(儒家)라면이라고 하는 고유성(固有性)에 처음부터 뿌리박고 있었음을 깨닫게 된다. 혹은 그는 서(西)의 부강적 인의의 우위에 대한 동(東)의 이 대동적 인의의 다른 위상(位相)의 우위에 계속 집착하고 있었던 것인지도 모른다.

그런데 이처럼 농본주의, 반(反)철도라는 '봉건 경제사상' 및 예악제도에

---

31) 앞의 책, 25 뒷면~26 앞면.

32) 앞의 책, 26 앞면.

관한 '보수'주의가 반리(反利)·민락(民樂)=인의(仁義)를 축으로, 한편으로는 지방자치와 입헌제에 대한 지향과 함께 돌고, 그 입헌제가 다시 오륜질서의 준수와 서로 스며들고, 다른 한편으로는 그 오륜질서에 있어서의 친화가 국제질서에 있어서의 대동주의로 무매개적으로 확산된다. 이 반리민락(反利民樂)적 인의사상을 현재의 시점에서 어떻게 위치지으면 좋을까? 나는 여기에 다음 시대의 원리 창출을 향한 귀중한 시사(示唆)가 있다고 생각한다.

후기

　타이완의 칭화대학(清華大學)에 온 지 2개월이 되었다. 살다 보니 타이완과 대류, 홍콩의 관계는 일상적인 연관이 깊음을 새삼스럽게 계속 알아가고 있다.

　홍콩과의 일은 지금은 제쳐두기로 하고 대류에 대해서 말하자면, 예를 들어 각 신문도 국제면·정치면과는 별도로 대류에 지면을 한 페이지 할애하고 있고, 베이징 정부의 언동과 지식인의 담화, 경제사정, 거리에서 들은 뉴스 등 내용이 일본의 신문보다 훨씬 상세하다. 또 신문도 그렇지만, 텔레비전도 일기예보는 반드시 대류 각지의 날씨·기온을 보도하는데, 그 범위는 선양(瀋陽)에서 시안(西安), 란저우(蘭州)에 미치고 있다. 일본 NHK위성방송도 이곳의 텔레비전에 들어와 있기 때문에, 국제뉴스 시간에는 매일 베이징방송의 뉴스가 중국어로 생생하게 방송되고, 많은 사람들이 그것을 보고 있다.

　인적 교류도 왕성해서 개방정책 이래 대류에 '탐친(探親, 친척방문)'의 명목으로 건너간 수는 50만 명에 이른다고 하고, 이곳의 많은 학생들도 대류여행을 즐기고 있어서, 인상을 물으면 20년 전의 타이완을 보는 듯하다고 털어놓는 등 꺼림이 없다. 홍콩에서 타이완대학(臺灣大學)과 상하이푸단대학(上海復旦大學) 학생들 간의 토론회도 매년 정례화되고 있다. 한편 타관에서의 돈벌이를 목적으로 대류에서 온 밀항자도 많아서, 열흘이 멀다 하고 연안경비대에 의해 배가 통째로 나포되어서는 뉴스가 되고 있지만, 아마도 나포되지 않은 대다수가 무사히 이곳의 연고자에 의해 몰래 숨겨져서 이곳의 하층 노동을 떠받치고, 돈을 저축해서는 다시 몰래 대륙으로 돌아가고 있음에 틀림없다(일본 엔으로 환산하여 타이완의 월수입은 대륙의 10배 이상이다). 4월 18일의 신문은 새로이 공립학교 교사, 기자, 예능인의 '탐친' 도항(渡航)이 승인된 것을 보도하고, 아울러 학술교류를 비롯해 더 큰 폭으로 교류를 승인하라는 지식인들의 요청담화를 게재하고 있다.

경제관계는 더 긴밀해서 대륙, 홍콩, 타이완 사이의 교역루트는 물론이고, 푸젠, 광둥 등 연안 각 성(省)의 향진기업(鄕鎭企業)에 대한 타이완의 투자도 활성화되었는데, 이것은 신문의 경제면에 상세히 보도되고 있다. 이 상업루트는 이곳에 와서 실감할 수 있었던 것이지만, 사실 이것은 소위 화상(華商)네트워크의 진정한 일부로서, 눈을 넓히면 타이완, 홍콩, 대륙은 물론이고, 베트남, 태국, 필리핀, 싱가포르 등 동남아시아 전역을 덮고 있는데, 그것은 이미 송대 이래의 견고한 역사의 축적을 가진 것이다. 이를테면 싱가포르의 리콴유 수상과 필리핀의 아키노 대통령은 모두 화교계로서, 지금 국적은 달리하고 있지만 예를 들어 아키노 대통령의 중국 방문 때에는 그 참에 푸젠성에 있는 조부의 묘에 참배했었다는 식으로 혈연관계는 아직도 살아 있다.

그래서 새삼 생각한 것이지만, 우리 일본인은 중국을 생각할 때 국가와 왕조, 정부를 중심으로 한 일종의 '공(公)'귀속주의적인 관점에서 이것을 보았고, 중국인이 현실에서 생활하고 있는 그 사회 쪽에서 보는 일은 그다지 없었다. 예를 들어 지금까지 중국에서의 민족독립이라고 하면, 적어도 나의 경우는 베이징정부의 성립을 말하고, 중국 인민이라고 하면 중화인민공화국의 국민이었다. 이 관점에서 보면 중국에는 홍콩과 타이완, 하물며 동남아시아의 화교는 포함되지 않는다. 이것은 아마도 우리 일본인이 일본열도에서 단일민족을 형성하고, 일본인과 일본이 일체화되어 있는 것과 무관하지 않을 것이다.

이런 국가귀속주의적인 중국관은 일본의 외교에도 나타나고 있다. 베이징 정권과의 국교 회복 후 타이완과의 공식 루트는 적어도 형식상으로는 모두 단절되었는데, 예를 들어 우리 주변에서 보자면, 국제교류기금회든 학술진흥회든 정부 계통의 기금은 타이완의 학자에게는 적용되지 않고 있으며, 하물며 타이완의 학자를 국공립대학의 외국인 강사로라도 맞아들이는 일은 불가능하다. 또 타이완에서 온 유학생에게 공비(公費) 유학의 길은 공식적으로는 없다. 취항하는 비행기도 주지하다시피 타이베이(臺北)로 날아가는 것은 일본항공(日本航空)의 위장회사이고, 중화항공(中華航空)은 하네다공항밖에 착륙할 수 없다. 우리들은 이런 상황을 국교가 없기 때문에 당연하다고, 이른바 '국'교주의적으로 생각해왔다. 그러나 한편으로 미국의 대응을 보면, 그들은 베이징과의 국교 수립 후에도 변함없이 타이완의 학자를 국공립대학의 객원교수로 초빙하고 있고, 타이완의 유학생에게도 공비유학의 길은 있다. 또 왕래도 중화항공은 샌프란시스코국제공항에서 탑승하고, 미국의 항공회사도 당당하게 타이베이에 착륙하고 있어서, 일본의 대응과는 확연히 차이가 있다.

이것에는 중국에 대한 일본과 중국의 역관계(力關係)상의 차이가 있는 것인지 아니면 외교기술의 우열이 있는 것인지 잘 모르겠지만, 확실히 말할 수 있는 것은 일본인이 '국(國)'이라는 것을 '공(公)'으로 생각하는 그 '공'에 대한 표면상의 방침이 극히 고지식해서 거기에 좋든 나쁘든 융통성이 없다는 것이다.

이런 '국'주의적 관점이 우리의 중국 연구 속에도 있어서, 우리는 부지불식간에 중국이라고 하면 중화인민공화국의 영역의 범위에서 파악하고, 아시아와 중국의 근대의 문제를 생각할 때에도 의식적으로, 또 무의식적으로 이 영역의 틀에서 생각해왔다. 이 때문에 대륙, 홍콩, 타이완 사이에 살아 있던 동맥과 동남아시아의 화교네트워크 등, 요컨대 중국을 중국인 사회로부터 총체적으로 파악하는 시각이 약하고, 이 점에서 소수의 선구적인 분들을 제외하면, 우리들 대다수는 미국의 근대 중국 연구에서 보이는,

중화인민공화국에 구애받지 않는 모종의 광각성(廣角性)을 갖고 있지 않은 채였다. 이렇게 말하는 것도 미국인이 화교 사회를 시야에 넣을 수 있는 미국 자신의 다민족·다사회성이 우리에게 원래 없기 때문일 것이다. 실제로 여기에 와서 느끼는 것은 이곳의 학자와 미국 및 캐나다 학자의 교류가 활발하다는 것이다. 그 교류는 중국계 미국인, 중국계 캐나다인 등 요컨대 화교네트워크를 통하여 이루어지고, 미국인 학자와 캐나다인 학자도 그 화교네트워크에 올라타서 이 네트워크에 참가하며, 남쪽은 싱가포르부터 호주까지, 전체로 말하면 태평양네트워크를 형성하고 있다. 예를 들어 수년 전에 열린 하와이에서의 국제주자학(朱子學)회의(대륙, 타이완의 학자도 한 장소에 모였다)는 바로 그 네트워크가 작동한 것이었다. 바다는 우리 일본인에게는 명실 공히 국경이지만, 중국인에게는 항로로서 육로보다도 더 자유로운 항로다. 이렇게 보면, 예를 들어 푸젠, 광둥, 홍콩, 타이완을 발착점(發着點)으로 삼아 동남아시아로부터 호주 대륙, 아메리카 대륙에 이르는 태평양네트워크 이른바 해로의 중국권 그리고 아마도 북으로는 북쪽에서도 형태는 다르지만 마찬가지로 있을 시베리아, 몽고 및 중앙아시아와의 교역권, 실크로드의 역사를 가진 소위 육로의 중국권이라는 이 두 개의 중국권의 존재가 보인다. 국가라는 틀로는 파악되지 않는 그것은 사회로서의 중국이기도 하다.

이런 두 개의 중국권의 실재감에 서서 전후(戰後)의 중국관을 회고해보면, 우리가 너무나 '국'귀속주의적이었기 때문에 우리의 중국관은 보다 많이 이념적·추상적이게 되었고, 미국인의 현실적·구체적인 중국관에 미치지 못하는 점을 많이 갖기에 이르렀다고 생각된다. 결국 우리는 이념으로서의 중화인민공화국(혁명이라든가 사회주의라든가)에 너무나 순수하게 따라왔다. 유감스러운 것은 그 속에는 대국(大國) 중국에 대한 사대주의와 '국가'와 '비국가'에 의해 대륙과 타이완을 나누는 일종의 권위주의 같은 것도 **간간**이 보이고, 국교 회복 후 대륙 학자와의 교류가 친밀해진 것은 좋다고 하면서, 타이완의 학자가 되면 전혀 거들떠보지도 않는 기묘한 차별의식조차 생겼다. 이념에 따른다고 말할 수밖에 없는 것이다.

그렇다면 '국'이라든가 정부라든가 하는 중국의 틀을 걷어치우고 사회로서의 중국의 현황을 보면 어떻게 보일까? 공산당 정권과 국민당 정권의 불화에 의해 일시 폐쇄되어 있던 타이완해협의 루트가 40년 만에 부활된 데에는 그 루트에 연결되어 있던 사회의 연관이라는 엄연한 실재가 있고, 그 사회의 본래의 힘은 마침내 단절되어 있던 동맥을 복원시켰다. 결국 정치의 힘으로는 끝내 사회의 힘을 끊지 못했다는 것이다. 대륙 중국의 소위 연해공업정책이라는 것은 이 역사적으로 실재하는 사회의 복원력에 따른 것으로서, 말하자면 그것은 자연적인 힘이기 때문에 어느 쪽 정부도 이제는 그 힘을 끊을 수 없다. 두 정부가 일국양제도(一國兩制度, 베이징 측)니 일국양정부(一國兩政府, 타이완 측)니 하며 표면적 방침을 다투고 있는 사이 사회 쪽은 스스로의 힘으로 연관을 척척 회복해갈 것임에 틀림없다. 제도라는 점에서는 대륙의 사회주의체제, 특히 토지혁명은 대륙의 민(民)에게 좋은 일이었고, 한편으로 타이완이 주로 자본주의적인 공업 육성에 힘써온 것은 자영농이 많은 타이완의 민에게 좋은 일이었으며, 마침 홍콩이 영국령인 탓에 계속 자유무역의 거점이었던 것은 홍콩의 민에게 좋은 일이었다는 반(反) 또는 비(非)'국가'적인 관점이 사회 측에서 생긴다. 거꾸로 말하면, 그러한 체제를 만들어낸 것, 혹은 그것이 지속될 수 있었던 것은 사회의 힘이 각각의 필요에 의해 각각을 그렇게 하게끔 해왔기 때문이다.

이런 사회 쪽에서의 눈으로 볼 때 최근 흥미를 끄는 것은 대륙과 타이완에서 일당독재에 반대하고 민주를 요구하는 목소리가 높아지고 있다는 것이다.

이곳에 온 뒤 가장 나의 흥미를 끈 것은 대륙의 반체제 지식인(천체물리학자로서 후야오방胡耀邦 실각 때 공산당에서 제명된) 팡리즈(方勵之) 씨와 타이완의 반체제 지식인(타이완대학 교수) 후포(胡佛) 씨가 베이징-타이완을 전화로 연결하여(현재 대륙과 타이완 사이의 우편, 전화는 자유롭게 통하고 있다) 각각 자기의 정부와 집권당을 비판하고, 민주적 권리의 확대에 대해서 이야기한 내용이 이 곳 민진당(民進黨) 계열의 신문『자립조보(自立早報)』(1989년 3월 20일, 21일)에 이틀에 걸쳐 일면 전체에 연재된 일이다.

민주화를 얘기하자면, 타이완에서는 이미 국민당의 일당독재는 끝났고 국민당과 정부를 비판하는 신문, 잡지, 서적도 거리에서 자유롭게 팔리고 있으며, 이 점에서는 대륙보다 한 걸음 앞서고 있다. 그러나 대륙에서도 이곳의 신문에 의하면, 이 후기를 쓰고 있는 오늘(1989년 4월 22일)도 민주화를 부르짖는 베이징의 학생들이 천안문광장에 모여 있는데, 지금까지 베이징의 학생 및 지식인들과 접해온 감측으로 보아 이 목소리는 깊이가 깊은 것이니만큼, 굴절을 거치면서도 마지막에는 반드시 사회의 민주화를 가져올 것이라고 확신할 수 있다. 이를테면 베이징의 지식인 49명이 중국공산당 중앙에 대하여 학생과의 대화를 요구하는 요청서를 공표했다고 전해지는데, 그중에는 기예(氣銳)의 사상가 리쩌허우(李澤厚)와 함께 중국 철학계의 원로 장다이녠(張岱年)의 이름이 보인다. 반체제라기보다는 온후하고 독실한 공산주의자인 장대년의 이 행동을 통해 우리는 이 학생 행동이 가지는 공명반(共鳴盤)의 넓이를 헤아릴 수 있다.

이 민주화라는 점은 타이완, 홍콩, 대륙의 구분 없이 모든 사람이 일치할 수 있는 것이고, 한국인과 일본인, 그리고 아마도 북쪽의 조선공화국 사람들도 같이 공감할 수 있는 것이다. 그리고 실제로 아시아에서는 이 2, 3년간 한국, 필리핀, 버마, 파키스탄 등에서 독재에서 민주로의 전환이 계속 이루어지고 있는데, 그것은 멈출 수 없는 조류가 되고 있다.

극단적으로 말하자면, 중국인에게 중화인민공화국(공산당 정부)인가 중화민국(국민당 정부)인가는 2차적이고, 1차적인 것은 중국인들 사이에서 어느 정도 민주화가 확대되고, 어느 정도 올바르게 연대가 확대되는가 하는 것이며, 그것은 아시아의 전 영역에 대해서도 똑같이 말할 수 있다.

체제와 정부는 민주(民主) 속에서 결국 사회의 필요에 응하여 사람들이 결정하는 것이다.

돌이켜보면, 금세기 1940, 50년대는 아시아 각 민족이 구미(歐美) 못지 않게 국가라는 것을 획득한 연대이고, 60년대는 동서가 국가의 체제에 응하여 대립한 연대, 70년대는 그 동서의 벽을 부수는 혼란의 연대, 80년대는 정치보다 경제우위의, 바꿔 말하면 국가보다도 사회의 원리에 의해 아시아의 재편이 시작된 연대였다. 이런 추이에서 보면, 90년대는 사회가 더 구체적으로 말하면 아시아 사람들이 국경을 넘어 민주의 실현을 향해 움직이기 시작하는 다음 세기로 향하는 준비의 연대가 될 것이다.

이것을 유럽과의 관계에서 말하면, 20세기는 유럽의 아시아 침입을 맞아 아시아가 국가라는 외래의 틀을 가짐으로써 유럽에 저항하고, 유럽과의 대등화를 도모한 세기였지만, 그런 관점에서 보면, 21세기는 유럽과의 대항이 아니라, 유럽, 아시아의 벽을 넘은 인류적인, 그리고 그 인류가 보다 나은 생존을 찾아 민주를 기초로 하여 연대를 도모하는 민중 스스로의 세기가 될 것이다. 소련의 페레스트로이카와 동유럽의 움직임 등 그 조류는 계속해서 동서의 구분 없이 되돌릴 수 없는 힘이 되고 있다.

그래서 이렇게 생각하는 것이다.

우리의 중국 연구는 그런 인류적(人類的)인 민주와 사회의 세기에 도움이 될 필요가 있다.

때마침 NHK의 위성방송으로 본 미국방송에 의하면, 브라질은 그 '근대'화를 위해 일본열도의 3분의 1에 해당하는 아마존 삼림의 벌채를 강행하고 있다. 거기에는 대외채무상환이라는 외압도 있고, 또 지구의 사막화·온난화로부터 지구를 지키려고 하는 구미 각국의 자연보호단체의 요청을 구미류(歐美流)를 역으로 취해서 '국가주권의 침해'로서 단호히 거절하는 브라질 정부의 '국가' 원리라는 것도 있다. 브라질의 식물학자가 "채권국은 채무의 변제 대신 아마존 삼림의 보호를 브라질 정부에 의무화하

는 것이 좋다. 그렇게 하지 않으면 결국 지구의 보호를 위해 각 채권국은
더 많은 금액을 이 아마존 복원을 위해 쓰게 될 것이다"고 호소하고 있다.
여기에는 21세기의 논점이 집약적으로 나타나 있다고 말할 수 있다. 예를
들어 각국의 주권과 그 주권에 기초를 둔 근대화(그 방송에 의하면 브라질
에서의 근대화란 구체적으로는 삼림을 난벌亂伐하는 대지주의 이익을 위한 광석
채굴, 공업화, 그 결과의 하나로서 삼림에 기대에 생활하고 있는 소수민족의 생활
의 파괴)가 지구에 초래하는 재난의 문제, 그것을 어떠한 시좌에서 생각할
까—이것은 단적으로는 인류인가 민족인가, 지구인가 국가인가, 혹은 주
권인가 정의인가, 또 권력인가 민주인가라는 문제다.

국가와 주권, 근대화라는 20세기의 유럽 원리는 21세기에 좋든 싫든 재
검토될 것이다. 지구에서 자연과 인류의 조화로운 생존 및 인류의 민주와
사회의 자기실현이라는 것이 공통의 과제가 될 것이다.

내가 '중국을 방법으로 삼고, 세계를 목적으로 삼아'라고 쓴 것은, 예를
들어 종래의 유럽의 '국가' 원리에 반하여 아시아의 '사회' 원리가 21세기
적인 세계관을 구축하는 데 불가결한 것이 될 것이라고 예감하기 때문이
다. 이 '사회'의 원리는 중국식으로 '천하'의 원리라고 할 수도 있고 '생민
(生民)'의 원리라고 말할 수도 있는데, 결국은 사람과 자연이 조화하고, 사
람과 사람이 연대하는 민주적 대동(大同)의 원리이기도 하다. 우리는 역사
학, 철학, 법학, 정치학, 경제학 등의 각 분야로부터 결국 종합적인 중국학
을 만들어 냄으로써 그 원리의 해명과 이론화를 서두를 필요가 있다고 생
각한다.

긴 후기가 되어버렸지만, 이 책은 1940, 50년대에 청춘시대를 맞고 60,
70년대에 중국 연구를 해온 내가 이제 80년대의 마지막 해에 다음 세대를
향해 정리한 자기검토, 자기비판의 책이다.

이 책을 정리하도록 권해준 도쿄대학출판회의 가도쿠라 히로시(門倉弘)
씨에 의하면, 지금은 『다케우치 요시미 저작집』은 절판이 되었고, 젊은이

들 사이에서는 그 이름도 모르는 사람까지 늘어났다고 한다. 이런 사실로부터 생각하면, 1940, 50년대에 다케우치 요시미의 영향을 받아 시작된 필자의 이 책은 벌써 시대에 뒤처진 만가(輓歌)라고 말할 수밖에 없을 것이다. 그러나 한편으로, 새로운 시대의 시작은 옛 시대의 올바른 비판 계승에 입각한 것이었으면 한다는 바람도 있다. 본서가 예를 들어 양무(洋務)-변법(變法)-혁명(革命)이라는 90년대의 젊은 중국 연구자에게는 아무런 매력도 없는 이 구도의 비판에 집착한 것도, 그것이 70, 80년대에는 역시 올바로 비판해두어야 할 것이었고, 그렇게 할 수 있는 이는 나의 세대밖에 없다고 생각했기 때문이다. 그러므로 이것에 대해서는 굳이 현재의 관점과 도달단계에서 다시 쓰지 않고 오히려 10년 전의 문제의식을 남겨두었다.

한편으로는 또 현재의 시점(時點)에서 꼭 말해두고 싶은 '유교 르네상스'의 문제도 보탰다. 유감스럽지만 나는 언제부턴가 제1세대 사람이 되어버렸다. 그러나 나는 도쿄에서 주변의 연구회 등에서 검토를 함께해온 제2세대의 하마시타 다케시(浜下武志), 사토 신이치(佐藤愼一), 와타나베 히로시(渡辺浩), 히라이시 나오아키(平石直昭), 미야지마 히로시(宮嶋博史), 기시모토 미오(岸本美緖), 또 제3세대의 구로즈미 마코토(黒住眞), 데라다 히로아키(寺田浩明), 무라타 유지로(村田雄二郎), 오가타 야스시(緒形康)를 비롯해 많은 동아시아 근세·근대사, 근대사상사 분야의 뛰어난 후배 모두에게 은혜를 입고, 그들의 날카로운 비판을 음으로 양으로 항상 등 뒤에서 느끼면서, 그 덕분에 '근대'를 생각할 때 언제나 긴장하며 지내왔다.

가도쿠라 씨의 권유에 응하여 정리할 생각이 든 것은, 이제 당신은 무대에서 내려오라고 하는 이 제2세대와 제3세대 여러분의 목소리가 끊임없이 귀에 들리고 있고, 나도 그것에 동감하기 때문에 역으로 단순히 내려오는 것으로는 안 된다, 당신들이 비판의 대상으로 삼는 우리 시대의 궤적을 당신들의 비판을 살리기 위해서라도 남겨두지 않으면 안 된다고 버티는 기분이 그 긴장 속에 있기 때문이다. 굳이 스스로를 구경거리로 삼는다는 것이 지금 이 책의 정리를 마친 뒤의 정직한 심경이다. 다행히 이제부터의 중국학의 방향 설정과 관련해서는 제2세대, 제3세대 여러분과 큰 차이가 없다고 믿을 수 있다. 나도 지금부터는 젊은 분들의 보다 깊은 문제의식을 배우면서 내가 할 수 있는 범위에서 여러분에게 도움이 되고 싶다.

마지막으로 짧다면 짧은 4개월이지만, 타이완에서 새로운 시각에서 중국을 생각할 기회를 준 국립칭화대학(國立淸華大學) 역사연구소장 장융탕(張永堂) 선생 및 연구소의 여러 교원, 또 나의 서투른 중국어 강의에 참을성 있게 함께하고, 토론의 상대가 되어주고, 나에게 지금부터의 중국 연구에 새로운 활력을 계속 가져다준 이곳의 대학원 학생 여러분에게 감사의 뜻을 표한다.

1989년 4월 22일

타이완(臺灣) 신주시(新竹市), 칭화대학(淸華大學) 서원(西院)에서

아래에 본서에 수록한 논문이 처음 수록된 곳을 기록해둔다. 또 이 책에 싣기 위해 1과 5는 일부를 다시 쓰고 또 2와 9에는 대폭 손을 대었다.

1. 「'중국의 근대'를 보는 시각('中國の近代'をみる視點)」, 『UP』 1980년 10월호~1981년 1월호(東京大學出版會).

2. 「근대 중국상의 재검토(近代中國像の再檢討)」, 『史潮』 新19號(1986년 7월) 원제는 「다시 근대 중국상을 둘러싸고(ふたたび近代中國像をめぐって).

3. 「중국의 봉건과 근대(中國の封建と近代)」, 『文明硏究』 7호(1989년 3월, 東海大學文明學會).

4. 「천하와 국가, 생민과 국민(天下と國家, 生民と國民)」, 『歷史學硏究』 553호(1986년 4월).

5. 「방법으로서의 중국(方法としての中國)」, 『UP』 1987년 1월호.

6. 「쓰다 지나학과 지금부터의 중국학(津田シナ學とこれからの中國學)」, 『津田左右吉全集』(제2차) 제18권, 제19권 월보(1988년 2월~1988년 3월, 岩波書店).

7. 「프랑스 지나학과 일본 한학과 중국 철학(フラッスシナ學と日本漢學と中國哲學)」, 「空潭」 3(1989년 1월).

8. 「지금 유교 르네상스를 어떻게 생각할 것인가(いま儒教ルネサッスをどう考えるか)」, 「空潭」 1(1988년 1월), 「일본의 송명학 연구와 중국의 송명학 연구(日本の宋明學研究と中國の宋明學研究)」, 「空潭」 2(1988년 12월), 「유교와 근대 및 현대(儒教と近代および現代)」, 「讀賣新聞」 1988년 10월 11일부(改題), 「유교 자본주의와 유교 사회주의(儒教資本主義と儒教社會主義)」, 『UP』 1989년 1월호.

9. 「근대 중국상은 왜곡되지 않았는가(近代中國像は歪んでいないか)」, 『歷史と社會』 2호(1983년 5월, リブロポート).

10. 「어떤 반'양무'(ある反'洋務')」, 『伊藤漱平退官記念論集』(1986년 3월, 汲古書院).

"중국을 방법으로 세계를 목적으로"

　이미 여러 권의 저서가 번역 소개되어 국내 연구자들 사이에서도 낯설지 않은 미조구치 유조의 책을 또 한 권 내놓게 되었다. 번역하는 동안 중국의 삼련서점(三聯書店)에서 그의 전집을 출판하기 시작했으며 곧 완간을 앞두고 있다는 소식을 접하고는 일전에 일본의 근대사상가이자 중국현대문학연구자였던 다케우치 요시미(竹內好)가 동아시아 지역의 학인들 사이에서 주목을 받았던 일이 떠오르면서 이제는 또 미조구치인가 하는 생각이 들었다. 일본 중국연구자들의 연구(사상)가 최근 왜 동아시아 역내에서 이처럼 소통되는가 하는 의문과 함께 말이다.

　중국 학인들이 미조구치에 관심을 갖는 것은 1980년대 이후부터 해외의 중국학에 대한 관심과 소개가 활발해진 배경과 무관하지 않을 터이고, 또 이것은 중국의 경제성장과 세계의 중심국가로의 부상을 설명하려는 중국 내외의 인문사회과학적 연구들의 출현과 맥을 같이하고 있다고 하겠다. 그렇다면 한국에서 왜 이처럼 일본의 인문중국연구자들의 저서를 소개하는가는 이 책을 번역하게 된 의도와 관련된 것이겠는데, 그것은 두 가지로 설명할 수 있다. 하나는 한국의 중국학 연구에 대한 방향정립과 관련된 것이고, 다른 하나는 중국 연구가 지닌 세계성 때문이다.

　그렇다면 왜 굳이 미조구치 유조인가, 그리고 그의 가장 오래된(그래서 낡은?) 첫 번째 저서를 번역하는가 하는 의문이 들 법하다. 지금까지 미조구치의 저작은 그의 전공 영역의 책들이 주로 그 해당 전공자들에 의해 번역되어왔다. 이에 많은 저서가 번역되었는데, 그의 이런 연구서는 자신만의 중국 연구 관점과 체계를 일정하게 수립하고, 그런 시각에서 중국근대 사상사 방면에서 구체적인 연구들을 전개한 결과물이다. 하지만 역자가 보기에 미조구치는 협량한 의미에서의 개별 전공 연구자가 아니다. 이것은 중국문학을 연구하는 역자들이 중국근대철학연구자의 책을 번역하는 월권행위를 하는 이유기도 하지만, 그것은 다케우치 요시미가 단순히 루쉰(魯迅) 연구자가 아니라는 점과 상통한다. 그런 의미에서 역자는 이미 그의 마지막 저서인『중국의 충격』(2009)을 번역해서 소개한 적이 있다. 『중국의 충격』이 그의 연구를 갈무리한 책이라고 한다면, 이『방법으로서의 중국』은 그의 연구의 시작이라고 할 것이다. 1980년대 중국 연구를 통해 어떤 신념을 갖게 되고 그로 인해 다소간 고조된 분위기에서 쓰여진 듯한 글들을 모은 이 책에서 (문장이 다소 난삽하지만) 그가 말하고 있는 바는 주로 일본의 중국학에 대한 반성과 전망이지만, 그것이 30여 년이 지난 지금도 앞의 두 가지 면에서 울림이 적지 않다. 이제야 번역해내게 되어 만시지탄(晚時之歎)의 감이 없지 않다.

이 책은 목차에서 알 수 있듯이, 중국의 근대를 보는 종래의 시각에 대한 비판적 검토를 시작으로 근대 중국을 보는 필자의 관점을 제시하고 있는 평론적인 글모음집이다. 1부는 중국 근대를 보는 기존의 시각을 점검하고 나아가 진화론적 관점에서 부정되었던 '봉건'의 개념에 대한 재해석, 그리고 근대의 국민국가론에 비추어 전통 중국의 천하관과 생민(백성)에 대한 개념을 다시 조망하고 있다. 한편 2부는 근대 일본의 중국학 연구사의 흐름을 몇 가지 중심적인 유파를 대상으로 기술하고 있는데, 일본제국주의 시대의 지나학(支那學)의 성립을 비판적으로 검토하고, 또 서구(유럽)의 시놀로지와 일본의 전통 한학(漢學) 및 중국철학의 비교를 통해 일본 중국학의 역사를 점검하고 있다. 또 1970년대 이후 동아시아의 경제성장을 설명하는 논리 가운데 하나였던 유교자본주의와 이에 따른 유학의 부흥에 대한 자신의 입장을 견지하는 논문을 실었다.

마지막 3부에서는 1, 2부의 논문을 바탕으로 근대 중국상(像)의 왜곡된 측면을 다시 부각시킨 뒤 자신의 중국학 관점을 제시하고, 그 예증으로서 양무운동 시기에 양무를 반대했던 한 청말 지식인의 사유를 검토하여 중국의 근대를 보는 종래의 서구식의 단계론적 시각과 사회주의 중국을 이상화했던 일본 좌파의 탈근대적 중국관을 비판하고 있다.

이상의 내용을 바탕으로 이 책의 의의를 앞의 두 가지 점에서 각기 설명하자면 이렇다.

먼저 한국의 중국학 연구와 관련해서다. 이 책에서 드러나는 일본의 중국학에 대한 미조구치의 정리와 평가는, 최근 한국의 각 대학에서 우후죽순처럼 중국학연구소(센터)가 설립되는 데서 볼 수 있듯이, 우리의 향후 중국학을 위해서 시사하는 바가 엄중하다 할 것이다. 그가 중국을 바라보는 시각은 근대 일본의 중국 연구에 대한 역사를 검토하면서 제시하고 있는데, 역사적으로 그가 비판한 중국 연구의 시각은 1) 서구 근대의 기준에 의해 중국의 근대를 단계론적으로 파악하는 시각, 그리고 2) 전후 일본의 이상화된 중국상이다. 그는 1)의 시각으로는 중국의 근대를 충실하게 반영할 수 없다고 보는데, 그것은 진보-보수, 사회주의-자본주의, 선진-후진이라는 단순이원론적 구도로는 중국의 근대가 지닌 독특함 그리고 이것이 드러낸 다양한 역사구조상의 모순들을 정확히 투시하는 것이 불가능하다고 생각하기 때문이다. 종래의 양무운동-변법유신-신해혁명이란 단계론적 구도에 따른 중국의 근대사에 대한 이해가 얼마나 많은 오해와 병폐를 낳았는지 이 책에서 조목조목 지적하고 있다. 아울러 이런 시각으로는 1949년 이후 중국의 근대사 역시 제대로 해명할 수 없다고 주장한다. 중국의 사회주의와 1980년대 이후의 자본주의 수용과 경제발전을 설명할 방법이 없다는 것이다.

그리고 이런 단계론적 시각은 반대로 2)의 시각, 즉 중국의 특수성을 초(超)근대로 격상시키는 우를 범한 일본의 좌파적 중국 연구자들의 시각을 낳게 된다고 주장한다. 사회주의 중국에 대한 동경이 낳은 이상화된 중국상은 서구 근대의 단계론을 넘어서려는(또는 괄호치려는) 욕망에서 비롯되었고, 이것은 결국 근대 중국에 대한 과학적이고 실제적인 탐구를 무시하는 경향을 낳았다고 비판하였다. 결국 미조구치 자신은 중국의 근대를 "대동(大同)적 근대"라고 정의하고, 근대 중국의 혁명 전체를 장기적으로 부감하는 시각을 갖지 않고서는 중국의 근대를 규명할 수 없다고 말한다. 그리고 이를 위해서는 중국의 '이(異)'적인 전(前)근대와 근대의 총프로세스를 역사적으로 투시할 필요가 있다고 지적했다.

　이상 종래의 연구시각에 대한 비판을 바탕으로, 이 책에서 미조구치는 "자유로운 중국학"이란 구호를 제기한다. 이에 대해 그는 이제부터의 자유로운 중국학의 자유도에 제한을 가하는 것이 아니라, 오히려 자유도를 높여서 달성해 가야할 것이라고 말한다. 여기서의 자유의 의미는 물론 '진화'에서 벗어나 방법론상의 자유의 확대를 가리키는 동시에 사회주의 중국이 지향하는 바를 자신의 학(學)의 목적의식으로 삼는 그러한 중국밀착적인 목적로부터의 자유 또한 가리킨다고 말한다. 이러한 자유야말로 이제까지 중국을 객관적으로 대상화하는 보증이 되며, 이 객관대상화의 철저함이야말로 일본의 한학이나 지나학과 같은 "중국 없는 중국학"에 대한 충분한 비판이 될 수 있다고 보았다. 하지만 중국을 단순히 아는 것을 목적으로 하거나 중국에 대한 몰입을 자신의 목적으로 삼는 것은 그런 범위 내에서는 또 하나의 중국밀착적 중국학이 되거나, 시종 자신의 개인적 목적의 소비에 이용하는 한에서 또 하나의 중국 없는 중국학이 되는 것은 결코 자유로운 중국학이 아니라고 강조한다. 이에 미조구치는 진정 "자유로운 중국학"은 어떤 양태이든 목적을 중국과 자기 내부에 두지 않고, 결국 목적이 중국과 자기 내에 해소되지 않는, 역으로 목적이 중국을 넘는 중국학이어야 한다고 강조한다. 그것은 다른 말로 하면 "중국을 방법으로 하는 중국학"이라고 주장했다. 더 나아가 미조구치는 중국 연구를 세계를 새롭게 해석하는 데 중요한 자원으로 삼았고, 그래서 "중국을 방법으로 세계를 목적으로"라고 하는 자신의 중국 연구의 목표를 제시했다.

> 지금은 우리가 원한다면 중국이라는 이 좋든 싫든 독자적인 세계를 통해 이른바 중국 렌즈로 유럽을 볼 수 있고, 그에 따라 종래의 '세계'에 대한 비판도 가능하게 되었다. 예를 들어, '자유'란 무엇인가, '국가'란 무엇인가, '법', '계약'이란 무엇인가 등 지금까지 보편적 원리로 간주되어 온 것을 일단은 개별화하고 상대화할 수 있게 되었다. 중요한 것은 그것이 어디까지나 상대화이지, 소위 일본주의적인 일본 재발견, 동양 재발견이 아니라는 것이다. 상대화는 세계의 상대화이므로 당연히 자기의 세계에 미치는 것이기 때문이다.
> 우리의 중국학이 중국을 방법으로 한다고 하는 것은 이처럼 일본도 상대화하는 눈에 의해 중국을 상대화하고, 그 중국에 의해 다른 세계에 대한 다원적 인식을 충실하게 한다는 것이다. 또 세계를 목적으로 한다고 하는 것은 상대화된 다원적 원리 위에서 한층 고차원적인 세계상을 창출하려고 하는 것이다.(본문 128쪽)

일본 중국학에 대한 미조구치의 이와 같은 정리는 바로 한국의 중국학 연구자들이 우리 중국학의 역사와 위상을 되돌아보게 한다. 그리고 향후 우리의 중국학의 방향에 대해서도 질문하게 한다. 과연 우리의 중국학은 우리를 바라보는 데 있어 어떤 역할을 했으며, 나아가 자신을 상대화하는 눈을 통해 중국을 상대화하고 더 나아가 중국 연구를 통해 다른 세계에 대한 다원적인 인식을 어떻게 확보하고 있는가 말이다. 이 책의 미덕은 여기에 있다고 할 수 있다.

또 하나 중국 연구가 지닌 세계성과 관련해서는 최근 중국의 변화에 대한 다양한 연구를 통해서도 확인할 수 있다. 즉 최근 중국의 경제성장 그리고 이에 따른 세계의 중심국가로서의 위상을 두고 중국 내외의 많은 학자들이 다양한 해석을 제시하고 있는데, 이를 통해 실로 중국의 변화가 세계를 변화시키고 있다고 해도 과언이 아님을 실감할 수 있다. 그런데 이러한 중국의 변화에 대해 학자들 가운데서는 그 원인을 중국의 전통(문화)에서 찾고 있는 이들이 적지 않다. 그리고 이것은 자연스럽게 서구 중심의 근대 기획에 대한 비판을 담고 있다. 이미 오래전부터 서구에서 시작된 탈근대론에 대한 중국적 버전을 발견하려는 의도를 가진 연구자들의 관점이 드러나고 있는 셈이다. 중국의 근대를 서구적 관점에서가 아니라 독자적인 근대의 추구라는 시각에서 진행한 미조구치의 중국 연구는 그런 점에서 근대성에 대한 새로운 접근에 유의미한 지적들을 담고 있다고 할 수 있다. 곧 『방법으로서의 중국』은 20세기 후반 중국의 변화를 목도하면서 서구 중심주의를 극복하고 근대성에 대한 해명을 통해 동아시아적 탈근대론을 추구하고자 시도한 선구적인 한 중국 연구자의 선언인 것이다.

미조구치 유조는 한국에서도 익숙한 중국사상사 연구자이지만, 국내 학자들에게 일본의 중국철학연구자로 알려져 있을 뿐, 중국 연구를 통해 근대성에 대한 자신만의 독특한 사유를 전개한 사상가로서 평가받지는 못하고 있다. 하지만 이미 미조구치 유조는 잘 알려진 바와 같이 중국의 지식인 왕후이(汪暉), 쑨거(孫歌)에게 많은 영향을 준 학자이자 사상가이며, 동시에 동아시아의 지식인 교류(일중지식인공동체)를 선도한 활동가이기도 했다. 그것은 중국에 대한 그의 독특한 연구 시각이 최근 활발한 활동을 보여주는 왕후이 등의 중국학자들에게 공명을 주었던 데서도 알 수 있다. 예를 들어 왕후이의 저작 『현대중국사상의 흥기』(2005)는 미조구치 유조의 중국사상사에 빚지고 있는 부분이 적지 않다.

중국 연구에 대한 총체적인 시각을 오롯이 보여주는 이 책은 이미 간행된 미조구치 유조의 여러 단행본(전문연구서)을 아우르면서 그의 중국학과 사상에 대해 입문하려는 연구자들, 넓게는 한국에서 중국을 대상으로 세계의 문제를 고민하는 지식인들과 청년 학생들에게 시사하는 바가 적지 않을 것으로 기대한다.

마지막으로 번역은 1, 2, 9장을 서광덕이, 나머지는 최정섭이 맡았고, 번역 후 상호교정을 통해 호흡을 맞추었으나 문장이 매끄럽지 못한 곳도 있을지 모르겠다. 독자들의 이해를 바란다. 이 책은 오래전부터 국내의 중국학 관련 연구자들로부터 주목을 받은 탓에 번역 출판이 기획된 적도 있었다. 원서가 출판된 지 약 26년이 경과한 뒤에 이렇게 한국 독자들에게 선을 보일 수 있게 된 것은 인문학 서적 출판이 늘 그렇지만 내외적으로 출판환경이 더욱 열악해지고 있음에도 불구하고 우리 사회에 꼭 나와야 하는 책들을 골라 뚝심 있게 소개하는 산지니 출판사의 강수걸 사장님과 편집부의 노력 덕분이라고 생각한다. 이 자리를 빌려 감사드린다.

서광덕 씀

개정판 후기

2020년 올해는 『방법으로서의 중국』의 저자 미조구치 유조가 서거한 지 10년이 되는 해이다. 10주기를 맞아 이 책의 개정판을 내게 되어 느낌이 남다르다. 개정판을 낸다는 것은 아직 한국 지식계에서 미조구치가 제기한 문제가 유효하다는 것이지 않을까 하는 생각이 들어서다. 곧 '중국을 방법으로 세계를 목적으로'라는 그의 중국연구 시각이 지닌 무게감이 그것이다. 특히 중국연구자들은 오랫동안 근대 중국에 대한 연구 시각이 지닌 서구적 편향성을 극복하고, '자유로운 중국학'을 제창했던 미조구치의 문제의식을 수용하여 어떻게 자신의 연구로 발전시킬 것인가 하는 질문을 늘 마주하고 있는 데서 그렇다.

학문 연구의 목적과 방법론에서 '자유'를 강조한 미조구치가 비판한 것은 일본의 중국연구자들에게 드러난 이념적 편향성과 서구식의 단계론적 시각이었다. 여기서 벗어나 중국을 객관적으로 또 구체적으로 살피는 것이 지닌 곤란함을 다른 분야 예를 들어, 중국경제사 전공자들(『조공시스템과 근대 아시아』의 저자 하마시타 다케시 등)과 협업을 통해 극복하려 했던 시도는 21세기 현재에도 의미가 적지 않다. 이것은 한국의 인문학계에서도 그대로 재현되고 있다. '사회인문학'이란 용어가 제창되는 것은 그 대표적인 예다. 학문 분야의 경계를 넘어 복합적인 시각에서 대상을 연구한다는 것이 세를 이루고 있는 것이다.

그리고 그것의 목표는 어느 특정 국가나 지역에 국한되지 않는다. 세계를 향하고 있고, 그 방향을 향해 다양한 지역의 연구자들이 자신이 발 딛고 있는 곳에서 출발하고 있다. 중국연구자 왕후이가 '아시아는 세계다'라고 말한 것처럼, 다른 지역도 마찬가지다. 하지만 이 로컬에 기반한 연구가 서로 교류하여 새로운 문명론적 담론을 형성하기에는 갈 길이 멀다. 동아시아 지역만 해도 이러한 연구 성과의 교류가 이루어지고, 이것을 종합하여 지구사회의 미래를 위한 학문적 전망을 제시하는 일은 만만치 않다. 그만큼 우리의 시각을 왜곡시켜온 소위 서구적 근대성이 세워놓은 담장이 높다는 것을 실감한다.

이 경계를 넘어서는 훈련을 동아시아 지역의 학인(學人)들과 같이해나가야 하는 과제를 미조구치의 책을 읽으면서 다시 느낀다. 그 경계는 국가나 지역에만 있는 것이 아니다. 우리의 주변 심지어 일상 속에서도 존재한다. 최근 주변의 학인들과 '공공성'과 관련해서 책도 읽고 토론도 하고 있다. 국가적 또는 아시아적 공동성(예를 들어, 아시아주의)이 아니라, 그 공동성(동일성)이 주장됨에 따라 배제되는 지역이나 사람들의 얘기에 귀 기울이고 그들의 소리를 복원하는 일, 그리고 이러한 소리를 모아 그간 왜곡된 인식을 바꾸어내는 일이 우리에게 주어져 있다. 이러한 인식 전환을 위해 노력하는 데 미조구치 유조의 이 책은 여전히 유의미한 단서를 제공한다.

서광덕 씀

찾아보기

::산지니에서 펴낸 책::

인문

일본 이데올로기론 도사카 준 지음 | 윤인로 옮김

동북아 바다, 인문학을 항해하다 서광덕 외 지음

중국 윤리사상 ABC 세쿠야 지음 | 한성구 옮김

중국문화요의 류스페이 지음 | 도중만 옮김

중국 내셔널리즘 오노데라 시로 지음 | 김하림 옮김

현대 타이베이의 탄생 수쉬빈 지음 | 곽규환·남소라 옮김

고종, 근대지식을 읽다 윤지양 지음 *2020 세종도서 우수학술도서

루카치가 읽은 솔제니친 게오르크 루카치 지음 | 김경식 옮김

삶으로서의 사유 게오르크 루카치 지음 | 김경식 오길영 옮김

해양사의 명장면 김문기 외 지음

소비에트 러시아의 신체문화와 스포츠 박원용 지음 *2019 대한민국학술원 우수도서

파리의 독립운동가 서영해 정상천 지음

동아시아 엑스포의 역사 하세봉 지음 *2019 세종도서 우수학술도서

루카치의 길 김경식 지음

인도불교의 역사 다케무라 마키오 지음 | 도웅·권서용 옮김

근현대 중국 이상사회론 이연도 지음

마르크스의 마지막 투쟁 마르셀로 무스토 지음 | 강성훈·문혜림 옮김

깨달음 김종의 지음

루쉰과 동아시아 근대 서광덕 지음

공자와 소크라테스: 동서 정치사상의 기원 이병훈 지음

저항의 도시, 타이베이를 걷다 왕즈홍 외 지음 | 곽규환 외 옮김 *2016 타이베이국제도서전
올해의 책 *2016 대만 문화부 번역출판 지원사업 선정도서

효사상과 불교 도웅 지음

탈학습, 한나 아렌트의 사유방식 마리 루이제 크노트 지음 | 배기정·김송인 옮김

가상현실 시대의 뇌와 정신 서요성 지음 *제34회 한국과학기술도서상 수상 *2016 세종도서 우수학술도서

고슴도치 시대의 여우 조규형 지음 *2016 한국영어영문학회 YBM저술상 수상도서

사포의 향수 주세페 스퀼라체 지음 | 김정하 옮김

조공과 사대: 춘추전국 시대의 국제정치 이춘식 지음

한 권으로 읽는 중국문화 공봉진·이강인·조윤경 지음 *2010 문화체육관광부 우수학술도서

무중풍경 다이진화 지음 | 이현복·성옥례 옮김 *2006 영화진흥위원회 학술도서 *2009 대한민국학술원 우수도서

단절 쑨리핑 지음 | 김창경 옮김 *2007 한국간행물윤리위원회 11월의 책 *2008 대한민국학술원 우수도서

한나 아렌트와 마틴 하이데거 엘즈비에타 에팅거 지음 | 황은덕 옮김

진화와 윤리 토마스 헉슬리 지음 | 이종민 옮김

파멸의 묵시록 에롤 E. 해리스 지음 | 이현휘 옮김

표절의 문화와 글쓰기의 윤리 리처드 앨런 포스너 지음 | 정해룡 옮김

사회생물학, 인간의 본성을 말하다 박만준 외 지음 *2008 문화체육관광부 우수학술도서

KNOTS: Depression 라깡과 임상 연구센터 지음

정신분석적 발달이론의 통합 필리스 타이슨·로버트 타이슨 지음 | 박영숙·장대식 옮김

반대물의 복합체 헬무트 크바리치 외 지음 | 김효전 옮김

동양의 이상 오카쿠라 텐신 지음 | 정천구 옮김

차의 책 오카쿠라 텐신 지음 | 정천구 옮김

차와 선 이토 고칸(伊藤古鑑) 지음 | 김용환·송상숙 옮김

침묵의 이면에 감추어진 역사 우르와쉬 부딸리아 지음 | 이광수 옮김

빼앗긴 사람들 우르와시 부딸리아 편저

힌두교, 사상에서 실천까지 가빈 플러드 지음 | 이기연 옮김

인도의 두 어머니, 암소와 갠지스 김경학·이광수 지음

인도사에서 종교와 역사 만들기 이광수 지음

무상의 철학 타니 타다시 지음 | 권서용 옮김

다르마키르티의 철학과 종교 키무라 토시히코 지음 | 권서용 옮김

인도인의 논리학 카츠라 쇼류 지음 | 권서용 외 옮김

불교의 마음사상 요코야마 고이츠 지음 | 김용환·유리 옮김

재미있는 사찰 이야기 한정갑 지음

대한민국 명찰답사33 한정갑 지음

불교와 마음 황정원 지음

중국 근대불교학의 탄생 김영진 지음 *2018 대한민국학술원 우수학술도서

흩어진 모래 이종민 지음 *2014 대한민국학술원 우수학술도서

근대 동아시아의 종교다원주의와 유토피아 장재진 지음 *2012 문화체육관광부 최우수학술도서

근대 서구의 충격과 동아시아의 군주제 박원용·박장배·신명호·이근우·조세현 지음

한국의 사랑채 윤일이 지음

제갈량과 21세기 동양적 혁명을 논하다 유원표 지음 | 이성혜 옮김

맹자독설 정천구 지음

지중해 다문화 문명 김정하 지음

시칠리아 풍경 아서 스탠리 리그스 지음 | 김희정 옮김

지중해 문화를 걷다 부산외국어대학교 지중해지역원 지음

지중해 언어의 만남 윤용수·최춘식 지음 *2015 세종도서 우수교양도서

지역에서 행복하게 출판하기 강수걸 외 지음 *2015 출판문화산업진흥원 우수출판콘텐츠 제작지원 선정도서

역사의 블랙박스, 왜성 재발견 신동명·최상원·김영동 지음

라틴아메리카 원주민의 어제와 오늘 구경모 외 지음

마닐라 갤리온 무역 서성철 지음

비즈니스 일본어에서 일본어의 비즈니스 인터액션으로 정규필 지음

크리티카&

한국시의 이론 신진 지음

김춘수 시를 읽는 방법 김성리 지음

근대문학 속의 동아시아 구모룡 지음

중국소설의 근대적 전환 천핑위안 지음 | 이종민 옮김

글로컬리즘과 독일문화논쟁 장희권 지음

배회하는 유령 인홍 지음 | 이용욱 옮김

크로스크리틱

지식의 윤리성에 관한 다섯 편의 에세이 윤여일 지음

상황적 사고 윤여일 지음 *2014 한국연구재단 우수저서

천 개의 권력과 일상 사공일 지음 *2014 한국연구재단 우수저서

중국근현대사상총서

1 **인학** 담사동 지음 | 임형석 옮김

2 **구유심영록** 량치차오 지음 | 이종민 옮김

3 **과학과 인생관** 천두슈 외 19명 지음 | 한성구 옮김

4 **신중국미래기** 량치차오 지음 | 이종민 옮김

5 **권학편** 장지동 지음 | 송인재 옮김

6 **천두슈 사상선집** 천두슈 지음 | 송혜영 옮김 *2018 세종도서 우수학술도서

7 **류스페이 사상선집** 류스페이 지음 | 도중만 옮김

8 **중국문화요의** 류스페이 지음 | 도중만 옮김

9 **중국 윤리사상 ABC** 세푸야 지음 | 한성구 옮김

문화·예술

자치분권 시대의 로컬미학 임성원 지음

내러티브와 장르: 미디어 분석의 핵심 개념들 닉 레이시 지음 | 임영호 옮김

미국 영화비평의 혁명가들 데이비드 보드웰 지음 | 옥미나 옮김

영화 열정 리차드 라우드 지음 | 임재철 옥미나 옮김

배리어프리(barrier-free) 영상제작론 김정희 지음

영화 프로듀서 매뉴얼 박대희 유은정 어지연 지음

패션, 음악영화를 노래하다 진경옥 지음

패션, 영화를 스타일링하다 진경옥 지음 *2016 세종도서 우수교양도서 *2016 부산문화재단 우수도서

패션, 영화를 디자인하다 진경옥지음

한국 근대 서화의 생산과 유통 이성혜 지음

공공미술, 도시의 지속성을 논하다 구본호 지음 *2014 한국연구재단 우수저서

일상의 몸과 소통하기 강미희 지음

미학, 부산을 거닐다 임성원 지음

진짜 같은 가짜, 가짜 같은 진짜 신옥진 지음

생명건축, 그 아름다운 원풍경 백승완 지음

청중의 발견 김창욱 지음

영상문화의 흐름과 서사미학 정봉석 지음

부산 근대 영화사 홍영철 지음 | 부산대학교 한국민족문화연구소 엮음

중국 영화의 열광적 황금기 류원빙 지음 | 홍지영 옮김

중국 영화의 오늘 강내영 지음

상업영화 중국을 말하다 김명석 지음

상하이영화와 상하이인의 정체성 임춘성 외 지음

20세기 상하이영화: 역사와 해제 임대근 외 지음

영화로 만나는 현대중국 곽수경 외 9인 지음

중국 청년감독 열전:미지의 청년감독을 찾아서 강내영 지음

신문화지리지 김은영 외 지음

도시, 변혁을 꿈꾸다 정달식 지음